合作社经营实务

张广花 主 编

浙江工商大学出版社
ZHEJIANG GONGSHANG UNIVERSITY PRESS

图书在版编目(CIP)数据

合作社经营实务 / 张广花主编. —杭州:浙江工商大学出版社,2013.8(2018.3 重印)

ISBN 978-7-81140-965-9

Ⅰ.①合… Ⅱ.①张… Ⅲ.①合作社－经营管理－中国－教材 Ⅳ.①F279.242

中国版本图书馆 CIP 数据核字(2013)第 198010 号

合作社经营实务

张广花 主编

责任编辑	姚 媛 任晓燕	
封面设计	王妤驰	
责任印制	包建辉	
出版发行	浙江工商大学出版社	
	(杭州市教工路 198 号 邮政编码 310012)	
	(E-mail:zjgsupress@163.com)	
	(网址:http://www.zjgsupress.com)	
	电话:0571－88904980,88831806(传真)	
排 版	杭州朝曦图文设计有限公司	
印 刷	浙江新华数码印务有限公司	
开 本	787mm×960mm 1/16	
印 张	17.5	
字 数	290 千	
版 印 次	2013 年 8 月第 1 版 2018 年 3 月第 2 次印刷	
书 号	ISBN 978-7-81140-965-9	
定 价	38.00 元	

合作社教育系列丛书
编写委员会

序

　　近年来,我国合作社事业蓬勃发展,方兴未艾,呈现出数量增长快、带动农户多、产业分布广、服务内容宽等特征。但从整体上看,我国绝大多数农民专业合作社规模小、管理不规范、市场竞争力不强,这与目前中国农民专业合作社人员,尤其是经营管理人员受教育程度低,缺乏合作社知识等有很大关系。合作社要想参与市场竞争,就需要有懂得现代经营管理的人才。

　　对一个国家或地区而言,农民合作社事业的发展有益于缩小城乡差别、减少社会不公、平衡社会发展等。而发展这一伟大的事业,需要大批甘愿为农民服务的专业组织者和领导者以及大量合格的经营管理人才。因此,发达国家十分重视开展合作社教育,尤其在合作社事业的起步阶段,很多国家的政府都是合作社教育的直接推动者。

　　据统计,我国农村居民人均受教育年限仅为 7.6 年,具有小学和初中文化水平的农民占农村总人口数的 75%;农村劳动力中接受过短期职业培训的占 20%,接受过初级职业技术培训或教育的占 3.4%,接受过中等职业技术教育的不到 2%,没有接受过技术培训的高达 76.4%。而美国、加拿大、荷兰、德国、日本的农村劳动力受过职业培训的比例都达 70% 以上。发达国家的合作社发展经久不衰,与其合作社教育事业的发达是分不开的。

　　在欧美发达国家,对从事农业的人员要求受过高等教育,合作社经营管理人员更是需要接受专门的教育和培训,包括合作社制度、合作社管理、合作社经营,甚至市场营销等专门知识和技巧。这些教育和培训使合作社经营管理人员具备了专业的管理知识、丰富的营销经验和较强的驾驭市场的能力,充分保证了合作社的良性发展。

　　如何借鉴欧美发达国家的经验,整合现有的农业教育培训资源,构建覆盖学历教育、职业教育、农村基础教育等多层次的合作社教育体系是教育工作者必须关注和研究的课题。

"工欲善其事,必先利其器",编写一套符合我国合作社教育特点的教材就显得迫切而且十分有意义。浙江农业商贸职业学院 2011 年在全国率先开设合作社专业,章志平教授和张广花副教授等编写的这套丛书是我院积极开展合作社教育、落实"服务三农"定位的又一个重要成绩。我希望这套丛书能被从事农民专业合作经济组织经营与管理的专业人才、农村或城镇中有志于从事农业经营管理的专业人才、合作社职业经理人所喜爱和认可;也期望这套丛书能作为高等教育、农业成人教育、普通农业中专教育、农村经济组织经营管理人才培训、城镇岗位培训以及农村经济管理干部培训的参考书。

本丛书在编写和出版过程中得到了浙江工商大学出版社等单位的大力支持,在此一并表示衷心的感谢!

陈德泉

2012 年 7 月

前　言

　　党的"十八大"报告中指出："发展农民专业合作和股份合作,培育新型经营主体,发展多种形式规模经营,构建集约化、专业化、组织化、社会化相结合的新型农业经营体系。"要实现这样一个目标,农村经济发展是基础,农民组织化、规范化经营是关键。推动大批合作社带动农民共同发展是促进新农村建设的一项意义深远的重要工作。

　　增强合作社的带动和辐射能力,是现代农业发展和新农村建设的根本。在新农村建设的大潮中,调动农民的一切积极因素,激发农民参与合作社经营的热情,提高农民组织化水平,增强合作社从业人员的经营管理水平,是推进新农村建设发展的根本途径之一。本教材编写的目的,就是希望能够通过《合作社经营实务》,激发农民参与合作社的积极性,采用现代经营观念,树立规范化创建、规范化经营、诚信经营、开拓创新的理念和信心。

　　大力培养合作社从业人员的从业能力,才能培养造就大批新型职业农民,造就新的经营主体。本教材在编写时遵循"实用、适用、够用"的原则,着力体现时代性和示范性的特征,采取项目的形式,借助重点内容网络图,以学习任务引领,采取案例导入,运用大量现实、生动的案例,重点阐述了合作社的规范化创建、合作社的功能、合作社经营模式、合作社与市场对接的方式、合作社的融资决策、合作社经营业务、农业经营计划的制订和实施、农业创业的风险防范、合作社独特文化的塑造、合作社示范项目的申报、合作社经营机制的创新与实践以及合作社经营者所具备的基本素质等。教材具有指导性和创新性等特点,可供合作社负责人培训、农村职业教育培训、农业中高职在校学生学习等,也可作为合作社经营管理人员的自学教材。

　　本教材由浙江农业商贸职业学院张广花副教授主编。在本教材编写的过程中,浙江省温岭箬横西瓜联合社理事长彭友达、浙江省农产品经纪人协会秘书长俞关照等专家,浙江农业商贸职业学院院长陈德泉教授和农业经济管理系主任章志平教授等领导对本教材的编写提纲、编写内容等都给予了充分的指导,并提出了许多宝贵的意见。浙江工商大学出版社对本书的顺利出版,给予了大力协助,在此一并表示感谢。

由于本教材编写时间仓促,书中难免有疏漏和不足之处,恳请领导、专家、同行、广大师生和读者批评指正。

编　者
2013 年 7 月

目　录

村中的合作社,单独看来,绝无价值,但你把它看成联合之中全合作制度的一细胞,那价值就不同了,它不是孤立的,是系统的,是在一种合作的经济制度下,将信用、生产、贩卖、运输都联合起来去左右市场和左右经济。而且在教育方面,虽然是一个小规模的村的合作社,的确足以养成农民合作的技能习惯和观念。

——晏阳初

欲求合作之大胜利,必须有相当机关,与商界及资本界发生密切之关系,时有直接之接触,必如此,然后商战经验,奋斗能力,始能充分发展,不至与牟利式的商人竞争落后。

——薛仙舟

认知合作社经营

▷素质目标

描述一个代表合作社经营活动流程。

▷技能目标

1. 合作社经营要素;
2. 口述合作社的社会功能;
3. 填写合作社申请文件;
4. 起草合作社社员章程。

▷知识目标

了解合作社经营的分类;
掌握合作社经营的要素;
熟悉合作社经营者的素质。

▷ 重点内容网络图

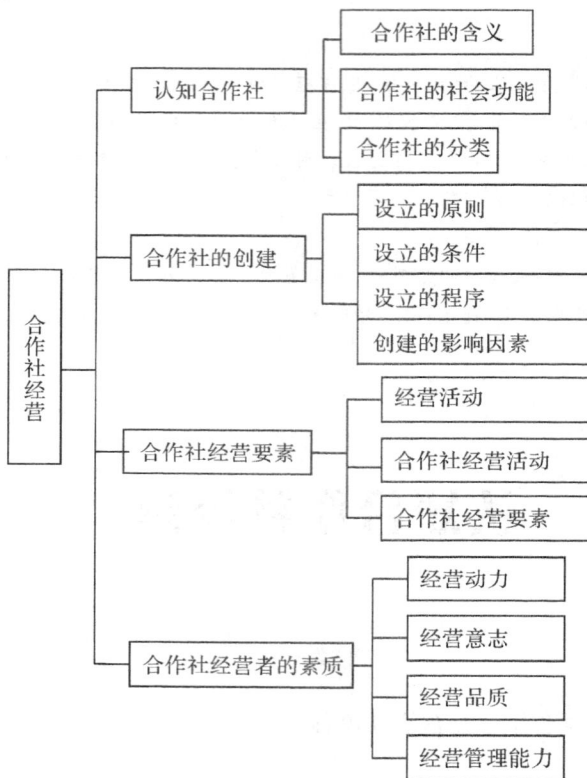

```
                                    ┌─ 合作社的含义
                        ┌─ 认知合作社 ─┼─ 合作社的社会功能
                        │            └─ 合作社的分类
                        │
                        │            ┌─ 设立的原则
                        │            ├─ 设立的条件
                        ├─ 合作社的创建 ┼─ 设立的程序
  合作社经营 ────────────┤            └─ 创建的影响因素
                        │
                        │             ┌─ 经营活动
                        ├─ 合作社经营要素 ┼─ 合作社经营活动
                        │             └─ 合作社经营要素
                        │
                        │                ┌─ 经营动力
                        └─ 合作社经营者的素质 ┼─ 经营意志
                                         ├─ 经营品质
                                         └─ 经营管理能力
```

▷ 案例一

郧县合叶桑蚕专业合作社依据资源优势确定经营业务

　　郧县合叶桑蚕专业合作社位于鄂、陕两省交界的十堰市郧县胡家营镇土地沟村,现有社员242人,全部为农民,其中村外社员56人,占23.14%,辐射带动鄂、陕2省3个县6个乡镇16个村2000多农户植桑养蚕,基地面积1.2万亩。2007年,合作社实现总收入358.43万元,高于非成员人均纯收入1238元,高于邻村人均纯收入1300余元。2007年,该社被纳入湖北省试点示范合作社。土地沟村距316国道近30华里,山高路远,土地瘠薄,种粮收成差,但山场9000多亩,很早以前就有植桑养蚕传统。1984年,村民谌宏远自费到陕西学习养蚕技术,还动员和说服16户村民合伙买回1.4万株桑苗,相约栽种在田边地头,并教他们桑苗移栽、桑枝嫁接、幼蚕抚育、病虫防治等初级技术。植桑养蚕的收益比种粮至少要高出 2—3 倍。谌宏远等人的成功,很快引发了 47 户村民植桑养蚕。党支部于 1994 年春发起成立了胡家营镇桑蚕技术协会,首批吸纳会员 130 多户,桑园面积 500 余亩,起初只能为会员提供部分信息、技术、销售等简单的服务。农民群众逐渐尝到了走合作之路植桑养蚕的甜头,脱贫致富的信心也更足了。协会的发展也逐步驶入快车道,修建了办公室、技术培训室、仓库、服务站、厂房等,制度也相继完善。2007 年 7 月,协会按照《中华人民共和国农民专业合作社法》要求,正式变更身份,在工商部门注册登记为郧县合叶桑蚕专业合作社。

▶ 案例点评

尽管农民专业合作社可从事的经营业务较广泛,但具体到某个农民专业合作社在确定生产经营业务时,一定要从实际出发,综合考虑多方面因素的影响,以同类农产品的生产或者同类农业生产经营服务为纽带,合理确定合作社的经营业务范围。农民专业合作社能否实现发展,关键是所确定的生产经营业务是否符合成员的需要,是否可以发挥当地自然、经济、社会等方面的优势。本案例中,合作社依据当地山地资源丰富的优势以及植桑养蚕的传统,经营业务的效益比较高,而且很好地为成员提供了市场和技术方面的服务,吸引了更多的农民入社,较好地实现了兴办合作社的目的。

(资料来源:余胜伟:《农民专业合作社实用读本》,武汉大学出版社 2010 年版)

任务一　认知合作社

20 世纪 80 年代以来,我国农村出现了农民专业合作社,向农民提供信息、技术、销售、供应、加工等方面的服务,为促进农业发展,农民增收和农村繁荣作出了重要贡献。农民专业合作社的产生和发展是社会主义市场经济条件下的制度创新,是在农村家庭承包经营基础上对统分结合双层经营的农村经营体制的进一步丰富和完善。

随着农业生产力水平和农产品商品率的提高,农民与市场的关系更加紧密,农民对生产资料、实用技术、市场信息等方面的需求不断增加,市场机制对农民的资金实力、文化素质也提出了更高的要求,家庭经营规模小、资金实力弱等问题,严重制约了农业生产经营活动的开展。因此,扩大农业生产和经营规模,提高农民的组织化程度,实现农户与市场的链接,就成为发展农业生产、增加农民收入的当务之急。扩大农业的经营规模只有两种方式:一是通过增加土地面积实现生产规模的扩大;二是通过广大农户的联合与合作实现经营规模的扩大。我国人多地少的国情,使增加土地面积十分困难,更现实、更有效的办法就是走合作生产经营的道路。农民合作社就是开展生产经营合作的重要形式。农民合作社是社会主义市场经济的一种新型市场主体,为更好地发挥其在经济中的作用,有必要对合作社的含义、功能等进行全面认识。

一、合作社的含义

关于合作社的含义,许多学者仁者见仁,智者见智,提出了不同的观点,目前大家认为比较典型的可归纳为以下三个方面:

合作社是一个由其惠顾者成员自愿所有和控制,在非盈利或成本基础上由他们自己为自己经营的企业。它由其使用者所有。

——美国威斯康辛大学合作社研究中心

合作社是一种使用者所有,使用者控制和基于使用进行分配的企业。

美国农业部农村商业和合作社发展中心

合作社是由自愿联合的人们,通过其联合拥有和民主控制的企业,满足他们共同的经济、社会和文化需要及理想的自治联合体。

——国际合作社联盟成立 100 周年大会(1995 年)

它对合作社作出了如下原则性定义:合作社是人们自愿联合、通过共同所有和民主控制的企业,来满足社员经济、社会和文化方面的共同需求和渴望的自治组织。

2007 年《中华人民共和国农民专业合作社法》(以下简称《农民专业合作社法》)明确界定了农民专业合作社的概念。该法第 2 条明确规定:"农民专业合作社是在农村家庭承包经营基础上,同类农产品的生产经营者或者同类农业生产经营服务的提供者、利用者,自愿联合、民主管理的互助性经济组织。"农民专业合作社以其成员为主要服务对象,提供农业生产资料的购买,农产品的销售、加工、运输、贮藏以及与农业生产经营有关的技术、信息等服务。关于农民专业合作社的定义,既体现了国际合作社联盟有关合作社属性的界定,又符合我国的实际。

关于合作社定义的几点结论:

(1)合作社是一种特殊的企业组织,是一种由作为惠顾者(使用者)的成员"共同所有和民主控制的企业"。合作社的所有权是在民主的基础上归全体社员。这是区分合作社与其他资本控制或政府控制的企业组织的主要所在。

(2)合作社具有一定的共同体或结社的性质。换言之,它具有一定的社会属性。

(3)合作社是"人的联合",它的经济主体是合作社社员。关于"人",合作社可以用他们选择的任何法律形式自由加以规定。

(4)人的联合是"自愿的"和"自治的"。社员有加入或退出的自由。同时,合作社也尽可能地独立于政府部门和私营企业。

(5)社员组织合作社为了"满足共同的经济和社会的需要",即合作社的成立是着眼于社员。社员的需要是合作社存在的主要目的,而且社员根本的、首要的需要是经济需要。

(6)合作社"基于使用进行分配",而且"在非营利或成本基础上"经营。

合作社是社员联合所有,社员民主控制,社员经济参与并受益的特殊的企业组织。

知识拓展

合作社与其他团体类似组织的区别

一、友爱协会(Friendly Societies)是团体成员共济的组织,对于疾病、老衰、死亡及其他偶然发生的事情,各自为共同的储蓄,以备他日之用,不含丝毫营利的成分。固然,友爱协会的基金,不可投资于营利性事业。

二、工会或劳动组合(The union)。工会与合作社颇有相似之处,工会非以自己营利为主而行动者,此与合作社不同。工会之分野,于所谓资本本位事业中则利于劳动者方面以与资本家及雇主折冲,或与之宣战者,故资本家及雇主皆不能加入工会。而合作社则无排除此等人之必要。

三、营利的结合(Combination)。其他营利的结合之形式,如辄斯提

(Trust)或译为托拉斯、加尔提路(Cartel)、日盈(Ring)等,如广义解释,则亦为合作的一种,因于今日资本制度下,合作(co-operation)的组织构造与营利的结合(Combination)的组织构造,形式上本无大的差别,然而仔细考察两种组织,则可发现其种种的不同。第一,两者组织的动机不同,即营利的结合乃经济上强者的结合,而为排他的更努力于强者;至于合作社,是经济上弱者的结合,而为互助协力向上,欲由弱者进而与强者立于平等的地位。第二,营利的结合为力的结合,而合作社的结合为理想的结合也。第三,营利的结合自身是资本主义的本体,而合作社则实为排资本主义的组织也。

四、股份公司(The Joint Stock Company)由法律上区别,则股份公司为资本的结合,而合作社为人与人的协力。然由经济上观察,则两者皆为有资本的人又欲获得资本人的结合也。如此,则两者之区别,在为社员或为股东者的性质,即股东乃依利己的观念的行动而以权利为主眼者,因此不趋于"辍斯提",则流于"加尔提路",而合作社的社员,虽亦以营利为目的,而活动在非利己的精神及公共的道念,以经济上弱者,以同等资格为社员,使平等参与该合作社的利益。更有一些差异点,即股份公司乃按所有股份多少而定分配利益之多少,而合作社则为弱者众人的共同结合,务排除利己的观念,故各社员既尽其为社员的义务,同时彼等使用其所属的合作社,以同等的比例,享受利益的分配。且合作社的表决权平等,与股份公司的表决权依股份的多寡者,更不相同。

(资料来源:于树德:《合作社之理论与经营》,中华书局1933年版)

合作社企业既不以自我为目的,也不同于其他企业,而是实现增进成员的经营和经济的一个手段。合作社的经营管理具有与其他企业的经营管理的共同性,也有其特殊性,对于合作社的经营管理的分析也应当从这个双重角度出发。

二、合作社的社会功能

美国社会学家塔尔科特·帕森斯认为,社会功能是维持社会均衡的一种适当的有用的活动,是控制体系内结构与过程的运行条件,如果要了解任何一定的结构,就必须提示这个结构中所发挥的功能。

　　某一社会组织的社会功能总是与一定的需求联系在一起的,并且该组织的社会功能总是体现在组织整体及其内部成员的行动之中,其发挥的社会功能如何只能根据维持自身和社会整体的发展所做的贡献而确定。农村合作社的社会功能,概括起来说是农村合作社这一社会组织满足个人、群体与社会需求的能力,或者说是该种社会组织对所赖以生存的社会大系统的生存、运转所具有的作用、影响以及后果。

　　农村合作社,作为一个服务于农业、农村和农民的组织联合体,搞活农村经济是其初衷,因而其经济功能的重要性是不容忽视的。但同时作为一种内嵌于农村社会的组织形式,也作用于周围环境发挥着各种社会功能。如何看待农村合作社的社会功能呢?"合作社兼具企业部门与社会功能,是具有社会功能的企业形态,其社会功能是通过企业经济活动实现的,合作社社会功能由合作社本性决定。"

（资料来源:唐宗焜:《合作社功能和社会主义市场经济》,《经济研究》2007,(12)）

　　总的来说,农村合作社的社会功能有向上和向下的功能。一方面起到了拾遗补缺的作用,另一方面还实践着教育和培养广大村民的社会品德。且这两种功能不是互不影响的,而是相辅相成、相互融合的。

(一)提供服务,传播科技文化知识的功能

　　市场经济条件下,改善农民个体的弱势地位是农村合作社组建的初衷;农村合作社通过提供各种服务实现这一初衷。如,为社员提供各种所需信息,帮助社员做出正确的经济的或非经济的决策;为社员提供各种物质服务,便利社员种植及养殖工作;为社员提供资金服务等功能。

　　农村合作社的服务功能不难理解,农村合作社在提供各种服务的过程中,促进了先进的科技文化知识的传播,带来了农村地区科技文化水平的提高。我国农村人口多,农民的文化程度普遍偏低,农业基础薄弱,农村科技文化水平低,这是不争的事实。农业科技信息主要掌握在政府部门、事业单位及科研院校的手中,农村缺乏科技创新的主体。二元化社会格局,农村地区边缘化等原因,农业科技创新和科技成果往往不能顺利转化,农业科技信息最多只能延伸到乡镇,在乡镇与农户之间,出现了一个断层。这个断层造成的体制不顺、运转不良的问题,现在已经严重影响了广大农民对促进农业生产的新技术、新成果及其推广服务的强烈需求,影响了新农村建设要求增加

农业科技投入的强烈需求。在这种形式下,农村合作社恰恰可以连接这个断层,弥补不足。

一方面,农村合作社可以作为一些农业科研、教育和技术推广单位在农村建立农业科研、教育、试验、推广基地。如此,村合作社就转变为农业科技推广中有特殊优势的一种载体:将科研院所、大专院校等与千万农户相连,是农业科技的推广者、需求者、应用者三者的有机结合体。疏通了农业科技成果和农业实用技术流向农村地区,转变成现实生产力的渠道。有些实力雄厚的成熟农村合作社更能在这样一个疏通过程中提高自己的科研能力,进而培育新品种。

另一方面,由于农业科技的引进是一项高成本、高风险的投入,因此农户很难单独引进某一项农业技术。农村合作社具有联合生产和规模生产的特点,在收集信息、掌握先进技术,以及在拓展市场等方面相对单一的农户个体生产具有很大优势。农村合作社一定的资金上的优势,促进了农业科技的引进,并且通过将新引进的品种和技术统一在合作社小规模试验后再推广,为社员提供技术培训、咨询等服务,通过引导、示范等使社员认识、接受新技术和新方法,从而降低了技术引进的风险,加快农业科技的推广速度和效率。

除了为农村地区疏通农业科技推广渠道,增强农业科技转化能力,也促进了市场信息、政策信息等在农村地区的传播。在这个过程中,多种渠道搜集各种信息,并将杂乱的信息加以鉴别和整理,通过为农户提供咨询服务,减少农户生产经营的盲目性。同时,由于技术的扩散效应,使得合作社所在区域内农民的科技文化水平也相应地得以提高,在一定程度上推进了地区内信息技术资源的优化整合和共享利用。

(二)促进新型农民培育的功能

从社会学角度来看,农村合作社作为一种民间组织,其成立背后有某种共同的价值、信念以及一致认同的目标。只有在此基础上农民个体才可能联合起来组成一个可以体现共同价值、信念,以实现共同目标的组织——农村合作社。反之,如果没有这种共同的价值与信念,没有共同的认同目标,农民个体是无法联合起来的,农村合作社也就不可能产生。实际上,基于共同的价值、信念及认同目标而形成的组织规范,以及按此规范进行运作的组织实质上就是社会资本,它能为合作社的成长发育提供价值、信念、认同、合作、信任、规范等资源。与此同时,这种资源也可以使那些处于农村合作社中的社员慢慢培养沟通和交流技巧,从而最终提高人们参与社会的积极性和能力,培养社员的公民意识和民主精神。

作为农村合作组织,农村合作社对培养农民个体的主体意识和自治意识,有很大的促进作用。

1. 促进农民个体民主意识的成长

我们常说农民的民主意识不强,原因离不开农民长期以来的弱势地位。民主意识薄弱又反过来加固了农民的弱势地位,不懂得通过积极有效的参与来维护自己的合法利益。农村合作社是农民自愿组织、共同经营、民主管理的组织形式。其自身的主体权利意识较强,组织自身民主运作的方式得到发展,且能对社员产生潜移默化的影响,为社员日后进一步民主化管理,进一步有效参与民主政治起着培养锻炼的作用。在一个完善的农村合作社里,社员是合作社的管理主体,董事会、监事会等组织内部机构都是通过社员的民主选举产生的,组织内的重大事务也是由社员民主决策的。农村合作社所实行的社员民主化管理,是一种人本化民主管理,既是对民主制度的完善,也是对民主思想的发展。增强了社员的主体意识和合作精神,有助于改变几千年来我国农民孤立、封闭的状态,使社员能够平等地参与到农村合作社所涉及的公共事务中去。此外,农民还有机会通过农村合作社,特别是那种大规模的农村合作社参与到国家相关政策、相关立法的制定过程中,作为农民群体利益的代表与国家进行沟通,进而影响政策的制定,保障农民自身的权益。

2. 促进农民个体诚信意识的成长

为了实现共同的经济利益,农民个体之间会通过各种方法来防止及制约不讲信用的情况。通过长期的信息交流,可以建立互惠规范、培育相互之间的信任感,这有助于摆脱集体行动的困境,推动自发合作,进而强化和树立农民的群体诚信意识,优化农民的治理方式。在农村合作社长期的潜移默化中,诚信就会逐渐成为一种公共的价值和道德意识。

3. 促进农民个体公共精神的成长

农民合作社在促进农民个体公共精神成长方面的优势:一是农村合作社是属于农民自己的组织,理论上把为社员服务放在第一位,谋求的是社员投入最小化和产出最大化。组织成员会对组织产生归属感。合作社文化在吸收了人文主义中以人为本的价值精华的基础上,倡导团结、互助、公开的社会责任和关心他人的集体主义的道德准则。二是合作社倡导互助合作,认同完全的个人发展离不开他人的协作,期望通过联合的行动和相互合作,以取得更大的成绩,特别是能不断提高市场竞争力和在政府中的地位。由于利益的相关性,社员对合作社有着深深的认同感,通过在合作社的自主治理下,唤起农民个体对公共事务的关注。

(三)协助村庄社区治理的功能

提及村庄治理,首先想到的是村委会这一村民自治组织。在1982年,修改宪法时,把"村民委员会"这一组织形式写进了宪法条文,确立了村民委员会是群众自治组织的法律地位。1980年试行,于1998年修订的《中华人民共和国村民委员会组织法》中规定村民委员会是"村民自我管理、自我教育、自我服务的基层群众自治性组织,实行民主选举、民主决策、民主管理、民主监督","办理本村的公共事务和公共事业,调节民间纠纷,协助维护社会治安,向人民政府反映村民的意见、要求和提出建议"。同时,村委会还必须"协助乡、镇的人民政府开展工作"。这种村民自治组织制度在颁行初期,人们对其倾注了很多期望,希望通过这个自治制度能更好地维护农民的利益,促进农村社会和经济的发展。而这二十多年的实践表明,这个自治组织被行政化,并没有如人们所期望那样保障农民的经济和政治权益。村委会与村党支部一起作为体制内的组织形式,但在村庄治理上明显表现出无力,两委之间甚至产生矛盾,造成村干部威信下滑、村庄治理资源严重流失等现象。农业税的全面取消,一方面减轻了农民负担,另一方面国家行政力量从农村退出。换句话说,国家通过基层政权来治理村庄的能力减弱。要治理长期困扰我国的"三农"问题,必须从改善农村的村庄治理环境入手。在"官退"的背景下,必须寻求"民进"的方式来实现对广大农村的治理,这要依赖农民个体的广泛参与和配合,提高农民的组织化水平。当体制内的形式不能解决问题时,我们可以寻求体制外的方式,农村合作社无疑就是一个比较有效的选择方式。

从某种程度上说,农村合作社的产生是市场经济进驻农村和村庄治理的需要,因而农村合作社的运作可从不同方面发挥着村庄治理的社会功能。

1. 协调村庄治理资源的使用

村庄治理资源,指有助于实现村庄治理的所有资源,如:经济资源、人力资源、权利资源。要实现最优化,就必须实现资源的最优配置,村庄治理同样如此。可从以下三个方面分析农村合作社是如何在村庄治理中帮助实现治理资源的优化配置的。

第一,经济资源。

经济资源是村庄治理资源的基础。目前村两委在村庄经济资源的组织和整合能力上不断弱化，除了在调动土地使用上拥有绝对权力外，其他能力已经很难发挥作用。在村庄治理中，土地资源可以通过体制内的方式实现优化配置，但是资金等经济资源很难通过体制内的方式实现优化配置。如何将村庄所有的资源统筹起来，实现最大化生产，是对体制内组织和体制外组织的极大考验。农村合作社这一体制外组织，在一定程度上弥补了体制内组织职能上存在的缺陷，可以通过多种途径，在不同范围内实现经济资源的整合，以服务于村庄治理。

第二，人力资源。

人力资源指的是具有劳动能力的人口总和。这里所说的村庄治理的人力资源是指在村庄治理中，具有智力、技能和体力劳动的人的总和。村庄治理的主体可分为三类：体制内精英、体制外精英和普通农户。体制内精英的权威主要来自国家权力，体制外精英的权威主要是来自其所占有的村庄资源、学识、地位等，可以说是魅力型的权威。普通农户往往很难参与到村庄治理的决策性事务中，大多承担决策的履行任务，普通农户要想参与到实质性的村庄治理，往往需要通过第三方中介以及自身极强的治理参与表示方可成功。因此他们是在村庄治理中极易被忽视的一方，同时也是村庄治理主体数量最大的一方。

一方面，农村合作社通过加工环节，增加了就业岗位，稳定了农村劳动力总量，缓解了农村劳动力流失和农村人才流失等危机，提高了农村地区人口的总量；另一方面，农村合作社通过提供技术等培训、民主治理等方式提高了农民素质，增强了农户沟通能力、团队合作能力、经营管理能力等，这有利于农村人力资源的开发和储备。

此外，由于乡镇一级政权在职能上的弱化，特别是自农业税取消以后，基层政府失去了很大一块权力职能，原来充当村庄代理人的体制内精英也面临"失业"的现象。目前，这些体制内精英主动选择加入合作社，寻求与非体制精英的融合，来填补由于职能缺位所带来的权威下降。这时，通过农村合作社这个平台，就能更好地将上述三类治理主体沟通起来。在农村合作社的运转过程中，相互融合转变，逐渐实现村庄治理三类主体的基础一致化，减少矛盾的产生，形成村庄治理的多元共治基础，有利于实现村庄的最优治理。

第三，权力资源。

村民自治是农民的一大创造，已被社会各界认可，它在制度设置上是先进的。但是,由于村庄治理的一些局限性,如各种配套机制的不健全等,给村民自治的良好运行制造了障碍,因此产生了不少问题。这种由于体制内无法实现配套而带来问题的情况,我们可通过体制外的方式得到解决,农村合作社就是一种良好的选择方式。

在农村合作社这个平台中,合作社的领导者可能是村庄精英,这样可能就产生种种问题:合作社的这种体制外精英与政权产生的体制内精英是否存在矛盾;通过村民自治、民主选举,体制外精英与体制内精英很可能相互转换,二者是否存在排外情绪等,这些是农村合作社要面对的。在长期的实践中,目前农村合作社已经总结了不少村里此类问题的方法。如,请体制内精英——村两委干部担任农村合作社顾问、出席合作社的重大活动,鼓励社员积极入党等,合作社与两委之间合则两利、斗则两害的思想已为广大人民所领悟。以沟通的方式加强了解,在了解的基础上合作,无疑有利于村庄治理。

2. 促进村庄治理模式的良性转变

村庄治理之所以存在问题,主要是由于村庄权力和利益分配不均衡造成的。要使村庄治理有利于村庄发展就必须选择良性的村庄治理模式。目前村庄的治理主体主要是体制内精英、体制外精英及普通村民三个群体,在治理模式上是党支部与村委会共同管理,而居于核心地位的是党支部。但是这种由制度规定体制内治理显然不能让广大村民满意,导致村民参与意识不强,村庄治理陷入低效境况。

如何将体制内治理与体制外治理结合起来,调动广大普通农民的参与积极性,实现有效的村庄治理,已成为合作社需要面临的重要问题之一。单独依靠体制内治理或者体制外治理都是不合适的,甚至会因两者之间的博弈消耗大量的村庄治理资源。农村合作社可为这两种治理模式提供补充,使两者相互优化,是村庄治理向多元治理的模式转变,这是调节村庄治理中主体矛盾的良好方式。

总的来说,农村合作社在村庄治理中的作用,主要体现在试图将体制外的资源与体制内治理相结合,并在一定程度上以合作社自身的管理为村庄治理设立了模型。因为合作社治理的主体——社员,与村庄治理的主体——农民,两者身份是一致的。所以农民在接受合作社文化的同时也改变了村庄治理的思维。两种治理必然发生着联系,并相互影响。

一些实力较强的农村合作社,大多也从事一些农村公益事业,如资助乡村社区的基础设施建设、教育以及社会保障等,为农村社区的建设做出了直接的贡献。农村合作社的发展还可分摊村两委承担的部分经济事务,这就可使村两委腾出更多精力,集中力量做好村民自治、农村社会治安等工作,从而促进了农村的全面发展①。农村合作社是在农民自愿的基础上组织起来的,与农业生产、农村生活和农民群众有着密不可分的联系,其核心成员大都是本地的乡村精英,容易在当地农民群众中形成强大的凝聚力和感召力,赢得农民的信任和支持。正是因为这个特点,农村一些正式组织和其他外部组织可通过合作社加强与农户的沟通效率,促使建立起广泛的农村内部网,有效配合农村其他正式组织,调动地方人力资源,从而推动社会主义新农村建设。

(四)保护农村社区环境的功能

从事农业生产的农民聚居地即为农村。农村社区环境是以农民聚居地为中心的一定范围内的自然及社会条件的综合,包括农业生产环境和农民生活环境两部分。家庭联产承包责任制的实施,使农户经营土地的积极性得到极大提高,人们用各种方法挖掘土地的潜力,在向土地索取的同时却无暇思考该如何"照顾"土地。由于高强度不合理的开发活动,近年来我国生态退化范围迅速扩大,危害程度日益加剧。

例如,我国目前已是农药、化肥的生产和销售大国,在农业生产领域中农药、化肥等石油化工类生产要素的使用数量和品种都呈上升趋势。农药化肥的大量施用,虽然在一定程度上短期提高了农作物的产量,但同时也产生了严重的负效应,破坏了农村社区环境——农药污染已经成为在我国影响范围最大的一种有机污染。使用的农药大部分直接进入土壤,破坏了土壤结构,污染了水环境,造成地力下降、水土流失等恶性影响,进而导致粮食减产和品质下降。农药残留过高,不仅影响农产品品质,而且也给人们身体健康带来不利影响:破坏食物、饮用水等有益成分。随着我国加入世界贸易组织,在国际贸易中,因农药化肥等残留物超标造成的经济损失巨大,严重影响到我国农产品的市场竞争力。农村合作社为了提高农产品的品质及市场竞争力,通过各种措施对入社农产品进行严格的质量安全监控,积极推进无公害农产品、绿色食品、有机食品的整体发展模式(在我国食品质量安全认证中,从质量安全等级上划分为无公害食品、绿色食品、有机食品)。高质量安全的农产品的生产与良好的农业生态环境密切相关。

---

① 孙迪亮:《论我国农民专业合作社的成长》,曲阜师范大学 2004 年硕士学位论文。

合作社通过实施标准化、规模化的农产品生产模式,严格控制对高污染的农药、化肥等农资的投入量,农业生产过程以采用有机肥料为主,改善了区域内农业生产的自然生态环境,生产出更高质量安全等级的农产品,进而增加农产品的附加值。也就是说,合作社为了提高农产品的品质,在加快无公害产品生产示范基地及农业标准化生产示范区发展的同时,也推动了当地的自然生态环境的改善。

(五)促进社会公平的功能

市场经济条件下,一切遵循市场规律,而公平仅依靠市场调节难以得到保障。由于信息不充分等原因,买方和卖方在很多情况下是相互分离的,特别是在农业生产经营中,市场支配力不平衡和垄断是极为常见的,农产品的特殊性——易腐性、季节性,更是使得这种单方的垄断势不可挡。

在这种自然和市场的"双重风险"下,农村合作社的发展无疑会发挥通过农民自发联合形成的集体力量实现自救的作用,解决因市场失效带来的社会不公平等问题。这一点在西方的合作社理论中可找到依据。罗吉尔·斯贝尔(Roger Spear)认为,合作社在面对市场失灵和政府失灵的问题上是有效的,对提供准公共物品以及对社会(社区)问题的反应也是迅速的;合作社通过社会授权利益、社区联结等产生的正外部性具有较好的社会效益。米歇尔·L.库克(Micheael L. Cook)通过观察研究美国农业合作社中传统合作社重构、升级与新一代合作社的出现的发展情况后认为,合作社是解决消费者偏好多样性存在的有效方式,还可以有效地处理私人产权和公共物品产权的关系。认为合作社具有可以提供公共品和准公共品的服务功能。

(资料来源:李茂平:《民间组织的道德整合功能研究》,华中师范大学 2008 年版)

按照国际通行原则的《合作经济组织法》,将个体农民组织起来,以合作经济法人而不是单个的自然人的形式出现在经济舞台上。通过相关的法律规定所赋予农村合作社明确无误的权力来维护农民在市场经济中明确无误的基本权利,甚至通过足够的社会和政治影响,争取与其经济地位相当的话语权。这种形式组织起来的农民个体就不再因缺乏组织资源而成为社会地位低下的弱势群体,而是成为占我国人口最多、与社会其他阶层平等的社会阶层,实现了渴求的社会公平。

三、合作社的划分

按照组建的经营目的不同划分为：

信用和储蓄合作社——社员获得融通产业资金和储蓄上的便利为目的的合作。

消费合作社——从事批发购买生计上的必需品（加工或者不加工）贩卖给社员为目的而成立的合作社。

产业合作社——以谋划社员生产上的便利为目的而成立的合作社。如：共同购买合作社、共同运输合作社、共同生产合作社、土地股份合作社等。

住宅合作社——以建筑住宅或者购买租赁住宅而供社员居住为目的的合作社。

劳动生产合作社——劳动者组织工厂或者设备机械而从事于生产制造的合作社。

合作社之间的关系，可以采用图 1-1 表示。

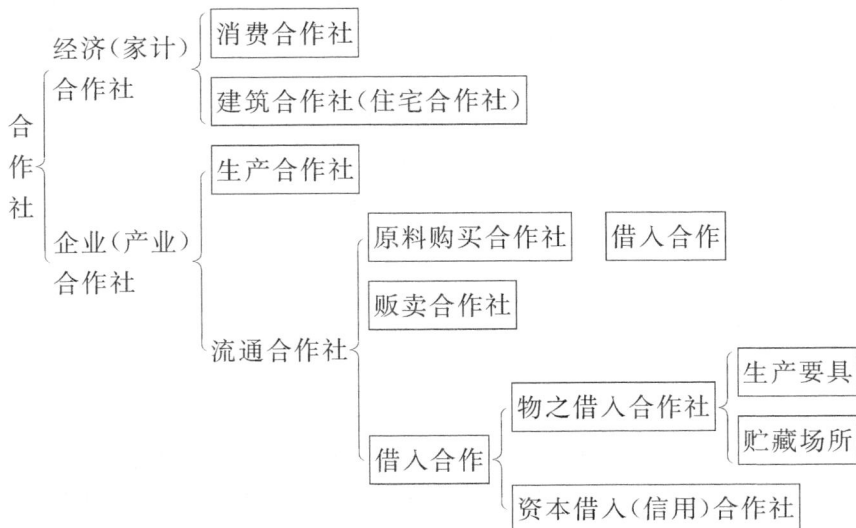

```
                       ┌ 经济（家计）┌─消费合作社
                       │  合作社     └─建筑合作社（住宅合作社）
                       │
合作社 ──┤              ┌─生产合作社
                       │              ┌─原料购买合作社    借入合作
                       └ 企业（产业）  ├─贩卖合作社
                          合作社       │            ┌─物之借入合作社 ┌─生产要具
                                       └─流通合作社  │               └─贮藏场所
                                                     └─借入合作       └─资本借入（信用）合作社
```

图 1-1　合作社之间的关系图

任务二 合作社的创建

一、合作社创建的原则

　　合作社是建立在家庭联产承包经营责任制基础上的，由农民和其他农业生产经营服务者资源联合的互助性经济组织。合作社主要围绕农户生产经营所需的农业生产资料购买、种植养殖技术推广、农产品销售和加工等服务而组织发展起来的。农村合作组织的创建必须遵循基本原则、条件和程序，其具体创建模式主要有内生型和外生型两大类。

　　合作社是建立在家庭联产承包经营责任制基础上的，由农民和其他农业生产经营服务者自愿联合的互助性经济组织。合作社的创建原则和条件与其他经营组织和机构有所不同。

　　总的原则是坚持因地制宜、结合实际的组建原则。组建中不能拘泥于一个标准。合作社的基本原则体现了合作社的价值，是合作社成立时的主旨和基本准则，也是对农民合作社进行定性的标准，体现了合作社与其他市场经济主体的区别。只有依照这些基本原则组建和运行的合作经济组织，才是《农民专业合作社法》调整范围内的合作社，才能享受《农民专业合作社法》规定的各项扶持政策。这些基本原则贯穿于《农民专业合作社法》的各项规定之中。

　　按照《农民专业合作社法》第三条规定，农民专业合作社应当遵循的基本原则有以下五项：

　　第一，家庭经营的原则。

　　以家庭承包经营为基础，统分结合的双层经营体制是我国农村经营的基本制度。农村合作经济组织的创建不能改变农户最敏感的土地承包关系，而应以家庭经营制度为基础，充分尊重农户的生产经营自主权，通过多个经营主体自愿联合的方式组织和发展，其创建的宗旨在于构建新型农业生产经营服务体系和运作方式，以解决小农户与大生产的联结机制，全面提高农户的综合生产能力和农业生产经营效益，增加农户的经济收入。这是农村专业合作社不同于集体经济的本质所在。国际农业经营和合作组织发展的经验表明,家庭经营是相对高效的农业生产经营模式之一,但是家庭经营优越性充分发挥的前提条件是各类旨在为家庭农户生产经营服务的合作组织的充分发育,家庭经济比较活跃和发达的领域和地区,往往也是各类专业合作组织最发达的领域和地区。

第二,自愿自主的原则。

农村合作组织是农户资源联合的互助性组织,发展农村经济合作组织,必须尊重农户的意愿和选择。农村经济合作组织是市场经济发展的产物,也是农户为改变其在市场竞争中的不利地位而自发结成的自主性经济组织,其职能主要是解决农户分散生产经营中遇到的困难,提高农业生产的组织化程度,降低交易成本,保障农户的合法收益。创建农村合作组织必须坚持入社自愿、退社自由的原则,既不能强迫农民组建或加入某些合作组织,也不能限制农民退出某个合作组织。农村合作组织内部的制度安排和组织建设、与其他组织(包括政府)合作或者生产经营协议,必须由合作经济组织成员通过适当的程序自主决定,政府可以通过行政手段干预合作组织的生产经营活动,各级政府和部门在推进农村合作事业发展工作时要充分尊重农民的意愿和创新精神,着重发展环境的营造,公共服务的供给和生产经营的指导。只要是农民愿意而且能办的就放手让农民去办;农民愿意但是暂时无力办的应积极创造条件,引导和帮助农民去办;农民不愿意的切忌用行政命令强迫去办。

第三,成员以农民为主体的原则。

合作社具有强大的生命力,由其本质规定性所决定,它以为农户成员服务为宗旨,坚持自愿、自主、民主、平等和联合的原则,主要实行按交易量分配的原则。农村合作组织成员是服务农户生产经营的互助性组织,坚持农民专业合作社为农户成员服务的宗旨,发挥合作社在解决"三农"问题方面的作用,使农民真正成为合作社的主人。《农民专业合作社法》规定,合作社的成员中,农民至少应当占成员总数的80%,并对合作社中企业、事业单位、社会团体成员的数量进行了限制。一些研究者指出,为了保证农民能真正成为合作组织的主人,表达自己的意愿,防止他人利用和操纵合作社,必须实行一人一票或20%附加票的民主管理机制。采取附加票的决策机制有利于动员各种社会力量参与合作组织发展,解决合作组织技术、人才,资金、信息缺乏等瓶颈问题。

　　第四，以服务为宗旨，谋求全体成员的共同利益（互利共赢）的原则。

　　"走合作不是一种情操，而是一种经济上的需要"。这是美国"新奇士"农业专业协会印在用户手册上的一句话，它从一个侧面揭示了农村合作组织创建的本质和内在动力。农民合作社之所以蓬勃发展，就在于同行业同专业同类型产品的小规模生产经营者，有着对市场信息、技术、良种标准化生产，统一品牌、统一物资采购、产品销售或者加工等生产经营服务的共同需要，而单个家庭或许难以独立解决这些问题，或者解决这些问题的成本很高。合作社通过对农户成员实行农业生产经营服务的互助性供给，可以保障其生产经营利益最大化，高效率地引导农户成员和其他农业生产经营服务供给者建立农业生产经营价值链。农民合作组织只有不断满足成员的共同需要，服务于农户成员的生产经营活动，才能持续健康发展。为了保证农村合作组织发展壮大，还必须兼顾专业大户与一般农户、交易者与投资者的需求和利益，以调动不同成员发展专业合作社的积极性。

　　农民专业合作社是以成员自我服务为目的而成立的。参加农民专业合作社的成员，都是从事同类农产品生产、经营或提供同类服务的农业生产经营者，其目的是通过合作互助提高规模效益，完成单个农民办不了、办不好、办了不合算的事。这种互助性特点，决定了它以成员为主要服务对象，决定了"对成员服务不以营利为目的、谋求全体成员共同利益"的经营原则。

　　第五，多元化发展的原则。

　　农民专业合作社可以采取不同的形式和发展模式，但是必须建立在农民自愿的基础上，坚持"民办、民管、民受益"的基本原则。以农民为主题创立和发展农民专业合作组织，并不能否定农民专业合作社创建形式的多样性，尤其是在农民专业合作经济组织发展初期，要鼓励探索多种合作方式，以调动和发挥各个方面的积极性，农村能人、专业大户、集体组织、龙头企业、基层农技推广人员、农业科研部门都可以利用资源等优势，发起和引导农户兴办合作社，在技术服务、基地建设、市场开发、产品销售、加工增值等方面参与农村经济组织的生产经营活动。当前我国农民专业合作组织进入快速发展阶段，各地政府尤其是沿海发达地区兴办农村经济合作组织的热潮不断高涨，各级政府要善于将合作制的基本原则与我国实际情况想结合，通过多种政策工具，资产运营和资源整合机制来创造性地推进农民专业合作社的创建和发展壮大。

二、合作社设立的条件

合作社是促进社会主义市场经济发展、巩固家庭联产承包责任制、解决当前农村基本经营制度面临的新问题、完善农村基本经营制度的组织形式，发展农民专业合作社对于新时代农村社会经济的快捷健康发展具有重要意义。党和政府都制定了相关政策，从产业政策倾斜、财政扶持、金融支持、税收优惠等方面支持农民组建专业合作社。

组建一个专业合作社就如同创办一个公司、企业一样，需要满足法律、法规所规定的条件，并遵循规定的步骤和程序，同时也要注意相关问题，才能避免走弯路，顺利规范地通过政府管理部门的审批，获取法人资格，开张营业。其过程需要满足以下几个组建条件：

(一)有5名以上符合条件的成员

按照《农民专业合作社组建的条件》规定：要求合作社的成员具有民事行为能力，以及从事与农民专业合作社业务直接相关的生产经营活动的企业、事业单位或者社会团体，能够利用农民专业合作社提供的服务，承认并遵守农民专业合作社章程，履行章程规定的入社手续的，可以成为农民专业合作社的社员。(友情提醒：具有管理公共事务职能的单位不得加入农民专业合作社！)

而且，依法享有农村土地承包经营权或从事生产经营的社员至少占社员总数的80%以上，成员总数20人以上的，可以有一个企业、事业单位或者社会团体的成员；成员总数超过20人的，企业、事业单位和社会团体成员不得违背农民意愿，强迫他们成立或参加、退出农民专业合作社。同时，农民专业合作社成员资格是开放的，不仅仅局限于同一社区的农民。规模大一点的合作社，其成员往往分布在不同的农庄、乡镇，甚至更大的范围。

(二)要有明确的运行机制和章程

农民专业合作社有法定的运行机制，主要依据为《农民专业合作社法》的五条法定原则：

1. 成员以农民为主体；

2. 以服务成员为宗旨,谋取全体成员的共同利益;

3. 入社自愿,退社自由;

4. 成员地位平等,实行民主管理;

5. 盈余主要按照成员与入社自愿、退社自由的交易量(额)返还。

核心内容是民主决策,实行一人一票制,成员都享有一票之基本表决权。盈余按成员与合作社交易量(额)之比返还,比例不得低于60%。合作社成立的目的就是为成员服务,通过联合购买、联合销售、技术服务等,为成员增收节支。合作社一般采取"生产在家、服务在社"的服务方式。《农民专业合作社法》规定农民专业合作社必须有符合规定的章程。章程要载明名称和住所,业务范围,成员资格及加入、退出和除名,成员的权利和义务,组织机构及其产生办法、职权、任期和议事规定,成员出资方式、出资额,财务管理和盈利分配、亏损处理,章程修改程序,解散事由和清算办法,公告事项、发布方式以及需要规定的其他事项。章程要由设立大会通过,经全体设立人签字、盖章后报登记机关。

(三)具有符合规定的组织机构

农民专业合作社的法定组织机构为成员大会和理事长,成员大会是最高权力机构,理事长为法人代表。农民专业合作社成员超过150人的,可以设立成员代表大会,一般按照15%—20%的比例选举产生,或按自然村落选举产生,在理事会中选举产生理事长1名,成员较少的合作社可以不设立理事会,只设立理事长1名。理事长对成员(代表)大会负责,其职权由章程规定。农民专业合作社设立监事会,监事会一般为3人以上(奇数),由成员(代表)大会在本合作社成员中选举产生,在监事会中选举产生主席1名,成员较少的合作社可以不设立监事会,只设立执行监事1名。监事会或执行监事的职权由章程规定。

(四)要有名称、住所和必要的办公条件

农民专业合作社的名称一般为"所在地的县(自治县)名+村名(地名)+生产经营项目名称+专业合作社",如"某县(县名)某村(村名)黑山羊(项目)专业合作社"。同时,要有固定的住所提供办公条件,住所要提交登记机关备案。农民专业合作社的住所也就是合作社的办公地点,刚发起且成员较少的合作社可以选择在合作社发起人、生产经营大户的家里,也可以与龙头企业、

村支两委一起办公;有一定条件的合作社应修建自己的经营用房和办公室。合作社的办公室一般要布置农民专业合作社章程、成员(代表)大会工作规则、理事会工作规则、监事会工作规则、服务承诺、技术服务资料等;应设置"一册四簿",即社员名册、基本情况簿、销售登记簿、会议记录簿、意见簿,还应配置桌椅、电话等必要的办公设施。

(五)有章程规定的成员出资

农民专业合作社是一个互助性的经济组织,全体成员需要提供一定的出资额度(股金)以确定其成员资格。只有获得成员资格的农户才能享受合作组织提供的互助性服务,享受按交易量返还利润份额与分配权利,出资额的具体标准由各个农村合作社成员设置了投资股,具体由合作组织根据经营业务的需要设立,由全体成员自愿认购,投资可以享受合作组织经营剩余的分红。

▷ 知识拓展

我国遇到经营合作社最好的时机

当前我国已经具备组建合作社的时机。

农民自主经营和自有生产性资产存在是前提条件,合作组织是个体劳动者联合自主活动。农民有了经营自主权,又有了自有生产性资产,从组织和制度创新的角度看,农民自有资产的增加,就会产生发展合作经济的要求,这是发展合作组织的基础条件。

市场经济的建立与发展是必然条件。市场经济是竞争经济,也是一种风险经济。农民如果仍以一个独立的商品生产者和经营者角色出现在市场,处境将十分不利;市场经济是法制经济。个体农民的分散、自由与利益取向,以及他们对市场规范缺乏认识,对市场行为缺乏深入体验,都有碍于市场规则的确立和实施。合作组织最基本的原则就是"扶助弱势、一人一票、利润返还"。因此,全面实行社会主义市场经济是合作组织产生和发展的前提条件。

政府的引导和大力支持是推动条件。政府管理经济由全面管理转变为重点宏观管理,这就需要在政府和农民之间有一个桥梁。政府及各部门管理职能的转变,同样需要一个输出载体,这个载体就是合作组织。近年来国家大力支持合作组织发展,一是从法律上支持,由全国人大农业与农村委员会牵头组织的《农民合作经济组织法》即将出台;二是项目资金支持,财政部、农业部都给予了项目支持;三是优惠政策:农业部制发了扶持政策;27个省、直辖市、自治区制定了促进合作组织发展的政策意见,在税费减免、绿色通道、农资供应、用水、用电、用地、注册登记等政策方面给予了大力支持。

实施农业产业化,是发展合作组织的基础条件。实施产业化经营的模式较多,有"公司加农户""农户加基地""农户加专业市场"等。经过比较分析,实践证明,比较适应目前各方经济利益的还是"公司+合作组织+农户"模式。

全面建设新农村是环境条件。新农村需要与之相适应的新组织,今后"三农"的重点是全面推动和实施新农村建设,已形成大的气候和环境,包括农村建立合作组织的各种制度创新是全面建设新农村的重要内容。

有一批能干的合作组织带头人是关键条件。有一批活跃在农村的重专大户和农民经纪人,这些人,有的有精湛的技术,有的懂经营、会管理,是农民推崇的"土专家"、能人,他们都有一个共同特点:热心公益事业和热爱合作事业,热心为农民服务,在农民中有一定威望,在实践中探索着合作之路,成为合作组织的带头人。这是发展合作组织的关键条件。

有比较成功的合作组织典型。从2003年起,农业部每年树立100多个示范合作组织,市里也树立了一批示范组织,各级农业部门已有一套较规范的操作程序和运作规范。

上述充分反映了目前新农村建设,发展与完善合作组织遇到了最好时机与机遇。

（资料来源:合作社之友　http://www.hzs369.com/bbs/forum）

三、创办农民专业合作组织的基本要求与流程

（一）创办农民专业合作组织的基本要求（原则）

不论创办何种类型、何种模式的农民专业合作组织,都必须遵循以下基本原则:

1. 不改变成员的财产所有权关系;

2. 入社自愿、退社自由;

3. 有利于促进专业性和区域性生产;

4. 必须坚持民办、民营、民受益原则;

5. 可以突破社区界限,在更大范围内实行专业合作。

(二)创办农民专业合作组织的基本流程

创办一个新的农民专业合作社,大体有这样一些程序(见图 1-1):

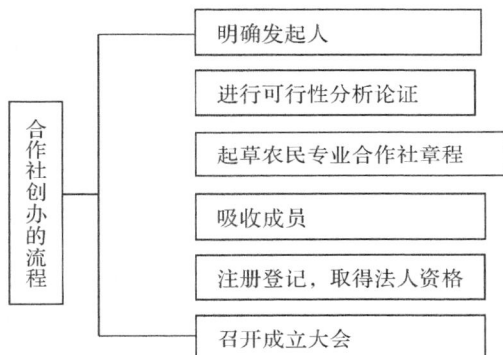

图 1-1　农民专业合作社创办流程

1. 明确发起人

注意:发起人最低不得少于 5 人,并组成筹备小组。作为发起人应具备以下条件:

(1)坚持党的路线、方针、政策,政治素质高,组织能力强;

(2)在本地区、本行业内有较大影响力,一般为专业大户;

(3)具有完全民事行为能力。

2. 进行可行性分析论证

(1)主要是确定农民专业合作社发展目标和生产经营业务。在筹备设立农民专业合作社时,首先要对设立农民专业合作社的可行性进行分析,如是否具备资源、产业、市场需求、合作意愿等方面的基础和条件。在此基础上,确定合作社的发展目标和生产经营业务。发起人要对本地区、本行业农民群众专业合作的需求状况、专业生产的现状、市场前景、竞争对手等进行认真调查研究,确定所要组建合作社的活动和经营范围。

一般来说,农民专业合作社包括经营和社会两个方面的发展目标。经营目标以为成员提供技术、信息、农产品销售、生产资料购买以及资金等服务为手段,促进成员生产的发展,提高成员的经济收入。合作社的社会目标是在经济目标的基础上,追求合作社的理念和价值,实现社会公正与共同致富,这是合作社的可贵特质。农民从合作社切实可行的发展目标中,可以看到兴办合作社给自己带来的好处,才会考虑是否加入合作社。

农民专业合作社的生产经营业务要在符合国家产业政策和本社章程规定的前提下,根据成员生产发展的需要,结合本社实际发展情况确定,并逐步扩展合作社对成员服务的功能。一般来说,合作社最主要的生产经营业务有:农业生产经营中的技术培训,新品种引进;农业生产资料的购买;农产品的贮藏、运输与销售服务;产品加工增值;信息服务等。合作社生产经营业务的范围不仅要写入章程,而且也要由工商部门登记予以确认。

农民专业合作社的发展目标和生产经营业务,不能凭一时的热情和主观愿望来确定,而是需要进行可行性分析,从实际出发,根据各种外部经济环境条件、成员需要和发展的可能性等因素来确定。农民专业合作社的互助性特点,决定了它的发展目标和生产经营业务必须由成员来共同确定。

(2)确定农民专业合作社的名称。这是指合作社用以相互区别的固定称呼,也是设立、登记并开展经营活动的必要条件。农民专业合作社的名称应当符合《农民专业合作社法》及相关法律和行政法规的规定,并体现其经营内容和特点。一般来说,农民专业合作社的名称可以由地域、字号、产品、"专业合作社"字样依次组成。名称中必须包含"专业合作社"字样,如"宜昌市夷陵区萧氏茶叶农民专业合作社",这是《登记管理条例》中的明确规定,也是农民专业合作社作为一类独立的法人与同样在工商机关登记的企业法人的显著特征。

(3)确定农民专业合作社的住所。这是指法律上确认的农民专业合作社的主要经营场所。住所是农民专业合作社注册登记的事项之一,合作社变更住所,也必须办理变更登记。经工商行政管理机关登记的农民专业合作社的住所只能有一个,其住所可以是专门的场所,也可以是某个成员的家庭住址,这是由农民专业合作社的组织特征、服务内容所决定的。合作社的住所应当在登记机关管辖区域内。确定合作社的住所,既是为了交易的便利,也是确立法律事实、法律关系和法律行为发生地的重要依据,如有关司法文书的送达,往往以住所地作为生效地。住所地需要合作社的全体成员通过章程自己决定。

3. 起草农民专业合作社章程

农民专业合作社章程是在遵循国家法律法规、政策规定的条件下,由全体成员制订的,并由全体成员共同遵守的行为准则。农民专业合作社章程的制定是设立农民专业合作社的必备条件和必经程序。

农民专业合作社章程是合作社特征的重要体现,在农民专业合作社的运作中具有极其重要的作用。首先,章程规定了某个合作社的具体制度,这些制度不仅涉及每个成员的权利和义务,更决定了一个合作社是否能够生存和实现发展这一重大问题。其次,章程有公示作用,有利于债权人、社会公众、政府等农民专业合作社利益相关方了解农民专业合作社,有利于农民专业合作社接受外界的监督和服务。最后,制订章程和按照章程办合作社,是合作社享受国家有关优惠政策的一项重要依据。因此,制订好章程并按照章程办事,是办好一个合作社的关键。

按照《农民专业合作社法》的规定,农民专业合作社章程至少应阐明下列事项:

(1)名称和住所;

(2)业务范围;

(3)成员资格及入社、退社和除名;

(4)成员的权利和义务;

(5)组织机构及其产生办法、职权、任期、议事规则;

(6)成员的出资方式、出资额;

(7)财务管理和盈余分配、亏损处理;

(8)章程修改程序;

(9)解散事由和清算办法;

(10)公告事项及发布方式;

(11)需要规定的其他事项。

《农民专业合作社法》把能由章程规定的事项都交给章程来规定,体现了让农民在发展专业合作社中自主自治的原则,给农民专业合作社的自治留下来较大的空间。在农民专业合作社运作的实践中,还会遇到许多新的问题,通过章程作出规定,不断完善相关制度。章程中对这些内容进行规定,能够使农民专业合作社的具体制度更加完善。

凡是办得好的合作社都是因为有一个符合实际的好章程,并坚持按照章程的规定办事。农民专业合作社的章程,可以因为产业不同、产品不同、地区不同而有所差异。农民专业合作社在制定章程时,可以参照 2007 年 6 月 29日农业部发布的《农民专业合作社示范章程》,但还需要从本社实际出发,不能照抄照搬示范章程。《农民专业合作社章程》是为规范农民专业合作经济组织内部关系、统一开展生产经营活动的原则和办事程序而制定的规程。章程的制定是一项非常重要的工作,要由发起人根据农民专业合作社示范章程,结合本社实际起草。

需要注意的是,尽管有示范章程为样本,但是我们不能照搬照抄,应借鉴示范章程的主要内容,结合本合作社的实际情况制定自己的章程。示范章程示范的是结构和具有普遍性的内容,具体到每个合作社应该有自己的特殊性。如杭州丰农水果专业合作社就在示范章程的基础上制定了自己的盈余分配制度:扣除当年生产成本、经营支出和管理服务费用等,年终盈余按下列项目顺序分配和使用。(1)公积金,按盈余一定比例提取,用于扩大服务能力、奖励及亏损弥补;(2)公益金,按盈余一定比例提取,用于文化、福利事业;(3)风险金,按盈余一定比例提取,用于本社的生产经营风险;(4)盈余返还,提取公积金、公益金和风险金后,按交易额和股金总额进行统筹分配。

上述分配项目、提取比例和分配数额,由理事会提出方案,经社员(代表)大会讨论决定后实施。这里面涉及到年终盈余要进行四个方面的分配,其分配比例也笼统地规定为"一定比例"。但是,具体到每个合作社各项的比例是多少,就必须通过社员大会或代表大会,在章程草案的基础上民主讨论决定。

4. 发动吸收农民入社

组织和发动农民入社,是设立合作社的重要工作。在发动农民加入合作社时,一方面,要通过学习《农民专业合作社法》,正确认识什么是农民专业合作社,让农民了解参加合作社会有什么好处;另一方面,还要宣传成立合作社成员的条件及权利义务。通过这些工作,使农民对合作社有一个正确的认识和心理准备,并通过自己的判断,自主做出是否加入合作社的决定。只有这样做,合作社的发展才会有一个良好的开端。

凡从事与本社同类或相关产品,有一定的生产规模或经营、服务能力,具有完全民事行为能力的农民、组织或相关事业的个人,承认并遵守本专业合作社章程,自愿提出入社申请,认购股金,经筹备小组讨论通过,就可以成为本社的成员。合作社中享有土地承包经营权的农民必须占80%以上,法人成员不得超过总量的5%,生产性合作社中从事生产的社员占社员总数的一半以上。吸收的社员要造册登记。合作社正式成立后要向社员发放社员证。

▶案例二

钟祥市保蜂蜂业合作社以章程保发展

钟祥市保蜂蜂业合作社成立于 2007 年 3 月,现有成员 186 人,网络养蜂大户 500 余户,跨钟祥、京山、沙洋、荆门、宜城 5 个县(市),合作社依靠合作起家,精心管理,运作一年多已初步形成了"市场＋合作社＋农户"的经营模式和盈余返还的经营机制。

钟祥市位于汉水流域,地域广阔,水源充足,灌木茂盛,平原、山区和丘陵兼备,有大面积油菜、芝麻、棉花和荆条及山杂花蜜粉源,地理环境得天独厚,在蜂界享有"汉水蜜库"之称。蜂蜜年产量 1000 吨以上。近年来,虽然养蜂业取得了可喜成绩,家庭式的蜜蜂养殖方式却难以形成集约化、规模化生产,养蜂行业没有蜂农自己的市场份额,只能向中间商提供蜂产品原料,缺乏统一的管理和规范,蜂农迫切要求建立自己的专业合作组织。

2006 年《农民专业合作社法》颁布后,蜂农萌发了组建合作社的愿望。2007 年 3 月,由东桥镇养蜂大户赵荣华、李福洲等 16 人向全市养蜂户发起倡议,组建了钟祥市第一家农民专业合作社——钟祥市保蜂蜂业合作社。合作社按照入社自愿、退社自由、风险共担、利益共享的原则,经过一年多的运作显示了旺盛的生命力,吸引了越来越多的蜂农加入,入社社员已由最初的 16 人发展到 186 人,全部为农民成员。其中,钟祥市外成员 42 人,占 22.5%,蜂群规模达到 21500 群。合作社在市经管局的指导下,进一步强化规范建设,变过去简单生产合作为紧密的经济合作,完善了章程、财务资产和生产经营管理等制度。明晰产权和股权,吸收入社成员资本参与合作社建设发展,现金按每股金额 1000 元,蜂群按每群 300 元折价入股,共计吸收成员出资 206.3 万元。合作社的成立迅速扭转了蜂产品市场不规范、销售混乱的不利局面,维护了蜂农的利益。随着蜂蜜价格上扬,蜂农收入大增,合作社凭借蜂蜜的优质品质,2008 年 3 月被北京金蜂公司沙洋非公司确定为有机蜜原料供应基地,蜂产品打入奥运市场。形成上连加工企业,下连农户,形成产前、产中、产后服务为纽带的产销一体化经营格局,走出了一条"市场＋合作社＋蜂农户"的发展模式。

▶案例点评

该合作社的成功经验与做法是——合作社增强统一服务功能:

第一，统一技术服务。合作社特别注重技术培训和技术服务。一是科学布局蜂场。合作社按照蜂场规模大小以3千米—5千米距离布局养蜂场。二是开展技术培训。合作社制订了技术培训计划，分层次和季节进行培训，聘请省市专家现场讲课。三是开展技术合作，提升标准。合作社广泛寻求与大专院校科研单位实行技术合作，目前已和中国蜂产品协会、浙江农业大学、湖北养蜂管理总站建立技术合作关系。合作社秘书长李福洲通过培训和多年实践，成功发明了"多功能保蜂罩"专利产品，实现合作社拥有专利技术的重大突破。

第二，统一提供生产资料服务，降低社员生产成本。由合作社直接与厂家和批发商洽谈，根据需要量谈定价格后，供货商将生产资料送到合作社，合作社先垫付30％的货款给供货商，余款合作社先打欠条。

第三，统一蜂病防治服务。为确保产品质量，实行统一采购蜂药，统一防治要求，统一印发防治资料，统一防治时间，分户组织实施，确保蜂产品无污染、无公害。

第四，统一产品销售服务。为提高经济效益，合作社成立了蜂产品购销部，由1名副理事长负责，并在18个合作组设立了销售网点，分季将成员交售的蜂产品集中统一销售给加工厂和经销商。此外，为使合作社持续发展，抓好日常管理是重点，保证了合作社的高效运行和服务公开透明。该合作社从实际情况出发，通过制订符合成员利益要求的章程，并严格执行，保障了合作社的规范运作，是合作社增强凝聚力和实现发展的重要经验。

第五，农民专业合作社的注册与登记。农民专业合作社的登记，就是通过在工商部门登记，获得法人资格。登记，也可以通俗地理解为"上户口"。《农民专业合作社法》规定，农民专业合作社依照本法登记，取得法人资格。未经依法登记，不得以农民专业合作社名义从事营业活动。取得法人地位不仅是农民专业合作社对外开展经营活动的前提，也是其合法权益得以保护的基础。农民专业合作社按照《农民专业合作社法》规定注册登记并取得法人资格后，即获得了法律认可的独立的民商事主体地位，从而具备法人的权利能力和行为能力，可以在日常运营中，依法以自己的名义登记财产（如申请自己的名号、商标或者专利）、从事经济活动（与其他市场主体订立合同）、参加诉讼和仲裁，并且可以依法享受国家对合作社的财政、金融、税收等方面的扶持政策。

发起人持合作社章程到县级以上农经部门进行审核，审核确认后由工商行政管理部门依法给予工商登记,冠以由"行政区划＋字号＋产业类别＋合作社"组成的名称,取得法人营业执照,然后到农经部门备案。在申请登记获得批准后,农民专业合作社获得法人资格,即可按照工商部门登记的经营业务范围,从事生产经营活动。

第六,召开农民专业合作社设立大会。农民专业合作社召开设立大会,是《农民专业合作社法》规定设立一个合作社必需的步骤;设立大会由全体设立人组成。设立人是农民专业合作社设立时自愿成为该社成员的人。设立大会是农民专业合作社尚未成立时设立人的议事机构。如果没有依法召开由全体设立人参加的设立大会,农民专业合作社就不能正式成立。成立大会也是第一次成员大会。成立大会主要议程有四项:

(1)听取筹备小组报告本专业合作社筹备工作情况;

(2)选举合作社机构负责人,选举理事会和监事会成员并选举产生理事会理事长、副理事长、秘书长及监事会主席等;

(3)讨论和通过本专业合作社的章程,即应由全体设立人一致同意通过;

(4)审议合作社需设立大会上通过的重要事项,讨论和通过本专业合作社内部各项管理制度和运行机制;讨论和通过本专业合作社年度工作计划和其他有关事项等。

(资料来源:余胜伟:《农民专业合作社实用读本》,武汉大学出版社 2010 年版)

> **知识拓展**

农民专业合作社的设立人申请设立登记

农民专业合作社的设立人申请设立登记,应当向登记机关提交的文件有七项:

(1)登记申请书;

(2)全体设立人签名、盖章的设立大会纪要;

(3)全体设立人签名、盖章的章程;

(4)法定代表人、理事的任职文件及身份证件;

(5)出资成员签名、盖章的出资清单;

(6)住所使用证明;

(7)法律、行政法规规定的其他文件。

需要说明的是,农民专业合作社向登记机关提交的出资清单,只要有出资成员签名、盖章即可,无需其他机构的验资证明。

申请登记的文件是农民专业合作社现实组织合法存在的证明，也是成员资格和权利有效存在的重要证明，其真实可靠性也是保证社会交易安全的必然要求。《农民专业合作社法》第54条规定："农民专业合作社向登记机关提供虚假登记材料或者采取其他欺诈手段取得登记的，由登记机关责令改正；情节严重的，撤销登记。"因此，必须确保提供的文件或证明等材料真实可靠。

农民专业合作社的设立人准备好上述材料后，就可以向工商行政管理部门提出设立申请，工商行政管理部门认为各种文件符合法定要求就会受理登记。经工商行政管理部门审核各种文件材料属实、符合法定要求后，就会及时向设立申请人颁发证明，并将证明以及登记的有关情况做周知性的公告。不符合法定要求的，设立申请人则会受到来自工商行政管理部门的不予登记通知书。

《农民专业合作社法》明确规定，农民专业合作社的登记工作，在登记机关受理之后的20日内必须办理完毕，20个工作日的期限规定，也适用于变更登记和注销登记等。同时，《农民专业合作社法》还明确规定，农民专业合作社的各种登记工作，不允许收取任何费用。这些都很好地体现了中央的重农惠农政策。经登记机关依法登记，领取农民专业合作社法人营业执照，取得法人资格后，农民专业合作社就可以开展各项生产经营业务了。农民专业合作社的变更和注销，也应当依照《农民专业合作社法》和《登记管理条例》的规定办理登记。

农民专业合作社在工商行政管理部门注册登记，取得法人资格，领取工商营业执照后，还应及时到其他相关部门按照其规定要求，办理注册登记，取得运营证照。农民专业合作社应当向其他相关部门办理的证照主要有：(1)税务部门的税务登记证；(2)质量监督检验检疫部门的组织机构代码证（法定代码标识）必须持工商营业执照和税务登记证办理；(3)银行开户许可证；(4)运营过程中需要的其他证照等。

四、影响合作社创建的因素

(一)生产经营目标的明确程度

农民专业合作社成功创建的前提条件是,有明确的商业目标与计划,并且有足够的理由说明组建专业合作社是实现该商业目标和计划的最佳选择。多数农村专业合作社最初选择农业生产资料的联合购买、农产品合作销售或者农业生产技术推广应用等经营服务项目作为其创业的契机,并将其生产经营的对象锁定在商品化程度高、价格弹性大的农产品领域,如蔬菜、水果、烟叶、茶叶、中草药等经济作物和生猪、山羊、家禽、水产品等畜产品,也有一些农村专业合作社将农产品的初级加工和市场营销,农户共有的开发经营作为其创建目标。

(二)资源环境

由于农业生产经营项目具有资源依赖性的显著特征,不同地区的自然环境不仅影响特定养殖和种植项目产品的品质,而且会影响其生产经营和开发成本。比如,所处地区气候潮湿多雨,养殖蝎子病害发病率和死亡率会很高;如果纬度高、平均气温低,养殖白玉蜗牛则会需要给蜗牛增温导致成本加大。因此,结合区域自然资源优势,选择具有潜在经济价值的生产经营和开发项目,是联合小农户创建合作社的前提条件。不少供销社从当地产业结构调整的时间出发,建立菠萝、香蕉、蔬菜等合作社,以此作为农民合作的基础,从而实现农民与供销社的"双赢"。

(三)小农户需求与合作意愿

合作社创建宗旨是服务农户成员的生产经济活动,以推动小农户生产经济活动与社会化大生产市场的对接。一般而言,当本村镇从事某种专业合作社养殖的农户达到一定数量后,农户就会产生组织起来闯市场,共同承担风险的意识和需求。在这种情况下,专业合作社的发起人能否准确把握农产品生产经营的市场行情、预测市场动态、了解农户现实需求就成为引导农户创建合作社的关键所在。创办合作社要充分尊重农民的意愿,坚持入社自愿、退社自由,不能搞强迫命令或变相强迫命令,多做宣传发动和引导工作,向农民解释成立合作社的优势、可行性、未来的发展前景和存在的风险等,并发挥专业大户的示范作用,让农民看到实实在在的好处,用身边看得见、摸得着的事例引导他们。

农民专业合作社已成为提高农民组织程度,开展社会化大生产的重要载体;已成为降低农业市场风险,提高农业和农产品市场竞争力的重要方法;已成为推进农业产业化经营,促进农民收入持续增长的重要渠道。农民专业合作社的组建不仅关系到全体社员的切身利益,而且关系到农村经济的活力和农业产业化的长远发展,因此,合作社的组建必须进行科学的分析和定位,抓住组建中的关键问题,推动农民专业合作社健康发展。

任务三 合作社经营要素

一、合作社经营与经营活动

合作社的经营,是与合作社的生产相对应的一个名词,是指合作社的生产活动以外的活动,即合作社的供销活动。因为管理的对象是人、财、事,而合作社经营的对象主要还是财。合作社经营是指合作社为了实现某些特定的目的,运用经营权使某些物质(有形和无形的)发生运动从而获得某种结果的最基本的活动。运用合作社经营权的活动就是经营活动,合作社在运用经营权的种种活动中所发生的关系就是经营关系,在经营活动中形成的观念、思想、感情、心理等就是经营意识或经营文化。

> 知识拓展

经营的由来与含义

早在两千五百多年前,我国古代第一部诗歌总集《诗经》里《大雅·灵台》中就有"经始灵台,经之营之"的诗句,这是"经、营"见于我国文字记载的最早记录,含义是经度营造。后来,司马迁把"经之营之"发展为"经营"一词来使用了。他在汉武帝太始四年(公元前 93 年)写成的《史记》中,《项羽本纪赞》

里写道:"胃霸王之业,欲以力征经营天下……"这"经营"一词,已明显地引申为筹划营谋的意思了。

经营是一个宽广的概念。从字面上解释,"经",筹划营造,就是筹划或者大政方针的确定;"营",就是规划营治、周旋、往来、经办管理。唐朝柳宗元《田家》诗之二:"努力慎经营,肌肤真可惜。"所以,经营是谋求或者目标的追求的意思。概括地讲,制定大政方针,确定生产方向和目标就是经营。用现代的话讲,就是筹划和决策。

所以经营,就是在一定的社会制度和环境条件下,合乎目的地将劳动力、劳动资料和劳动对象结合起来,进行产品的生产、交换或提供劳务的动态活动。经营内容包括经营目标、经营结构、经营方式以及为实现经营目标而采取的一系列重大战略措施。

二、合作社经营活动

事实上,人类的一切活动都是经营活动,只要是有目的、有意识的活动,就是经营活动,即经过筹划(含决策、计划)、控制、组织、实施等经营职能,使其达到期望目标(目的)的活动就是经营活动。而这种有目的、有意识的活动只能是人类活动,其他动物不具备经营活动的能力。因此,经营活动是人类所固有的、特有的活动,是人类生存和发展的基本前提。没有经营活动,人类就不能生存和发展,经营活动贯穿于人类的整个历史中,人们要生存下去就必须进行经营活动,要获得物质资料就必须进行物质资料的经营活动,要使人类不致在无谓的利益争夺中毁灭,就必须进行社会经营活动,以保持社会的公正、缓和、消除人与人之间的冲突。物质资料经营就是经济活动,社会经营活动就是政治活动。

根据经营的观点,合作社经营活动包括六个方面:农业的技术活动(农产品的生产、加工),农产品的商业活动(购买、销售、交换),合作社的财务活动(筹集和利用资本),合作社的安全活动(保护财产和人员),会计活动(清理财产、资产负债表、成本、统计等),内部控制与管理等六个方面。所以,合作社的经营是指最有效地利用农业的地理条件、自然资源和各种生产要素合理组织经济活动,尽可能好地获得经济效益的经济活动全过程。

三、合作社经营要素

经营要素是指合作社所拥有的经营资源和经营手段。经营资源包括人力、物质和财政资源；经营手段是指合作社所拥有的技术水平、组织能力和手段等。一个规范的合作社应该具备的经营要素归纳起来包括以下五个方面：

（一）经营者

这是合作社经营活动的主体，合作社负责人，董事会成员、监事会成员，决定合作社经营的方向。没有经营者就不可能有经营活动。

（二）经营对象

这是合作社经营的客体。合作社经营对象是合作社经营者把自己的经营活动加于其上的东西。例如，农产品市场，即通过市场获得生产资料和销售产品；农业生产要素，即为了生产产品，就要投入劳动、资金和工具、种子、化肥等生产资料；合作社内部的管理控制活动，即为了使生产资料和劳动者有效地结合并合理利用资金，获得好的经济效益。

▶ **即问即答**

市场与内部管理、生产要素三者的关系是什么？

答：它们的关系是：市场是合作社经营活动的检验器，生产要素是合作社经营的基础，管理是合作社经营的核心。例如：各种各样的农产品、合作社的设备物资、合作社的成员分配、合作社对土地、信息等基本要素的合理利用的手段等等。

（三）经营权

这是实现合作社经营的手段。合作社的经营权是指经营者对经营对象的占有、支配、使用和处理或强制、规范并承担经营责任的权力。合作社对物质资料（土地、信息、劳动力）的经营权称为经济权力，它一般表现为合作社经营权。

(四)经营的载体

经营的载体是指经营活动得以进行的组织。例如,合作社的规模大小、组织形式、内部制度等等。

▷知识拓展

合作社是发展现代农业的核心载体

推进农业产业化经营,实现农产品的产加销、贸工农一体化,目的是通过农业生产各参与方的合作,延长农业产业链,实现农业产业的一体化经营,增加农产品附加值,提高农业的比较效益。农民专业合作社在引导和组织农民参与农业产业化经营方面具有独特的优势。

带动农民参与农业产业化经营。农民通过组建专业合作社参与农业产业化经营,农户通过合作社提高与龙头企业交易时的谈判地位,在价格形成、利润分配等问题上获得更多的发言权,又可以较好地反映农民的利益要求,实现企业发展和农民致富的双赢。另外,合作社成为兴办农产品加工等企业的主体,合作社自己兴办的企业与农户成为真正的利益共同体。农民通过合作社这种组织形式开展加工、销售等经营活动,可以最大限度地享受到农产品加工和销售环节的利润。从许多发达国家农业发展的历程看,农民合作社在逐步壮大后,直接兴办从事农产品加工、销售、贮藏、运输等活动的企业,是一个必然趋势。

促进农村产业结构优化。通过专业合作社,农民可以集聚资金、技术、信息等资源,做许多单家独户不能做的事。农民专业合作社是促进农村经济发展,构建农村和谐社会的重要组织基础。农民专业合作社成员间合作的基础是劳动而不是资本,这一基本特征使农民专业合作社更加注重以人为本,决定了其在促进农村经济发展、社会和谐方面具有不可替代的地位和作用,是构建农村和谐社会的重要组织基础。

促进农民素质提高。农民专业合作社的基本原则和精神,就是更加强调人与人的合作与互助。合作社的宗旨是为其成员服务,成员相互之间合作经营、和睦相处、团结友爱、平等诚信。加入专业合作社的农户,不仅在经济上受益,而且有一种归属感,其民主意识、合作意识、学习意识、监督意识、守法意识得到增强。合作社法所规范的农民专业合作社,是农民合作经济组织中的一种形式,针对那些成员联结比较紧密、直接从事生产经营活动的合作经济组织,通过赋予它们应有的市场主体地位,提高其生产经营能力和对农民的带动能力。

(资料来源：http://ncdz.dzwww.com/ncdz-nc07/200709/t20070913_2467897.html)

(五)合作社经营目标

合作社的经营目标,是在一定时期合作社生产经营活动预期要达到的成果,是生产经营活动目的性的反映与体现。它是指在既定的所有制关系下,合作社作为一个独立的经济实体,在其全部经营活动中所追求的,并在客观上制约着其经营行为的目的。合作社经营目标是合作社经营思想的具体化。

合作社的经营目标能使合作社在一定的时期、一定的范围内适应环境趋势,使合作社的经营活动保持连续性和稳定性。它主要包括产品品种、产品产量、质量、成本、利润、劳动生产率等经济技术指标。

为了实现经营目标,合作社经营要善于应用其内外部要素,主要指劳动力、资金和自然资源状况、生产能力、技术和经营管理水平、国家的政策、法令、国内外政治经济形势、科学技术的发展趋势。所以合作社经营的主要是对市场的需求和变化做出相应的对策,创造有利于自己生存和发展的机会,协调合作社内部经营活动,以实现预定的经营目标。

任务四　合作社经营者素质

一、合作社社会责任与使命

(一)合作社的社会责任

合作社的社会责任的概念是基于商业运作必须符合可持续发展的想法,合作社除了考虑自身的财政和经营状况外,也要加入其对社会和自然环境所造成的影响的考量。它是指合作社在其商业运作里对其利益相关者应负的责任。利益相关者(利害关系人)是指所有可以影响,或会被企业的决策和行

动所影响的个体或群体,其包括以下几个方面:

1. 农产品的购买者

合作社生产出农产品,满足了顾客需求,改善了其生活,顾客也回报给合作社以金钱,这是合作社最重要的利益相关者。由于直接涉及合作社的盈利,所以合作社对此类利益相关者都比较重视。

2. 社员

合作社经营需要有社员参与,一方面解决了农村富余劳动力的就业问题,同时对社会也是有价值的。事实上,重视并创造此类利益相关者的价值,对合作社长期发展是非常必要的,社员是合作社发展的原动力,国际上成功的合作社无不是把社员的利益放在重要位置上的,就是认为社员是仅次于农产品消费者的重要利益相关者,应该引起合作社的足够重视。

3. 合作伙伴

合作社经营时必然会有很多合作的伙伴,如产业链上游的原材料供应商,下游的农产品渠道商等,与合作社之间是一种合作的利益关系,因此,合作伙伴也是重要的利益相关者。现在的市场竞争已经不是点对点的竞争,而是整条产业链之间的竞争,只有发挥整条产业链的竞争优势,才能与对手对抗,否则前方与对手博弈,后方的战友冷眼旁观,甚至趁火打劫,必然对合作社的竞争力造成巨大影响。

4. 政府或公众

国家通过政策的统筹安排,改善合作社的投资和福利,这些是合作社利益相关者的一部分。重视这一利益群体将得到政府及公众的支持;反之,合作社很难长久立足。

当合作社能够为以上四类利益相关者创造价值,即完成了这个客观与主观之间的利益价值互动,无需合作社索取金钱收益作为社会回馈给合作社的报偿。作为合作社,能够满足的相关者越少,合作社存在的价值也就越小,自然就会面临生存的威胁,小的个体自然无法对抗整个社会。正像老子所说的那样,"天地因不为自生故能长生"一样的辩证哲学值得我们今天的合作社经营者去学习。

西方管理学家比德·德鲁克也有同样的观点论述:"企业存在的目的与意义是创造社会价值与顾客价值",但凡是获得巨大成功且常青的公司都深谙此道。

（二）合作社经营之本——使命

合作社除应该时刻想着如何为社会各方的利益相关者创造价值外,还要根据自己所处的行业,确定一个核心的经营使命,如:产品质量,对成员的承诺,为大众谋福利,等等,通过这个使命,来增强合作社在行业中的重要性与价值。

所谓合作社经营的使命是指合作社在经济发展中所应担当的角色和责任的概括。它是指合作社的根本性质和存在的理由,说明合作社的经营领域、经营思想,为合作社目标的确立与战略的制定提供依据。目前农民合作社经营的使命可以概括为三个方面:让合作社发展壮大,让社员脱贫致富,共建和谐社会。合作社经营使命得到全体员工的共识非常关键,如果一个合作社从最高领导到最基层员工都能抱持着一个正确的经营使命,这个合作社将有十分光明的未来。

二、合作社经营者的素质

一些成功的合作社从创建到运作的历程,都是充满了艰辛和坎坷,充满各种危机和困难,如果经营者没有坚强的意志和良好的心理素质,只能在困难面前束手无策,接受失败,前功尽弃,从此消沉下去。对于经营者来说,稍有不慎,整个事业就有可能毁于一旦。

在人生旅途上,总是充满各种困难和挫折,有的人在失败和挫折中沉沦下去,而有的人却在失败和挫折中奋发起来,其中缘由就在于经营者基本素质的差别。一项决策的失误或计划不周密,而导致经营失败,也是常有的事。人在得意时,往往呼风唤雨事事顺手;当处于困境时,则事事为难。银行不愿贷款,卖主不敢批货,买主不愿购货,雇员离心离德,各有打算,更有那些落井下石的人趁火打劫。身处逆境中,要么咬紧牙关,勇往直前,要么一路退败,前功尽弃。办法总比困难多。一个人只要有信心、勇气和不屈不挠的精神,以积极的态度去迎接挑战,就能渡过难关,最后取得成功。

合作社经营是极具挑战性的社会活动,是对经营者自身智慧、能力、气魄、胆识的全方位考验。一个合作社经营者要想获得成功,需要具备以下基本素质。

(一)要有强烈的经营意识(经营动力)

经营意识包括合作社经营者的需要、动机、兴趣、理想、信念和世界观等要素。经营意识集中表现了经营素质中的社会性质,支配着经营者对经营活动的态度和行为,并规定着态度和行为的方向、力度,具有较强的选择性和能动性,是经营者素质的重要组成部分,是从事经营活动的强大内驱动力。强烈的经营意识,帮助经营者克服各种艰难险阻,将合作社的经营目标作为自己的人生奋斗目标。合作社经营的成功是思想上长期准备的结果,事业的成功总是属于有思想准备的人,也属于有经营意识的人。

(二)要有坚定的信念(经营意志)

在瞬息万变的经营环境中,能影响合作社经营的不确定因素太多了,谁都无法保障,所以合作社在经营过程中会遇到挫折与失败,有时候又觉得太过辛苦,无法再继续。但能够坚持走下去的,就是坚定的信念。

信念就是不依赖、不等待,坚持信仰如一,拥有使命感和责任感;信念坚定,顽强拼搏,直到成功。信念是生命的力量,是合作社经营的事业之本;信念是原动力。敢于实践,不断增长自己各方面的能力与才干,勇于使自己成为生活与事业的强者。自主就是具有独立的人格,具有独立性思维能力,不受传统和世俗偏见的束缚,不受舆论和环境的影响,能自己选择自己的道路,善于设计和规划自己的未来,并采取相应的行动。自主还要有远见、有敢为人先的胆略和实事求是的科学态度,能把握住自己的航向,直至达到成功的彼岸。自立就是凭自己的头脑和双手,凭借自己的智慧和才能,凭借自己的努力和奋斗,建立起自己生活和事业的基础。

(三)要有良好的经营品质

合作社经营之路是充满艰险与曲折的,经营者等于是一个人去面对变幻莫测的激烈竞争以及随时出现的需要迅速正确解决的问题和矛盾,这需要经营者具有非常强的心理调控能力,能够持续保持一种积极、沉稳的心态,即有良好的心理品质。它主要体现在人的独立性、敢为性、坚韧性、克制性、适应性、合作性等方面,反映了经营者的意志和情感。合作社的成功在很大程度上取决于经营者的心理品质,如果不具备良好的心理素质、坚韧的意志,一遇挫折就垂头丧气、一蹶不振,那么合作社在成长的道路上是走不远的。宋代大文豪苏轼说："古之成大事者,不唯有超世之才,亦必有坚韧不拔之志。"只有具有处变不惊的良好心理素质和愈挫愈勇的顽强意志,才能闯出属于自己的一番事业。

(四)要有全面的经营管理能力

经营能力是指除了自身之外带领合作社成员共同"自我谋职"的能力,这种能力与市场行为相结合,就是合作社的建立,或者说是指一种能够顺利实现合作社经营目标的特殊能力。经营能力始终与合作社的经营活动紧密相连。它是一种以智力为核心的具有较高综合性的能力,也是一种具有突出创造特性的能力,包括专业技术能力、经营管理和社交沟通能力、分析和解决实际问题的能力、信息接受和处理能力、把握机会和创造机会的能力等方面。

1. 决策能力

决策能力是经营者根据主客观条件,因地制宜,正确确定经营的发展方向、目标、战略以及选择具体实施方案的能力。决策是一个人综合能力的表现,一个经营者首先要成为一个决策者。经营者的决策能力通常包括分析和判断能力。合作社经营,要从众多的经营目标以及方向中进行分析比较,选择最适合发挥自己特长与优势的经营方向、途径和方法。在经营的过程中,能从错综复杂的现象中发现事物的本质,找出存在的真正问题,分析原因,从而正确处理问题,这就要求经营者具有良好的分析能力。

所谓判断能力,就是能从客观事物的发展变化中找出因果关系,并善于从中把握事物的发展方向。分析是判断的前提,判断是分析的目的,良好的决策能力是良好的分析能力加果断的判断能力。

2. 经营管理能力

经营管理能力是指对人员、资金的管理能力。它涉及到人员的选择、使用、组合和优化,也涉及到资金聚集、核算、分配等。经营管理能力是一种较高层次的综合能力,是运筹性能力。经营管理能力的形成要从学会经营、学会管理、学会用人、学会理财几个方面去努力。

学会经营。经营者一旦确定了经营目标,就要组织实施,为了在激烈的市场竞争中取得优势,必须学会经营。

学会管理。要学会质量管理,要始终坚持质量第一的原则。质量不仅是生产物质产品的生命,也是从事服务业和其他工作的生命,经营者必须严格树立牢固的质量观。要学会效益管理,要始终坚持效益最佳原则,效益最佳是经营的终极目标。可以说,无效益的管理是失败的管理,无效益的经营是失败的经营。想做到效益最佳就要求在经营活动中人、物、资金、场地、时间的使用,都要选择最佳方案运作。做到不闲人员和资金、不空设备和场地、不浪费原料和材料,使经营活动有条不紊地运转。学会管理还要敢于负责,经营者要对本企业、员工、消费者、顾客以及对整个社会都抱有高度的责任感。

学会用人。市场经济的竞争是人才的竞争,谁拥有人才,谁就拥有市场、拥有顾客。一个学校没有品学兼优的教师,这个学校必然办不好;一个企业没有优秀的管理人才、技术人才,这个企业就不会有好的经济效益和社会效益;一个经营者不吸纳德才兼备、志同道合的人共创事业,经营就难以成功。因此,必须学会用人,要善于吸纳比自己强或有某种专长的人共同经营。

学会理财。首先,要学会开源节流。开源就是培植财源,在合作社经营过程中除了抓好主要项目创收外,还要注意广辟资金来源。节流就是节省不必要的开支、树立节约每一滴水、每一度电的思想。大凡百万富翁、亿万富翁都是从几百元、几千元起家的,都经历了聚少成多、勤俭节约的历程。其次,要学会管理资金。一是要把握好资金的预决算,做到心中有数;二是要把握好资金的进出和周转,每笔资金的来源和支出都要记账,做到有账可查;三是把握好资金投入的论证,每投入一笔资金都要进行可行性论证,有利可图才投入,大利大投入、小利小投入,保证使用好每一笔资金。总之,经营者心中时刻装有一把算盘,每做一件事、每用一笔钱,都要掂量一下是否有利于事业的发展,有没有效益,会不会使资金增值,这样,才能理好财。

3. 专业技术能力

专业技术能力是经营者掌握和运用专业知识进行专业生产的能力。专业技术能力的形成具有很强的实践性。许多专业知识和专业技巧要在实践中摸索,逐步提高、发展、完善。经营者要重视经营过程中积累专业技术方面的经验和进行职业技能的训练,对于书本上介绍过的知识和经验在加深理解的基础上予以提高、拓宽;对于书本上没有介绍过的知识和经验要探索,在探索的过程中要详细记录、认真分析,进行总结、归纳,上升为理论,形成自己的经验特色,积累起来。只有这样,专业技术能力才会不断提高。

4. 交往协调能力

交往协调能力是指能够妥善地处理与公众(政府部门、新闻媒体、客户等)之间的关系,以及能够协调下属各部门成员之间关系的能力。经营者应该做到妥当地处理与外界的关系,尤其要争取政府部门、工商以及税务部门的支持与理解,同时要善于团结一切可以团结的人,团结一切可以团结的力量,求同存异共同协调发展,做到不失原则、灵活有度,善于巧妙地将原则性和灵活性结合起来。总之,经营者搞好内外团结,处理好人际关系,才能建立一个有利于自己经营的和谐环境,为成功经营打好基础。

协调交往能力在书本上是学不到的,它实际上是一种社会实践能力,需要在实践活动中学习,不断积累总结经验。这种能力的形成,一是要敢于与不熟悉的人和事打交道,敢于冒险和接受挑战,敢于承担责任和压力,对自己的决定和想法要充满信心、充满希望。二是养成观察与思考的习惯。社会上存在着许多复杂的人和事,在复杂的人和事面前要多观察、多思考,观察的过程实质上是调查的过程,是获取信息的过程,是掌握第一手材料的过程,观察得越仔细,掌握的信息就越准确。观察是为思考做准备,观察之后必须进行思考,做到三思而后行。三是处理好各种关系。可以说,社会活动是靠各种关系来维持的,处理好关系要善于应酬。应酬是职业上的"道具",是待人接物的表现。心理学家称,应酬的最高境界是在毫无强迫的气氛里,把诚意传达给别人,使别人受到感应,并产生共识,自愿接受自己的观点。

> ▶ 项目训练

素质题:详述代表性合作社经营的要素。

技能题:撰写合作社组建的流程。

知识题:

1. 简答合作社经营者应具备哪些素质?
2. 简述影响合作社创建的因素。
3. 简述合作社应该注意哪些关键问题?

办好合作社的另一个重要关键，就是要加强合作社的民主管理，依靠社员群众来办好合作社。定期召开基层合作社的社员大会和各级代表大会，健全各级理事会和监事会，按照合作社章程所规定的民主制度办事，把合作社的一切活动认真地放在广大社员群众的监督之下，发扬社员群众关怀合作社的积极性，把合作社这种集体经济的优越性充分发挥出来，把合作社办得更好。

——邓子恢

合作社经营组织的发展路径

▷素质目标

通过本项目学习全面掌握合作社五种发展演变路径及有关规定和程序。

▷技能目标

1. 掌握合作社经营组织的演变路径；
2. 全面了解合作社联合的条件、联合的框架与注册登记；
3. 填写合作社合并的程序和内容；
4. 全面了解合作社分立的事由和程序；
5. 全面了解合作社破产清算的规定，财产处理的原则与定价方法。

▷知识目标

1. 了解合作社经营组织发展的路径种类；
2. 熟悉合作社发展路径的法律规定；
3. 掌握合作社联合的条件和框架与注册登记；
4. 熟悉合作社联合、分立、解散与破产清算财产处理的原则与定价方法。

▷重点内容网络图

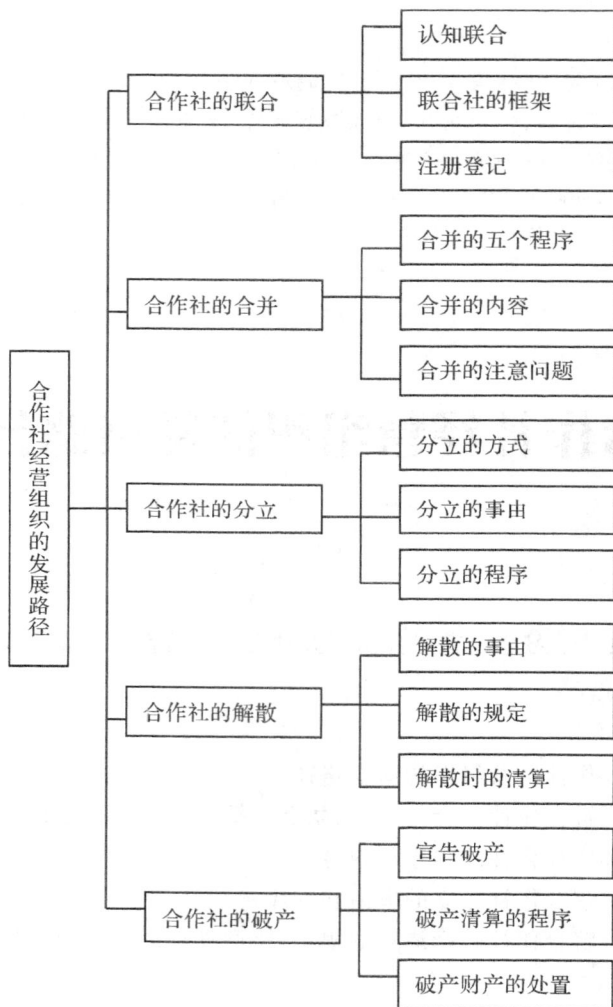

```
                              ┌─────────────┐
                       ┌──────│  认知联合   │
                       │      └─────────────┘
              ┌──────────────┐ ┌─────────────┐
          ┌───│ 合作社的联合 │─│ 联合社的框架 │
          │   └──────────────┘ └─────────────┘
          │            │      ┌─────────────┐
          │            └──────│  注册登记   │
          │                   └─────────────┘
          │                   ┌─────────────┐
          │            ┌──────│ 合并的五个程序│
          │            │      └─────────────┘
          │   ┌──────────────┐ ┌─────────────┐
          ├───│ 合作社的合并 │─│ 合并的内容  │
          │   └──────────────┘ └─────────────┘
          │            │      ┌─────────────┐
          │            └──────│ 合并的注意问题│
合         │                   └─────────────┘
作         │                   ┌─────────────┐
社         │            ┌──────│ 分立的方式  │
经         │            │      └─────────────┘
营         │   ┌──────────────┐ ┌─────────────┐
组     ────┤───│ 合作社的分立 │─│ 分立的事由  │
织         │   └──────────────┘ └─────────────┘
的         │            │      ┌─────────────┐
发         │            └──────│ 分立的程序  │
展         │                   └─────────────┘
路         │                   ┌─────────────┐
径         │            ┌──────│ 解散的事由  │
          │            │      └─────────────┘
          │   ┌──────────────┐ ┌─────────────┐
          ├───│ 合作社的解散 │─│ 解散的规定  │
          │   └──────────────┘ └─────────────┘
          │            │      ┌─────────────┐
          │            └──────│ 解散时的清算 │
          │                   └─────────────┘
          │                   ┌─────────────┐
          │            ┌──────│  宣告破产   │
          │            │      └─────────────┘
          │   ┌──────────────┐ ┌─────────────┐
          └───│ 合作社的破产 │─│ 破产清算的程序│
              └──────────────┘ └─────────────┘
                       │      ┌─────────────┐
                       └──────│ 破产财产的处置│
                              └─────────────┘
```

▷案例一

联合才能壮大实力

　　概况：山东省莒县花生专业合作社联合社由汇丰花生专业合作社牵头，联合小店、联众、民友等 7 家花生专业合作社和养猪专业合作社、养兔专业合作社、茶叶专业合作社组成。联合社通过社内资金互助,使各业相互促进,共同发展。联合社的成立,联结成紧密的"花生航母",进一步增强了农民在花生市场上的话语权,形成了一个以联合社为中心的花生集散地,提高了小农户与大市场的对接程度,搭建了助农增收的直通车,助推了农业规模化、集约化和现代化建设的步伐。

目前,该联合社有社员1513户,其中花生专业合作社社员702户,年加工、销售花生米3万余吨,占全县花生总产量的60%,年经营额达2.4亿元,辐射带动本县及莒南、沂南县等相邻区县的60个村、1.2万农户,累计向社员、加工厂、农资超市提供互助资金6600万元。

联合社的前身

夏庄镇是山东省花生种植面积最大的乡镇之一,种植面积近4万亩,年均产量1.2万吨。2002年以前,农户种植花生并没有产生良好的经济效益。农户只是单纯地在自家田地种植花生,花生成熟后就在家坐等外地商人来收购。由于花生在外地的知名度不高,前来收购的外地商人非常少。在这种"供过于求"的情况下,农户往往各自为政,相互压价,最低时仅有0.09元/斤。

随着供销合作社采购站经营转型,以薛祥喜为首的6名供销合作社职工于2002年7月成立了莒县夏庄供销合作社花生专业合作社。2003年初以2000—10000斤花生作价入股,成立了莒县夏庄汇丰花生专业合作社,专门从事花生收购、深加工及销售。只要种植户一年存放500斤花生,即可申请成为社员,由花生合作社向其发放社员证。花生保本增值存储业务,吸引花生种植户入社。与社员进行结算时,采取保本增值结账方式。农户将花生卖给专业合作社后,如果当时不支取现金,专业合作社按当天的市场价给农户打好收条,农户可根据自己对市场价格的判断,认为价格较理想时随时结算货款。如果结算当天市场价格已高于农户收条的价格时,以市场价格为准;如果农户收条上的价格高于市场价格,结算时以收条上的价格为准。

对于花生存放的期限,专业合作社规定期限最长不超过一年。一年到期后,存放花生款项全部结清。如农户暂时不用现金,可以连本带利继续存放在专业合作社,利息一年结一次,贮存期间年利率6%,月息4厘。花生合作社的"实物融资"这一独特的赊购和结算方式,较好地解决了花生合作社早期资金短缺问题,使其得到快速发展。

联合社的运作，扩大经营

  2006年花生合作社开始尝试将闲余资金拆借，主要面向社员、加工厂、农资超市，开展资金融通互助，拓展合作社金融功能。

  针对当地及周边地区花生合作社规模小、实力弱、各自为政、无序竞争的问题，2010年，在莒县供销合作社的协调下，由汇丰花生专业合作社牵头联合小店、联众、民友等7家花生专业合作社和养猪专业合作社、养兔专业合作社、茶叶专业合作社成立了联合社。他们将资金互助由花生专业合作社社员之间，延伸到联合社的每一个合作社、加工厂、日用品消费超市、农资超市以及合作社的社员之间，利用彼此之间业务淡、旺季的时间差，开展资金融通互助，不仅提高了资金使用率，而且促进了社员、企业和合作社间的资金良性循环。截至2010年，资金互助社已调剂互助资金6600多万元，促进了各产业的联合发展。联合社的合作社成员和个人社员之间是怎样实现资金互助的呢？为了使联合社社员之间的资金互助业务开展得更顺畅，联合社单独成立了资金互助社。合作社之间以及合作社社员之间的资金拆借业务都通过资金互助社完成。夏庄供销合作社出面担保，实施信用融资，对象为种植大户和信用好的生产户，最高贷款额达10万元；扶持当地一些花生个体收购加工户和小型加工、贸易企业以及农资超市，为其提供流动资金。借助这些小企业，花生合作社在成本没有增加的情况下，达到了扩大经营的目的，每年出口花生约300万吨。

联合社有保障机制　规避经营风险

  为规避风险，该社重点完善了四项机制：

  一是完善内部管理机制。进一步规范规章制度和组织机构，建立完善岗位职责、生产销售、财务管理、盈余分配、学习培训、档案管理等规章制度，并建立社员（代表）大会、理事会、监事会等组织机构，通过召开社员大会推选理事会、监事会成员。进一步规范民主管理，社员（代表）大会依照章程规定行使职权，理事会严格执行社员（代表）大会决议做好日常工作，监事会执行社员（代表）大会决议和日常工作情况，社内重大事项都经过社员（代表）大会讨论决定，真正实现民主治社。

  二是建立资源共享机制。通过进一步修订完善社员十大优惠政策，使各成员单位共建共享资源优势、品牌优势、信誉优势和管理优势。该社规定：社员持证到花生合作社交售花生，每公斤高于非社员0.04元；花生合作社可为社员代储花生并折款贮存，社员优先享受小额贷款担保；优惠供应良种及种植技术指导。社员持证到供销合作社的超市购物享受超市会员待遇。这些政策使合作社内各单位有机联系在一起,进一步提高了联合社的竞争力。

三是建立利益分配机制。合作社不断完善社农利益联结机制,年终在提取风险基金、公积金、公益金后,严格执行盈余分配方案。2011年合作社累计分红150万元,分红比例占到利润总额的70%。同时,为确保供销合作社对专业社和联合社的控制力,专业社的负责人都由基层社的副主任或供销合作社职工担任,并且基层社占有25%的股份。合作社内部农户、社员、经营者、股东"四位一体"的身份,使各利益主体之间建立起了稳定关系,形成了有效的联合发展机制。

四是建立风险化解机制。为防范金融风险,合作社规定,融资服务须由基层社主任担保。担保人根据借款人自身实力、有无偿还能力等情况,确定是否提供贷款,以此降低贷款风险。为防范合作社生产风险,合作社进一步建立健全风险化解机制,实行农户"购进赊销"方式。

(资料来源:王德业,孔磊:《农民专业合作社拓展金融功能研究:夏庄花生合作社案例》,《金融、发展研究》,2010,15)

▶ 案例点评

1. 在联合社的发展史中,最为称道的是"花生银行",其探索建立了以保本增值结算方式为基础的"融物融资＋合作社＋社员"的金融互助模式。也就是说,联合社借道于花生专业合作社起家,借助于花生保本增值储存的信用合作而发展。

2. 花生合作社的保本增值储存业务,使得可利用的流动资金增加。

3. 完善运行机制有效规避了经营风险。

农民专业合作社的发展必然遇到联合、合并、分立、解散、破产等组织演变过程。为了促进农民专业合作社发展,规范农民专业合作社组织演变行为,维护农民专业合作社及其成员和债权人的合法权益,《农民专业合作社法》对农民专业合作社的联合、合并、分立、解散、破产做了原则规定,保证上述演变过程顺利完成。

任务一　合作社经营组织的发展路径之一
——走向联合社

一、认知联合社

(一)含义

联合社主要是指在一定行政区域内设置的合作组织联合体,如某乡养鸡合作社、某县养鸡联合社,某市养鸡联合会,等等。合作社联合是指从事同类或相关农产品生产经营的专业合作社及个人自愿联合成民主管理的互助性经济组织,即农民专业合作社联合社。

农民专业合作社联合社以其成员为主要服务对象,提供农业生产资料的购买,农产品的销售、加工、运输、储存以及与农业生产经营有关的技术、信息等服务;指导专业合作社开展标准化生产与品牌化经营、科技推广、社员培训、信息沟通、经验交流等。经济实体型的联合社还要直接开展生产经营活动。

(二)联合的方式

《农民专业合作社法》颁布后,随着农民专业合作社的数量、规模呈现加速增长的态势,农民专业合作社联合社的发展也提上了议事日程。在农民专业合作经济组织发展较快的一些地区出现了自下而上发展联合组织的现象。其基本方式有两种:

一种是开放式的,也是较为普遍的,即合作社与其他从事相同业务甚至是相关业务的企业、个体户等的联合;另一种是封闭式的,即内部联合又称为同业联合相同的产业之间的联合,仅局限在合作社与合作社之间的联合。

(三)特点

尽管《农民专业合作社法》并没有涉及联合社的问题,但是合作社联合组织的发展势头已经显现。联合社不再局限于"同类农产品生产者"的联合,无论是合作社的成员构成还是服务内容都体现出多元性和综合性。

1. 联合社成员构成具有多元性的特点,农户有种植大豆的,也有种植玉米的。联合社以地域为单位,统筹一个区域内所有类型的专业合作社,其成员必然呈现出多样性特征。

2. 联合社表现出服务内容的综合性,与服务对象的多样性相适应,其服务内容必然是综合的,既包括多种种植业的生产服务,也包括养殖业的生产服务;既包括销售服务,也包括金融服务;既有技术推广服务,也会发展出社员的生活服务,同产业合作社横向联合成立联合社是合作社联合的主要方式。

(四)成立联合社的好处

农民专业合作社的联合是实现发展的需要。由于农民专业合作社还处于发展的初级阶段,生产规模偏小,服务领域狭窄,带动能力偏弱,抵御市场风险能力还比较弱。随着外部市场竞争的不断加剧和合作社业务的不断扩大,迫切需要通过合作社的进一步联合来解决单个合作社解决不了和解决不好的问题。农民专业合作社联合社正是顺应了这一形势发展的需要。

从山东的花生联合社成功运作的经验可以归纳为以下三个方面:

1. 有效地提升了合作社的市场话语权,降低了经营风险

联销合作社的优势在市场。合作社的联合可以发挥各个合作社的资源优势,推动合作社的资源共享,优势互补;进一步提升市场竞争力,打破原来基层社完全被动地接受给定的质量等级和价格的市场格局;降低经营成本,实现规模经济。例如:北京市昌平区昌农联农产品合作社是由昌平区 12 家实力较强的农民专业合作社带头人联合发起,并不起眼的身躯依托的是昌平区 200 多家农民专业合作社各类名、特、优、鲜农产品携手闯市场的巨大合力。合作社有各种产品六大系列 120 多个单品,现有社员 500 人,涉及养殖、种植、农产品加工等各个行业。专业合作社现已在北京天通苑、回龙观等社区开设了直营门店,更广范围、更便捷地使专业合作社的产品与城市消费者实现了面对面的"对接"。

2. 与农业企业联合,提升了合作社抵御市场风险的能力

合作社与企业之间的联合,也提升了合作社通过发展农产品加工业所取得的增值效益。例如:2010 年东台市民星蚕业专业合作社牵头与南京、南通、徐州、苏州、盐城、连云港的 26 家蚕业专业合作社和 16 家龙头加工企业在江苏省率先建立"江苏民星蚕业专业合作社联合社",实现了产销统一。联合社拥有注册资金5108万元,成员8万多户,带动农民20多万人,总规模达到江苏蚕业的1/3,形成了推动整个江苏茧丝绸产业发展的强大动力源。除成立联合社外,一些地方开始探索成立合作社区域联合会,加强信息交流、技术合作与生产服务,有的还为合作社提供融资担保和销售平台。如浙江、湖北、海南、江西等地的示范社联合发起成立省级合作社联合会,在民政局注册成为社会团体,增进信息技术交流、打开销售渠道、统一展示平台,取得了不错的效果。除以省为单位外,浙江省各市县也设立联合会,如临海市农民专业合作社联合会、温岭市农民专业合作社联合会等。

3. 农民合作社的联合,加快主导产业的培育与壮大

我们可以看到,不管哪种方式的联合都是提高农民组织化程度的有效途径。不管在农资购买、农产品销售过程中合作社均取得主动地位。联合社有效解决了小生产与大市场的矛盾,促进了横向一体化、规模化经济和纵向一体化、产业化经济的发展,成为引领农村经济发展的重要组织形式。在联合社里,合作社成员之间可以实现资金的互助,解决生产资金短缺问题。联合社还可与农业科研院所对接,建立技术合作关系,定期开展技术教育和培训,建立科技示范区,推动农业规模化和标准化建设进程,有效形成规模优势,加快主导产业的培育与壮大。

▶ **即问即答**

农民专业合作社联合的条件包括哪些?

答:设立农民专业合作社联合社,首先应符合规定的条件。还需要具备以下两个条件:

(1)有若干领取农民专业合作社法人营业执照的从事性质相似农产品生产经营的农民专业合作社。

(2)在业务上,有较多联系,有联合的需要,有共同的联合协议。

(资料来源:《农民专业合作社法》第10条第2项至第5项)

二、农民专业合作社联合社的框架及注册登记

(一)农民专业合作社联合社的框架

内部结构上,不管是哪种类型的联合社,都应建立代表会议制度,设立理事会与监事会,实行民主管理。组织体系上,根据当地实际,积极创造条件,可以按专业组建区域性的专业合作社联合社,在此基础上,全省可以组建省级专业合作社联合社。下级联合社为上级联合社的成员社,自下而上是经济联合关系,内部实行上级联合社为成员社服务、各级联合社为农民专业合作社服务的原则。

(二)农民专业合作社联合社的注册登记条件

第一,农民专业合作社联合社的登记事项应当符合《登记管理条例》的规定。农民专业合作社联合社应当召开由全体设立人参加的设立大会。设立大会依据《农民专业合作社法》的规定行使职权。

第二,工商行政管理部门负责农民专业合作社联合社的登记管理工作。

第三,农民专业合作社联合社的名称应当含有"专业合作社联合社"并符合名称登记管理规定。

第四,农民专业合作社联合社成员的出资方式应当符合《登记管理条例》的规定,成员出资额之和为成员出资总额。

第五,农民专业合作社联合社的业务范围应当符合《农民专业合作社法》《登记管理条例》的规定,并由其章程规定。

第六,农民专业合作社联合社的理事长为农民专业合作社联合社的法定代表人。

第七,农民专业合作社联合社的设立、变更、注销,应当依照《农民专业合作社法》《登记管理条例》的规定办理登记。

第八,申请设立农民专业合作社联合社,应当依照《农民专业合作社法》《登记管理条例》的规定,向登记机关提交有关文件。

(资料来源:《农民专业合作社法》第 10 条第 1 款)

三、农民联合社的发展

(一)尚处探索阶段

目前,农民联合社的发展已经表现出了强大的生命力,但还处在探索阶段,没有现成的运行模式,还需要明确联合社的组织构成、职能、联合社与专业合作社的关系、政府相关部门与联合社的关系等。

(二)联合社的经营管理水平还亟待提高

许多合作社本身运作就不够规范,财务、分配制度不健全,由此形成的联合社更加难以规范。一些联合社没有完善的章程和管理制度,即便有也是由领头人按照示范章程照抄照搬,理事会、监事会名存实亡。有的联合社虽然制订了章程和管理办法,但有相当一部分流于形式,重大决策往往少数人说了算,缺乏有效的民主管理与监督机制。

因此,发展合作社的联合应把握"五性"原则,即在发展趋势上把握民主性,在组织形式上尊重多样性,在功能定位上注重经济性,在价值取向上体现服务性,在政府扶持上突出针对性。当前联合社可以在开展资金互助、互助保险、销售合作、"农超对接"、自办加工企业、承担国家项目、进行质量认证等领域发挥作用,应加大资金投入,加强人才培养,引导规范发展,加强合作社联合的研究,提高联合社的竞争能力和可持续发展能力。

任务二 合作社经营组织的发展路径之二
——合并

一、农民专业合作社合并的概念

农民专业合作社合并是指两个或者两个以上的合作社依照法定程序合为一个合作社的行为。合并主要有两种形式:一种是吸收合并,指一个合作社接纳一个或一个以上的其他合作社加入本合作社,接纳方继续存在,加入方解散并取消原法人资格;另一种是新设合并,指合作社与一个或一个以上合作社合并设立一个新的合作社,原合并各方解散,取消原法人资格。合作社合并时,合并各方的债权、债务应当由合并后存续或者新设的合作社承继。

二、农民专业合作社合并的基本程序

农民专业合作社合并要遵循以下五个程序:

(一)作出合并决议

依据《农民专业合作社法》的规定,合作社合并决议由合作社成员大会做出。农民专业合作社召开关于合作社合并的成员大会,出席人数应当达到成员总数三分之二以上。成员大会形成合并的决议,应当由本社三分之二以上成员表决同意才能通过,章程对表决权数有较严格规定。成员大会或者成员代表大会还要授权合作社的法定代表人签订合并协议。

合并协议包含的内容:①合并各方的名称、住所;②合并后存续合作社或新设合作社的名称、住所;③合并各方的债权、债务处理办法;④合并各方的资产状况及其处理办法;⑤存续或新设合作社因合并而新增的股金总额;⑥合并各方认为需要说明的其他事项。

(二)通知债权人

合作社应当自做出合并决议之日起 10 日内通知债权人,做好债务清算工作。

(三)签订合并协议

合作社合并协议是两个或者两个以上的合作社,就有关合并的事项达成一致意见的书面表示形式,各方合作社签名、盖章后,就产生法律效力。

(四)对合并业务进行账务处理

加入方应对本合作社的流动资产、固定资产、对外资产、农业资产、无形资产以及其他资产进行全面清查登记,同时对各项债权债务进行全面核对查实。合作社资产、负债全部清点核查完毕后,应当编制财产清单、债权清单和债务清单。财产清查完毕时,应向农村经营管理部门移交资产负债清册,并编制资产负债表。接纳方合作社在合并时,应编制合并日的资产负债表,报农村经营管理部门备案。

(五)合并登记

因合并而存续的合作社,保留法人资格,但应当办理变更登记;因合并而被吸收的合作社,应当办理注销登记,法人资格随之消失;因合并而新设立的合作社,应当办理设立登记,取得法人资格。

三、农民专业合作社合并的注意事项

农民专业合作社合并时,需要注意以下几点:

第一,进行合并的各相关合作社法律地位平等,是否合并、如何合并等,都由各合作社自行决定,任何单位和个人不得干预。

第二,合作社的合并,应当并只能依照法律规定和法定程序进行,人为强制和行政命令撮合下合并,是无效的。

第三,各农民专业合作社合并后,原来的各种债权、债务要自动继承,并且要无条件加以继承。这是为了保护债权人的利益。在农民专业合作社中,如果采取缴纳股金形式筹集资金,成员就是合作社的债权人,决不能因为合作社的合并使他们的利益受到忽视和损害。在合作社合并时,要对成员的债权债务特别予以关注,并小心谨慎地处理好。

第四,无论是采取吸收合并,还是采取新设合并,合作社合并以后,除了退社的成员外,原合作社的成员资格自动转为合并后存续或者新设的合作社的成员。

(资料来源:《农民专业合作社法》第 39 条)

任务三　合作社经营组织的发展路径之三
——分立

一、农民专业合作社分立的概念

农民专业合作社分立,是指一个农民专业合作社依法分成两个或者两个以上的农民专业合作社的法律行为。

二、农民专业合作社分立的方式

农民专业合作社分立的方式,有新设分立和派生分立两种。

(一)合作社的新设分立

合作社的新设分立,指将一个合作社依法分割成两个或者两个以上新的合作社。按照这种方式分立合作社,原合作社应当依法办理注销登记,消除其法人资格;分离后新设的合作社应当依法办理设立登记,取得法人资格。

(二)合作社的派生分立

合作社的派生分立,指原合作社保留,但对其财产作相应分割,另外成立一个新的合作社。原有合作社应当依法办理财产变更登记,派生的新合作社应当依法办理设立登记。

三、农民专业合作社分立的程序

农民专业合作社分立的程序与合并的程序基本一致。

第一,拟定分立方案。分立方案涉及的内容包括分立形式、分立后原合作社的地位、分立后章程、管理人员及固定员工安排方案、分立协议各方对拟分立合作社财产的分割方案、分立协议各方对拟分立合作社债权债务的继承方案等。

第二，成员大会依据《农民专业合作社法》的规定做出分立决议，通过分立方案。

第三，签订分立协议。协议内容实质上是对分立方案的具体化。分立协议中应当对原合作社资产的分割、分立后各方合作社对原合作社债权债务的继承、分立后各方合作社经营范围的划分及其他相关问题做出明确约定。

第四，通知债权人。

第五，对分立业务进行账务处理、财产清查，编制相关会计报表。

第六，办理分立合作社登记手续。

第七，档案保管。存续分立的合作社，分立前的档案由存续的合作社继续保管。

（资料来源：《农民专业合作社法》第 40 条）

▶归纳总结

合作社的分立与合并的不同之处就在于要进行财产分割，"分家之前先分家当"。依据《农民专业合作社法》的规定，农民专业合作社分立前债务的承担有以下两种方式：债权人与分立的合作社就债务清偿问题达成书面协议的，按照协议的约定办理；未与债权人就清偿债务问题达成书面协议的，分立后的合作社承担连带责任，债权人可以向分立后的任何一方请求偿还债务，被请求的一方不得拒绝。

▶案例二

通城县富康专业合作社成立隽水分社

通城县富康养猪专业合作社位于湘、鄂、赣三省交界的咸宁市通城县沙堆镇石冲村，成立于 2006 年 12 月 4 日，2007 年 4 月 11 日在工商部门注册登记，是全县《农民专业合作社法》出台后注册的第一家合作社。合作社现拥有成员 139 人，农民成员占 98%。合作社以团体成员富康农牧公司为依托，对成员实行"龙头企业＋合作社＋成员"的生猪养殖模式，辐射带动湘、鄂、赣 3 省 6 县市 18 个乡镇 49 个村 3100 多个农户实现规模化生猪养殖，2008 年出栏生猪 2.2 万头，占沙滩镇生猪出栏总额的 35%。成员年人均纯收入 15000

元,比非成员的农民人均纯收入高出 200%。

通城县是湖北省生猪产出大县、农业部"华中通城两头乌"品种资源保护基地县,生猪产业是该县经济发展的一大主导产业。毕业于华中农业大学的付召武 2003 年成立通城富康农牧有限公司,实施"公司+农户"的养殖模式。2006 年 12 月联合 36 个生猪养殖户成立"通城富康养猪专业合作社",成员出资 3 万元,2007 年成员出资额增加到 50 万元,2008 年成员增加到 139 人,出资额增加到 157 万元。2008 年 2 月,合作社投资 8 万元配备了办公室和办公电脑网络等设施,购买一辆为成员专门服务的饲料配送农用车,为合作社的发展奠定了较好基础。2008 年 8 月,合作社投资 10 万元成立"沙堆镇生猪屠宰场",负责合作社生猪的屠宰销售。2009 年 4 月,合作社召开成员大会,成立了"通城县富康养猪专业合作社隽水分社",分社注入资本金为 20 万元。为鼓励合作社成员大力发展"猪—沼—菜、果、鱼"等立体、有机、生态、循环农业,提高成员种殖养殖的综合效益,帮助合作社成员拓展猪肉、水果、蔬菜、鱼等农产品的销售渠道,由分社投入 20 万元在县城开设"田园乐菜篮子超市",负责合作社的猪肉销售以及成员利用猪粪尿发酵的沼液生产的蔬菜、水果、鱼等农产品销售,增加了成员养殖的综合效益。

(资料来源:余胜伟:《农民专业合作社实用读本》,武汉大学出版社 2010 年版)

▷ **案例点评**

与农民专业合作社的合并一样,农民专业合作社分立有多重原因。可能是出于合作社规模适度的原因,可能是出于专业分工的原因。不管出于什么原因,合作社的分立都是为了提高其经济效益,当然也必须遵循自愿和互利原则。

任务四　合作社经营组织的发展路径之四
——解散

一、农民专业合作社解散的概念

农民专业合作社解散是指因法律规定的事由而停止业务活动,最终使法人资格消失的法律行为。

二、解散的事由与规定

（一）事由

依据《农民专业合作社法》的规定，合作社应当解散的事由主要有：一是章程规定的解散事由出现。合作社的设立大会在制订合作社章程时，可以预先约定合作社的各种解散事由。如果在合作社经营中，规定的解散事由出现，成员大会或者成员代表大会可以决议解散合作社。二是成员大会决议解散。成员大会有权对合作社的解散事项做出决议，但需要本社成员三分之二以上同意才能通过。三是因合并或者分立需要解散。四是被依法吊销营业执照或者被撤销。当上述事由出现时，合作社就应解散。

（资料来源：《农民专业合作社法》第41条）

（二）解散的规定

农民专业合作社解散分为自行解散和强制解散两种情况。

自行解散，也称为自愿解散，是指依合作社章程或成员大会决议而解散。强制解散，是指因政府有关机关的决定或法院判决而发生的解散。

依据《农民专业合作社法》的规定，农民专业合作社因本法第41条第1款的原因解散，或者人民法院受理破产申请时，不能办理成员退社手续。这是因为成员退社时需要按照章程规定的方式和期限，退还记载在该成员账户内的出资额和公积金份额，如果在农民专业合作社解散和破产时，为退社成员办理退社手续、分配财产，将影响清算的进行，并严重损害合作社其他成员和债权人的利益。因此，在农民专业合作社解散和破产时，不能办理成员退社手续。

农民专业合作社解散时，应当依法妥善处置好合作社的财产和债务问题。农民专业合作社一经解散，就不能再以合作社的名义从事经营活动，并应当进行清算。合作社清算完结，其法人资格才归于消灭。

（资料来源：《农民专业合作社法》第41条）

三、解散时的清算

农民专业合作社解散时的清算,是指合作社解散后,依照法定程序清理合作社债权债务,处理合作社剩余财产,使合作社归于消灭的法律行为。清算的目的是为了保护合作社成员和债权人的利益。

除合作社合并、分立两种情形外,合作社解散时都应当依法进行清算。《农民专业合作社法》规定,因章程规定的解散事由出现、成员大会决议、依法被吊销营业执照或者被撤销而解散的,应当在解散事由出现之日起 15 日内由成员大会推举成员组成清算组,开始解散清算。逾期不能组成清算组的,其成员、债权人可以向人民法院申请指定成员组成清算组进行清算,人民法院应当受理该申请,并及时指定成员组成清算组进行清算。依据该法第 41 条第 1 款第 3 项规定,因合作社合并或者分立需要解散的,其债权债务全部由合并或者分立后存续或者新设立的合作社承继,故不用成立清算组进行清算。

(资料来源:《农民专业合作社法》第 41 条)

(一)清算的主要职责

清算组是指在农民专业合作社清算期间负责执行清算事务的法定机构。合作社一旦进入清算程序,理事会、理事、经理立即停止执行职权职务,由成员大会推举或人民法院指定的清算组行使管理合作社业务和财产的职权,对内执行清算业务,对外代表合作社。

清算组在清算期间的主要职权为:

第一,处理与清算合作社未了结的业务;

第二,清理合作社财产,包括编制资产负债表和财产清单等;

第三,清偿债权、债务。清算组在清算的过程中,如果发现合作社财产不足以清偿债务时,应及时向人民法院申请破产。经人民法院裁定宣告合作社破产后,清算组就应将清算事务移交给人民法院,进入破产清算程序。

如果清偿债务后还有剩余财产,也就是说,在支付清算费用、职工工资及社会保险费用、清偿所欠税款及其他债务后剩余的合作社财产,应当返还或者分配给合作社成员。清算组成员应当忠于职守,依法履行清算义务，因故意或者重大过失给合作社成员及债权人造成损失的，应当承担赔偿责任。

（资料来源：《农民专业合作社法》第41条至第48条）

（三）解散清算的程序

解散清算的程序相对简单一些，一般程序包括成立清算机构。通知、公告合作社成员和债权人，制定清算方案，实施清算方案，办理注销登记。需要注意的是，清算方案必须经农民专业合作社成员大会通过或者人民法院确认后才能开始实施。

第一，成立清算机构。由成员大会推举或人民法院指定清算组，行使管理合作社业务和财产的职权。

第二，通知、公告合作社成员和债权人。清算组自成立之日起10日内通知合作社成员和债权人，并于60日内在报纸上公告。债权人应当自接到通知之日起30日内，未接到通知的自公告之日起45日内，向清算组申报债权。如在规定期间内全部成员、债权人均已收到通知，免除清算组公告义务。债权人申报债权，应当说明债权相关事项，并提供证明材料。清算组应当对债权进行登记。债权申报期间，清算组不得对债权人进行清偿。

第三，制定清算方案。清算组在清理合作社财产、编制资产负债表和财产清单后，要制定清偿合作社员工工资及社会保险费用，清偿所欠债务，分配剩余财产的方案。清算方案应报成员大会通过或者主管部门确认，如发现财产不足以清偿债务，清算组应停止清算工作，依法申请破产。合作社破产适用企业破产法的有关规定。

第四，实施清算方案。清算方案的实施程序是：支付清算费用；清偿员工工资及社会保险费用；清偿所欠债务；按财产分配的规定向成员分配剩余财产。

第五，办理注销登记。清算结束后清算组应当提出清算报告并编制清算期内收支报表，报送农业行政主管部门，到相关部门办理注销登记。

（资料来源：《农民专业合作社法》第41条至第48条）

（三）清算财产处置原则

第一，清算财产包括宣布清算时合作社的全部财产以及清算期间取得的资产。已经依法作为担保物的财产相当于担保债务的部分,不属于清算财产;担保物的价款超过所担保的债务数额的部分,属于清算财产。清算期间,未经清算小组同意,不得处置合作社财产。

第二,合作社清算中发生的财产盘盈或者盘亏、财产变价净收入、因债权人原因,确实无法归还的债务,确实无法回收的债权,以及清算期间的经营收益或损失等,计入清算收益或者清算损失。清算财产的作价一般以账面净值为依据,也可以重估价值或者变现收入等为依据。

第三,合作社接受国家财政直接补助形成的财产,在解散清算时,不得作为可分配剩余资产分配给成员。

第四,合作社因章程规定的解散事由出现的原因解散时,不能办理成员退社手续。

第五,合作社在宣布终止前 6 个月至终止之日的期间内,下列行为无效,清算小组有权追回其财产,作为清算财产入账:①隐匿私分或者无偿转让财产;②低价处理财产;③对原来没有财产担保的债务提供财产担保;④对未到期的债务提前清偿;⑤放弃自己的债权。

(四)清算财产的作价方法

第一,账面净值法。是指以财产的账面净值为标准来对清算财产作价的一种方法。该方法的特点是符合历史成本原则,而且简单方便,适用于账面价值与实际价值相差不大的财产。

第二,重新估价法。是指以资产的现行市场价格为依据来对清算财产作价的一种方法。该方法适用于账面价值与实际相差很大,或合作社合同、章程、投资各方协议中规定合作社解散时应按重估价值作价的财产。

第三,变现收入法。是指以清算财产出售或处理时的成交价格为依据来对清算财产作价的一种方法。该方法适用于价值较小、数量零星的清算财产。

第四,招标作价法。是指通过招标从投标者所出价格中选择最高价格来对清算财产作价的一种方法。该方法适用于清算大宗财产和成套设备。

(资料来源:《农民专业合作社法》第 41 条至第 48 条)

任务五　合作社经营组织的发展路径之五
——破产

一、农民专业合作社破产的概念

　　农民专业合作社破产,是指合作社不能清偿到期债务时,为保护债权人的利益,依法定程序,将合作社的资产依法在全体债权人之间按比例公平分配,不足的部分不再清偿的法律制度。

二、破产宣告

　　破产宣告,是指法院依据当事人的申请或者法定职权,对具备破产原因的事实作出具有法律效力的认定。农民专业合作社破产,关系到成员和债权人的利益。为了保障成员和债权人的利益,法律规定只有人民法院有权宣告合作社破产,合作社不能自行宣告破产,债权人也无权宣告合作社破产。当然,债权人可以向人民法院申请宣告债务人破产还债。人民法院裁定宣告合作社破产后,由有管辖权的人民法院接管,并负责处理该合作社的破产事宜。破产宣告是合作社进入破产清算的起点。合作社一经被宣告破产,就丧失了对其全部财产的管理处分权,进入以全部财产清偿债务的清算阶段,其法人资格仅在清算的意义上存在。

（资料来源:《农民专业合作社法》第 42 条）

三、破产清算

　　破产清算是合作社因严重亏损、资不抵债、被依法宣告破产而进行的清算。合作社因资不抵债而清算的案件,若由合作社向法院提出申请,则为自愿性申请;若由债权人提出破产申请,则为非自愿性申请。合作社自行提出破产申请时,应当说明合作社亏损情况,提交有关会计报表、债务清册和债权清册。债权人提出破产申请时,应当提供关于债权数额、有无财产担保以及合作社不能清偿到期债务的有关证据。

(一)合作社破产清算的相关程序

破产清算是破产程序的重要组成部分。合作社一旦被宣告破产,破产程序便进入了破产清算阶段。

第一,由债权人或合作社向人民法院申请合作社破产。

第二,法院受理破产申请后,合作社的其他民事执行程序、财产保全程序必须中止,同时,应当及时通知合作社的开户银行停止办理合作社的结算业务。开户银行支付维持合作社正常生产经营所必需的费用时,需经人民法院许可。

第三,法院裁定宣告进入破产还债程序后,在 10 日内通知合作社的债务人和已知债权人,并发出公告。债权人应当在收到通知后 30 日内,未收到通知的债权人应当自公告之日起 3 个月内,向法院申报债权。逾期未申报债权的,视为放弃债权。债权人可以组成债权人会议,讨论破产财产的分配处理方案以及和解协议。

第四,由人民法院指定管理人。管理人可以由有关部门、机构的人员组成的清算组或者依法设立的律师事务所、会计师事务所、破产清算事务所等社会中介机构担任。

第五,管理人负责破产财产的保管、清理、估价、处理和分配。管理人可以依法进行必要的民事活动,他们对法院负责并报告工作,接受法院和债权人会议的监督。

第六,破产费用包括破产案件的诉讼费用;管理、变价和分配破产财产的费用;管理人执行职务的费用、报酬和聘用工作人员的费用。

第七,破产财产分配完毕,由管理人提请法院终结破产程序。破产程序终结后,未得到清偿的债权不再清偿。

第八,破产程序终结后,由管理人向合作社原登记机关办理注销登记。

(资料来源:《农民专业合作社法》第 42 条)

(二)破产财产的变价

破产财产的变价,即破产财产的变现,是指破产管理人将破产财产中的非金钱财产以变卖或拍卖的方式,转变为金钱财产的行为或过程。

破产财产的变价,应对破产财产依法进行评估。评估工作应当由有相应评估资质的评估机构完成。破产财产一般采用拍卖或变卖的方式变现。

（三）破产财产的清偿顺序

依据《农民专业合作社法》的规定,农民专业合作社破产适用企业破产法的有关规定。但是,在清偿破产费用和共益债务后,破产财产应当优先清偿破产前合作社与农民成员已发生交易但尚未结清的款项。尚有剩余的破产财产依照下列顺序清偿:

1. 拖欠成员的工资及社会保险费用

它包括破产人所欠职工的工资和医疗、伤残补助、抚恤费用,所欠的应当划入职工个人账户的基本养老保险、基本医疗保险费用,以及法律、行政法规规定应当支付给职工的补偿金。

2. 拖欠的税款

即破产人欠缴的除前项规定以外的社会保险费用和破产人所欠税款。

3. 其他各项债务

这种优先清偿破产前合作社与农民成员已发生交易但尚未结清的款项的制度,充分考虑了农民专业合作社的自愿联合、民主管理的互助性经济组织的特性,充分考虑了合作社的盈余主要按照成员与合作社的交易量（额）比例返还的特性,充分体现了合作社服务成员、保障成员权利的原则。

合作社接受国家财政直接补助形成的财产,在破产清算时,不得作为可分配剩余资产分配给成员。

（资料来源:《农民专业合作社法》第 42 条）

▷**知识拓展**

破产清算与解散清算的四个不同

依据不同。合作社破产清算主要依据《中华人民共和国企业破产法》,解散清算主要依据《农民专业合作社法》。破产清算具有法律的强制性,解散清算具有一定的自主性。

目的不同。破产清算的基本目的是破产还债,而解散清算的基本目的是双重的,一个是清产还债,另一个是清产分配。在一般情况下,解散清算在清偿完债务后,都会有剩余财产。

程序不同。破产清算适用于破产还债程序,清算组必须在人民法院的指导和监督下开展工作。解散清算适用于清产还债程序,清算组是在农村经营管理部门指导和监督下开展工作的。

　　法律后果不同。在破产清算中,对未能清偿的债权,破产清算结束,不再清偿,对合作社实行免责。解散清算中,在清算期间由于种种原因未能得到清偿的债权人,即使清算结束,也有权追偿,对合作社不能实行免责。

▷ 项目训练

素质题:

熟练描述专业合作社联合、合并、分立、解散与破产的有关规定和程序。

技能题:

1. 农民专业合作社经营的五种发展路径;

2. 填写农民专业合作社合并的程序、内容;

3. 填写农民专业合作社联合的条件、联合的框架与注册登记程序;

4. 填写农民专业合作社分立的事由、程序;

5. 描述农民专业合作社破产清算的规定、财产处理的原则与定价方法。

知识题:

1. 了解农民专业合作社经营发展的路径种类;

2. 熟悉合作社发展路径的法律规定;

3. 掌握合作社联合的条件和框架与注册登记;

4. 熟悉合作社联合、分立、解散与破产清算的财产处理原则与定价方法;

5. 区分破产清算与解散清算的四个不同。

中国果然要进行经济建设，头一着就当有计划地大规模普遍推行合作于全国乡村，要于短期内将农民纳入合作组织中，这样无形中就将农民都变成经济战士，而提纲挈领便于指挥组织起来就为的是促进生产，统制消费。

——梁漱溟

合作社的经营模式

▷素质目标

本项目主要训练和掌握合作社四种创建模式和五种联合经营模式；通过学习描述合作社几种经营模式的适用条件。

▷技能目标

1. 写出合作社四种创建模式的几种类型；
2. 口述合作社几种创建模式的特征；
3. 掌握合作社五种联合经营模式的优缺点；
4. 能够结合所在地方的情况描述合作社的创建和经营类型。

▷知识目标

1. 了解合作社四种创建模式的特征；
2. 熟悉合作社五种联合经营模式的适用条件。

▶ 重点内容网络图

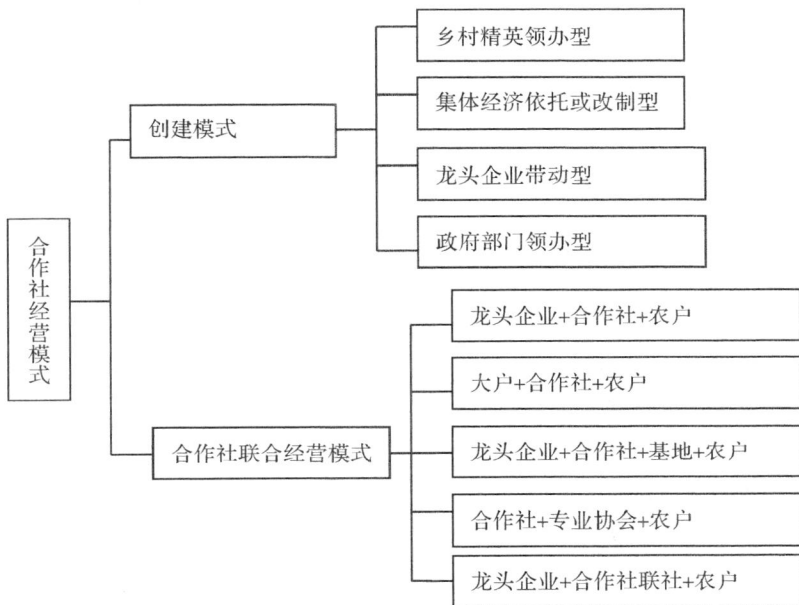

```
                                    ┌─────────────────────┐
                              ┌─────│ 乡村精英领办型        │
                              │     └─────────────────────┘
                              │     ┌─────────────────────┐
                   ┌──────────┤─────│ 集体经济依托或改制型    │
                   │ 创建模式  │     └─────────────────────┘
                   │          │     ┌─────────────────────┐
                   │          ├─────│ 龙头企业带动型        │
                   │          │     └─────────────────────┘
                   │          │     ┌─────────────────────┐
                   │          └─────│ 政府部门领办型        │
          ┌────────┤                └─────────────────────┘
          │合作社   │                ┌─────────────────────┐
          │经营模式 │          ┌─────│ 龙头企业+合作社+农户   │
          │        │          │     └─────────────────────┘
          └────────┤          │     ┌─────────────────────┐
                   │          ├─────│ 大户+合作社+农户       │
                   │          │     └─────────────────────┘
                   │          │     ┌─────────────────────┐
                   │ 合作社联合├─────│ 龙头企业+合作社+基地+农户│
                   │ 经营模式  │     └─────────────────────┘
                   │          │     ┌─────────────────────┐
                   │          ├─────│ 合作社+专业协会+农户    │
                   │          │     └─────────────────────┘
                   │          │     ┌─────────────────────┐
                   │          └─────│ 龙头企业+合作社联社+农户 │
                   │                └─────────────────────┘
```

▶ 案例一

北京延柏大柏老聚八方奶牛专业合作社

一、合作社组建背景

北京延柏大柏老聚八方奶牛专业合作社位于延庆县旧县镇大柏老村,主要为奶农提供鲜奶收购、化验、保鲜、生资、销售等服务。现有成员 231 户,带动社外农户 400 户,下设鲜奶收购站和饲料加工站两个服务实体,有 5 个机械化挤奶台和 11 个挤奶厅,社员涉及全县 7 个乡镇 30 多个村。

延庆县旧县镇大柏老村奶牛养殖事业是从 1975 年开始发展起来的,生产的鲜奶最早是交到县里的两个奶粉加工厂。后来伊利、蒙牛、光明、三元等奶业大公司进入北京郊区,为了牟取私利,一时出现了很多个体收奶站,这些奶站联合起来对奶价一压再压,奶农的利益很难得到保障。面对这种情况,2004 年 3 月,退休老村支部书记唐成厚为了保护奶农的利益,带着一帮奶农集资成立了延柏大柏老聚八方奶牛专业合作社,把原来的大户经营主体变为合作社经营主体。一开始就把奶价订到每斤 0.85 元,比其他奶站高出 0.35

元,后来又涨到 0.88 元,每天收购量在 26 吨。这样一来其他奶站也不得不提高价格,这样一年奶农可以增加收入高达 1898 万元,对全县的奶牛事业都起到极大的保护作用。2004 年,根据发展需要,在县镇领导的帮助下,这个合作社当起了奶农利益的排头兵。

合作社始终坚持"民办、民管、民受益"的办社原则,以服务奶农、谋取奶农利益最大化为最终目标,不断加强规范化管理,降低生产成本,提升鲜奶质量,提高销售价格,增加成员收入。

合作社曾经多次被评为市县先进农民专业合作组织,2004 年被列为农业部农民专业合作组织示范试点。2007 年,合作社鲜奶购销总量 8300 吨,总收入 1704 万元,实现利润 9.8 万元,成员户均纯收入 2.6 万元,比非社员户均纯收入增加 0.4 万元。

二、合作社运作模式

(一)理顺体制,规范办社

合作社章程明确规定:实行一人一票制表决权,年终盈余按照交易额与投资入股 6∶4 比例分配;合作社提取的公积金量化到每个成员的账户。合作社设理事会(5 名成员)和执行监事,由成员代表大会民主选举。定期召开理事会和成员代表大会,涉及到合作社重大事情都要召开成员代表大会进行讨论方可决定,充分体现了合作社的民主管理。

(二)健全制度,规范机制

目前,合作社已建立财务制度、出入库制度、鲜奶收购标准、奶台奶厅的卫生制度、职工守则、岗位责任制度、安全生产制度、安全行车制度七项制度。合作社聘用的职工实行岗位责任百分考核制,采取基本工资加奖励工资的办法,形成人人有任务、人人有责任、心往一处想、劲往一处使的局面。特别是建立了按交易额盈余返还与股金分红相结合的利益分配机制,密切了利益联结,真正体现了合作社的基本原则,促进了合作社的健康和可持续发展。

三、完善服务

(一)实行"三统一"服务

1. 统一供应饲料,降低养牛成本

合作社成立前,养牛户自己直接到市场上购买饲料,价格高,费用大,购买的饲料经常掺假,质量得不到保障,饲料浪费大,利用效益低,养牛成本高。合作社成立后,统一为成员供应饲料,电话预订、运送到户,如果资金紧张,还可以赊销一个月,质量有保证,而且价格比自己散买的每吨便宜 20 元,这样算下来户均每年可节省饲料费用 400 元,降低了养牛成本。

2. 统一技术培训,提高科学养殖水平

合作社每年多次聘请中国农业大学的专家、教授和专业技术人员来合作社讲课,入户指导养牛技术。2007 年共举办培训班 6 期,培训奶农 300 人次,奶农的技能普遍得到提高。东羊坊村奶农李文玉连续几年参加培训,成为养牛能手,牛群由 10 头发展到 24 头,年产奶量由培训前的不足 5 吨提高到现在的 7 吨多,每头牛增收 3500 元。

3. 统一卫生标准,严把鲜奶质量关

合作社质量监管员定期到奶站、奶台、奶厅进行卫生技术指导,从各个操作环节做好清洗消毒工作,保证牛奶的质量达标、细菌不超标,质量合格率达到 99% 以上,被伊利公司评为核心奶户。

4. 统一购置设备和建设基础设施

合作社成立以来,积极探索切实可行的经营模式,以股份为纽带,有效地解决了制约合作社发展的资金、技术、设备等瓶颈问题,迅速有效地壮大了发展规模。截至目前,共吸收股金 32.2 万元,合作社投资 38 万元购买了运奶车,比租车运输每吨节约运输成本 20 元,每月平均节约每吨成本 750 元,半年共节约 9 万元,同时合作社还投入 20 万元对老设备进行了维修。目前合作社养殖小区 8 个,奶牛存栏量达到 0.4 万头,入社农户每头奶牛年收入 1.12 万元,比没有成立合作社多增加 0.2 万元。

5. 统一签订购销合同,直接和奶农龙头企业对接

合作社先后和北京许多大公司签订购销合同,成员的鲜奶再也不用愁销路了,一心想生产就行了,而且价格还不断上涨,解决了成员的销路问题。合作社不但以龙头企业为桥梁解决了小生产与大市场的对接矛盾,而且真正体现了生产在家、服务在社的办社理念。

四、作用与成效

(一)促进了当地主导产业的形成

旧县镇大柏老奶牛产业是在 1975 年就形成的,大部分村民都有养奶牛的经历和经验,以前因为没有组织起来,只是自己养殖,自己销奶,分散经营,不但不能形成当地的养殖气候,而且村民的收益也非常低,养牛业的发展受到限制。合作社的出现使当地的奶牛业得到了快速发展,形成了当地的主导产业。

(二)提高了奶农户的素质

通过参加合作社,社员在掌握科技、分工协作、组织管理、市场营销、对外

交往以及民主决策等方面得到了实践的锻炼，自我组织、自我服务、自我管理的能力得到了明显提高。

（三）促进了社员增收

合作社通过统一购买饲料，每户每年可以节省饲料费 400 元；通过统一运输鲜奶，每户年节省运费 1200 元；通过统一鲜奶收购标准，入社成员比非入社成员每吨鲜奶可增加 30 元的经济效益，每户每年可增加 1800 元。2007 年 2 月 9 日，合作社召开了盈余返还兑现大会，120 户社员共分配盈余 59585 元，其中按投资股分配 29792 元，按交易量返还分配 29793 元。

合作社下一步发展规划是将联合县内多家奶牛合作社统一对外，占领市场制高点，获取最大的经济效益。建一个奶牛改良兽药销售服务站，让社员得到实惠；创办"一校、一站、一会"，即办一所科技培训学校，常年请专家教授讲课和指导，提升社员的科学饲养管理水平；建设一座奶牛粮草混合饲料站，为社员提供优质饲料；创办一个奶牛保险互助会，增强社员抗风险能力。

（资料来源：http://baike.baidu.com/view/4964872.html）

▶ 案例点评

1. 合作社经营模式的选取是理顺了合作社的体制，规范了办社路径。

2. 在经营模式下，弱化了农业的经营风险。农业是一个产品特性很大的特殊产业，主要是农民进行生产、交易或者服务的产品在生产技术和市场交易方面的特性，农民专业合作社通常率先兴起于农产品的商品率较高，农业剩余较多的行业，市场风险很大，合作社采取强化服务，统一了价格，弱化了市场风险和经营风险。

本项目重点介绍农民合作社创建模式和合作模式。

《现代汉语词典》中"模式"的含义是："某种事物的标准形式或使人可以照着做的标准样式。"Alexander 对模式，给出的经典定义是：每个模式都描述了一个在我们的环境中不断出现的问题，然后分析了解决该问题的核心方案。通过这种方式，不受限制地运用那些已不断完善的解决方案，这样就不再需要重复相同的工作。

模式存在于不同的领域，当一个领域逐渐成熟的时候，自然会出现很多模式。农业合作化发展模式，是指在农业发展领域由不成熟到发展成熟过程中形成的符合我国特殊国情的一般规律,合作社只是这种规律其中最广泛的一种表达方式。

(资料来源:C. 亚历山大(Christopher Alexander):《建筑的永恒之道》,北京:知识产权出版社2006年版)

农业合作化的模式选择是随着社会生产力的发展、经济发展、市场条件、研究的角度等多种要素的综合考虑,农业合作化模式多种多样,分类也就不一样。本项目将以合作社的创建模式和合作经营模式进行阐述。

任务一 合作社的创建模式

根据项目一所述,合作社的创建(产生和发展)是产品特性因素、生产集群因素、组织成员因素和制度因素等方面综合影响决定的,其中产业特性是前提。那么,从目前的实践看,农民合作社依托当地的产业、产品、组织成员经营范围等要素进行创建。从农业一体化的角度分析,围绕农户生产经营所需的农业生产资料购买,种植养殖技术推广,农产品销售和加工等服务而创建占有绝大多数。

从农村专业合作组织创建的主要机制来讲,可将农村专业合作组织划分为内生型专业合作社和外生型专业合作社。其中,内生型的意思是基于合作社成员的内部需求,合作社一般由若干从事专业生产的农民为解决技术、购销等分户经营难以解决的问题而自发酝酿产生的。外生型的意思是基于合作社的外来压力推动而创建,生产合作社则是有关机构或组织为有效行使职责或出于利益需要而成立合作社。一般而言,像乡村精英领办型、集体经济改制型的农民合作社属于内生型的合作社;而政府部门引导型、国际项目示范型的合作社属于外生型的合作社。下面分别就这些合作社的特点、表现形态等方面进行描述。

一、乡村精英领办型

这种类型的农村专业合作组织一般由多年从事生产、运销、技术推广和村镇管理的乡村专业大户、经纪人、技术员和村干部等精英牵头,联合从事同种专业生产的农民自发创立。这些乡村精英多数技术上有专长,善经营、会管理,有丰富的种养经验或营销经验,并有一定的社会资源和社会影响。

(一)特点

由于农民在生产经营过程中,常常遇到仅仅依靠自身力量难以解决的发展难题,如技术、资金、人力短缺和产品销售困难等,这时就会由一人或数人发起,多人或多户自发参与,组成农民专业协会或合作社,架起农户通往市场和现代农业的"桥梁"。从早期发展的形态看,这种模式主要具备以下特点:

第一,在约定形式上看,以口头协约或乡规民约为主;

第二,在国家的政策扶持、资金扶持、技术服务等方面缺乏;

第三,由农户依托各自的土地和经营品种而创建;

第四,在经营方式上,大多是以家庭为主,规模较小;

第五,发展机制不完善、管理松散,销售实力较弱。

这种模式创建的合作社在发展过程中,会借助于外部专业人士的指导和援助,建立起符合合作社需要的规范的管理制度和经营策略。

(二)表现形式

根据发起人社会阅历和专业背景不同,这些乡村精英组建的专业合作组织可能表现出不同的形态。概括起来讲,主要有以下四种类型。

1. 专业大户引领型

农村能人和专业大户发起成立农民专业合作社在我国具有普遍性,能人大户是其成功运作和发展的关键。国内外合作社提供的经验表明,农民专业社的产生,是农民在各种利益的诱使下产生合作需要,进而在一定条件和外部力量推动下自主制度的变迁过程,其中外部力量主要是农民中的能人大户和对农民有着深厚感情、热心合作事业的人士等。

在对合作社的成立实践进行研究中,发现能人大户牵头组建的方式是目前我国农民专业合作社的最佳生成路径,是最符合合作社原则和最具有发展前景的生成路径,也是农民比较容易接受的一种生成方式①。社员对农村能人和政府领办的合作社比对龙头企业领办的合作社评价高,因此应引导农村能人、生

---

① 孙浩杰:《农民专业合作社生成机制与经济学分析》,《生产力研究》2008年第1期。

产经营大户领办管理合作社,充分发挥能人、大户的积极性和创造性。

面对日益激烈的市场竞争和日趋严峻的"卖难"问题,专业大户在生产规模或经营规模达到一定程度时,迫切需要联合其他经营者以取得市场定价的筹码,共同解决生产经营中面临特色种植养殖所需的规模、标准和技术等问题,以降低生产成本和市场风险,节约交易费用。由于专业大户的专业化生产较高,种植规模较大,通过专业合作组织一般由专业大户控制,并在具体运行过程中选择"合作社(协会)+农户"的模式,其特点是农户根据合作组织提供的技术规程利用各自的土地进行种植养殖,技术、种苗、饲料或农药等由合作组织统一购买,种植养殖的农产品也由合作社统一经销。

2. 技术能手领办型

乡村技术员、技术能手牵头组建合作组织既可以发挥自己的技术才干,在乡村获得较高的社会认同,又可以通过提供有偿服务获得收入,因而有足够的动力领办专业合作组织。他们领办的专业合作组织多数是围绕着特定技术推广活动而建立的松散的协会型专业合作组织,具有较高的技术创新服务的特征。会员入会只交纳少量的会费,主要功能是向周边农户提供技术推广、技能培训、信息交流、病虫害防治和疫病防治等其他专业技术服务。这类由技术能手创建的协会型农村专业合作组织有一些已转化成包括品种研发、技术推广和生产经营等多样化经营的超大型农村专业合作组织,如从事棉花种子繁育和推广的河北国欣农研会。

3. 运销大户或经纪人领办型

运销大户、经纪人组织创办合作组织即可为其提供质量有保障的农产品资源,又可壮大其市场拓展的实力。这类专业合作组织以农产品运销为主,属市场导向性的合作组织,一般由农村运销大户或经纪人利用其生产、经营、购销、流通的优势资源和销售网点而组建,旨在为农户提供农产品营销服务。其运营管理多数由运销大户、经纪人控制,可能采取松散的专业产销协会的运行模式,也可能进一步拓展,形成包括生产、销售和经营在内全程服务型的农民专业合作社模式或股份合作社模式,其经营领域主要是那些需求弹性较大的农产品,如水产品、柑橘、蕉藕、家禽等。由于运销大户和经纪人市场意识敏锐,善于根据市场需求引导农户调整种植规模和生产品种,并具有较强的品牌意识,他们组织创建的农村合作组织常常会涉足农产品的初级加工、地理标识的申请和产品品牌的打造等生产经营内容。如甘肃省渭源县中药材产业技术开发协会就是依托会川中药材专业市场,由当地 300 多户中药材加工运销大户发起建立的,目前协会已建立经销网点 60 多个,并吸收 108 名贫困子女进厂就业,救助了弱势群体,年加工、销售各类中药材 20000 吨以上。

4. 乡村干部带动型

主要由一些率先致富的乡村干部,为了谋求更大的发展空间和引导农民共同致富,联合本乡、本村农民组建而成,多数围绕当地主导产业、特色资源或优质农产品生产基地建立专业合作组织,带领广大农民办实体、搞加工、闯市场。这种由村干部领导创办的合作组织则多数为股份合作社,这在经济比较发达的省份尤其明显。

归纳以上内生型的合作社,其合作动机来源于创办者对于经济利益、公共利益、共容利益的追求,在现阶段符合中国农村实际的制度形式,随着时间的推移,政府需要提供公共物品保障合作社正常运作并为其创造发展路径:

第一,合作社发展壮大后,由全体股东同意转化成为企业,以公司制的方式继续运行,发起人则相应变身成为企业的经理人。第二,合作社发展壮大后,鼓励其进行横向和纵向一体化,扩大合作社经营范围、创建合作社品牌,不仅获得生产、销售领域的收益,还能够获得深加工收益和品牌溢价,从而进一步在全国范围内成立合作社联合社,推动更多的农民参与进来发家致富。

二、集体经济改制型

(一)含义

集体经济改制型的合作社,其创建的理由多数是由于集体社区出现了某些与农户的生产生活相关联的重大问题,迫切需要乡村集体通过市场的力量加以联合解决。这种类型的合作社多发生在经济发达区域或城郊,一方面这些城区乡村经济的确相对发达,与市场联系比较直接;另一方面这些城区随着城市化进程的加快出现了许多新的农业生产经营形态,如农家乐、采摘农业等。乡村农户在独立走市场的过程中感受到集体力量的重要性,也逐步认识到集体经济由于产权归属不清等问题而引发的低效率。农户发展理性诉求和集体经济高效增值的现实压力促成了各种依托集体经济的专业合作组织的孕育。

（二）四种表现形态

集体经济改制型专业合作社主要有如下四种形态：

1. 以村为单位依托型

其主要依靠村干部的领导权威引导全村发展专业化的特色种植养殖产业，为该村农户提供生产及产前种肥和产后销售服务，或者提供农户养殖共同需要的疾病防疫、养殖产品的收购和加工服务，或者所有农户需要解决的供水设施建设等公共服务。农村专业合作组织体制呈现政经合一的特色，村委会领导就是农村专业合作组织的领导。

2. 乡村集体经济改制型

依托村或乡（镇）社区组织优势，以乡村集体组织的土地、人力、设备和产业基础为支撑，吸收本村农户从事同一专业生产经营的建立合作组织，发展专业化生产经营项目，实行社区化服务和企业化管理。这类专业合作组织具有显著的区域性和相对封闭性，多是村集体经济延伸兴办农产品加工企业、农家乐或采摘农业等农业生产经营活动，并且多数采取政经合一的运行管理体制，由村干部兼任合作组织的理事长等领导职务，他们既领导全村农户的生产经营活动，又主持全村农户的公共产品供给和社会政治生活。

3. 市场依托型

一些乡村集体组织由于地缘、资源和人脉资源等成为当地的农贸市场或农产品流通的集散地，这些乡村集体的干部领导广大农户组建农村专业合作组织，投资建设地区农贸市场的基础建设和服务设施，甚至创建农产品拍卖市场等，以优化市场经营环境，更好地服务于农户生产经营活动。这种形式的专业合作组织一般也是村干部控制的合作组织，多数采取股份合作的形式。

4. 供销合作社依托型

乡村供销社是农资经营的主渠道，对乡村经济发展有一定的影响力和拉动作用。县乡供销合作社作为集体经济的一种形式，在市场经济的条件下迫切需要寻找新的发展路径和事业资源，其有较强的动机转化为农村专业合作组织，也有较强的优势资源来发展和引导农村专业合作组织发展。目前，许多地区农村专业合作组织发展或多或少都受到乡镇供销合作社的拉动和引领。这类专业合作组织多依托供销社的人力、营销网络、固定资产或设施，以中介、联营、代理、直购、代购代销等方式参与农户的生产经营活动，一般由基层社牵头,吸收种植大户、养殖大户和流通大户参加组建。如福建省福鼎市前岐供销社吸收蘑菇生产经营大户形成蘑菇专业合作社,每年筹集700多万元扶持资金,在蘑菇开始生产时发给菇农原辅材料、菌种、菌用药品,并指导其生产,解决疑难问题;产后包销产品,与菇农签订最低保护价合同,协调各方利益,保证蘑菇市场畅销。

三、政府部门领办型

(一)含义

政府部门领办型的农村专业合作组织也属于外生型创建模式,通常是指政府相关部门利用政府行为号召和组织农民联合起来,并具体指导和帮助农民组建而成的农村专业合作组织。这类专业合作组织多出现在一些欠发达地区。

(二)特点

其特点主要是:

第一,主要借力于政府行政手段"自上而下"的推动,包括政策优惠、资金支持、技术服务和市场保障支撑等;

第二,专业协会或合作社的领导人一般由政府或职能部门的官员兼任或由退居二线的政府或职能部门的官员担任;

第三,有政府的支持和外部专家的指导,起点高,有比较完善的章程和管理制度,具有一定的规模和实力,市场能力较强。

这种类型的合作组织在发展中存在的主要问题是过分依赖县乡行政资源,特别是政府的各项支持政策和财税优惠,生产经营的实际控制权在政府部门,致使合作组织内生型的发展动力和生产经营能力不足,相应的组织运行机制不健全,对农户成员的服务意识缺乏,农户成员和组织的关系相对松散等。少数合作组织只经营一些产前、产中的原料和配套物质供应,而对农产品生产的标准化、产品的深加工、产后的市场连接和营销等服务很少涉及。有些专业合作组织纯属行政"捏合"的产物,农民只是名义上的会员,与协会的生产经营毫无关系。

(三)表现形态

政府领办型的专业合作组织还可划分为如下两类:

1. 科技(站)领办型

依托县乡两级农技、畜牧、水产、农技等技术推广服务部门和农业局等机构的人才、技术、设备和服务优势组建而成,主要是通过县级机构派出"科技特派员"或行政干部领导乡村农民联合起来发展当地主导产业和特色种植养殖产品。一般采用"科技特派员(部门)+合作社(协会)+农户"的运营模式,合作社挂靠某行政部门,并由主管部门的领导或科技特派员兼任理事长或总经理,各有关部门共同参与,带动组织农业生产经营活动。

2. 基层政府领办型

为充分发挥地区资源的优势,做大做强农业产业,通常由乡镇或区县政府出面组织,在全县乡范围内联合加工企业、科研单位、专业种植养殖农户等组建形成专业合作组织。一般由政府依托自己的行政力量在其所辖区域内先搭起专业协会的架子,然后再吸收一些专业大户为理事自上而下组建,具有明显的政府部门主导控制性。其特点是围绕县乡主导产业发展规划需要进行技术、土地资源、供销网店和各类社会资源的整合,引导农户参与县乡产业化基地建设。大多数这类专业合作组织的理事长由县乡镇领导担任。

四、国际项目示范型

(一)含义

一些国际援助项目在各类扶贫和援助项目实施过程中,非常重视援助项目的可持续性,从一开始就以参与式行动研究为手段,有效地推动农民自主性组织的建立和发展,因而常常在其项目实施的过程中引导和示范农民建立专业合作组织。

(二)特点

这类外援型专业合作组织的主要特点是:

第一,接受国际援助项目的参与式理念,有一定的项目资金资助和项目

专家指导,起点高;

第二,以贫困农户为主体,采取"自下而上"的自愿发展原则,有乡村成员广泛参与制定的合作组织章程和管理制度,村民参与性较高;

第三,专业资助的领导人均由会员大会民主投票选举产生,由理事会和监事会,组织运行相对规范;

第四,有一定的经济规模,具备引导农民从田间、林场逐步走向"工厂"和市场的组织能力。

这类专业合作组织常常在项目结束、各种外部支持性力量减弱后或者由于乡镇和政府部门的压力,或者由于对援助项目的过分依赖性,很快解题或"变性"为政府管理控制的盈利机构。当然,也有一些专业合作组织由于有强有力的领导集体,并在接受援助期间注意组织内生性力量的发展和资源拓展,因而能够持续平稳地发展成为农民专业合作社或股份合作社。合作社的创建模式为经营模式奠定了基础。

任务二　合作社的联合经营模式

农民专业合作社肩负着"情系三农,造福民生"的伟大历史使命,随着农民专业合作社的飞速发展,越来越多的农民感到了合作社的优势,享受到合作社的好处。合作社的联合经营模式也在市场考验中不断地创新,越来越适应各地农村的实际,切实改变农民和农业的弱势地位,有效地促进农民增收、农业增效。比较能代表目前农民专业合作社总体经营水平的有以下几种模式:(1)龙头企业+合作社+农户;(2)合作社+大户+农户;(3)龙头企业+合作社+基地+农户;(4)合作社+专业协会+农户;(5)龙头企业+合作社联社+农户。

▷案例二

社企联合　实现双赢

宁夏灵汉渔业合作社创办于1999年2月,由宁夏全自治区的69户养鱼户组建,是宁夏第一家水产品养殖合作社。经过几年发展,合作社已建立了自己的苗种繁育场、饲料加工厂、生态鱼养殖基地、市场销售服务体系和灵汉水产研究所等,发展成集科、工、农、贸为一体的经济联合体。

合作社以龙头企业的各种优势为基础,狠抓科技、强化管理;用工业化的理念实行目标管理,提高养殖水平和效益。合作社成立了水产研究所,聚集了一批业务精湛的专业技术人员,投入了大量的物力和财力,通过不断实践探索,总结制订出了一套适合该区渔业发展的养殖模式和成本模式。合作社组织科技人员,对每个渔农社员的塘鱼"家底"进行普查,为每户社员建立了"三账",即池塘成本台账、饲料投喂台账、水产品销售台账。合作社制订了"三大指标",即成本指标、产量指标、利润指标,实行目标管理,由技术人员根据所定指标,指导农户科学管理、控制成本,提高产品质量和效益。为了提高渔农社员规范化、标准化养殖技术水平,联合社从天津、大连等地聘请国内知名专家,每年为渔农社员举办养殖技术培训班,使农民增加了知识,增长了见识。合作社每年还举办1—2次现场观摩会,让从渔农民互相学习、取长补短。通过以上措施,实现了渔业养殖的规范化和标准化,降低了养殖生产成本,增加了渔农社员的效益。

在生产上,合作社以生态渔业和绿色渔业为目标,创建"灵汉"绿色食品品牌。与此同时,联合社还加大饲料的科技含量,不断研制开发适应宁夏特点、不同鱼种、不同喂养阶段、饲料系数低、回报率高、污染小、质量优、适应性强的"灵汉牌"系列饲料。渔业养殖基地生产的草鱼已于 2002 年被中国绿色食品发展中心认证为 A 级绿色食品。合作社还定期监测鱼药和池塘水质是否符合绿色食品生产标准,制定了鱼药、饲料添加剂使用品牌、范围和剂量等的质量标准体系,严格控制药品投放量,不断改善水质,从而使基地生产的水产品目前已经有50%达到绿色食品标准,80%达到无公害食品标准,大大提高了水产品质量,使市场上"灵汉鱼"的批发价比其他鱼每公斤高出 1 元钱。

实施股份合作制,使技术员与渔农社员结成利益共同体。

合作社实施"目标管理",作为科技特派员一方,与渔农社员签订"合作协议",双方结成利益共同体。协议明确规定了双方的投资方式、责任、义务及利益分配形式,即渔农社员所需养殖资金的70%由养殖者自筹,其余30%由联合社解决,其中技术员以资金形式入股 2%—5%。同时,对渔农社员实行"四包",即"包质量、包产量、包成本、包最低亩利润",渔农社员必须配合科技特派员执行"四统一分"管理办法和"目标管理"。如果渔农社员的池塘养殖效益低于合同规定的最低利润标准,差额部分由联合社总部给予补偿;如果渔农社员的池塘养殖效益好,高于合同规定的最低利润标准,合作社根据超出利润金额的数量进行分级、按比例提留,作为生产基金和分红股金。由于渔农社员、联合社、技术员的投资按股份计算,规定了各方的责、权、利,将各方的利益紧密结合在一起,不仅增强了科技人员和管理人员的责任感,调动了他们搞好服务的积极性,也增加了渔农社员对科技人员和管理人员的信任度,更好地执行"四统一分"管理办法,共同实现"目标管理"所定指标,从而使养殖效益不断提高。

▶ **案例点评**

1. 合作社以龙头企业的各种优势为基础,狠抓科技,强化管理;用工业化的理念实行目标管理,提高养殖水平和效益。

2. 在生产上,合作社以生态渔业和绿色渔业为目标,创建"灵汉"绿色食品品牌。

3. 合作社的每一项管理办法和操作技术都首先在自己的基地实行,成功后组织周边从渔农民现场观摩学习,以此带动从渔农民进行标准化生产,提高养殖水平和效益。

(资料来源:郭德宝:《宁夏农民专业合作社 200 例》宁夏人民出版社 2010 年版)

一、"龙头企业＋合作社＋农户"经营模式

(一)含义

龙头企业是通过农民专业合作社与农户有购销关系的农产品加工和流通企业。企业与合作社结成企业关系,规定双方的权利和义务,合作社作为中介,通过合作社章程约束农户,与农户结成利益共同体。合作社向农户提供配套服务,如提供优质品种、先进技术和产中服务等,与企业协商制定保护性价格,集中收购农户的初级产品,并交售给企业,承担生产风险。其结构图(见图 3-1)。

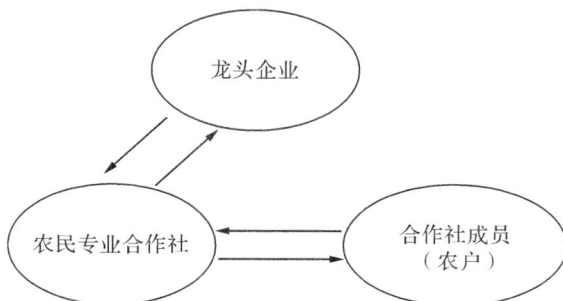

图 3-1 "龙头企业＋合作社＋农户"经营模式结构图

(二)特征

1. 组织结构

合作社设有社员代表大会、理事会、监事会。由理事会负责日常管理,管理人员一般选自该合作社成员。合作社的大事由社员代表大会决定。

2. 经营服务内容

统一供应种苗,统一实施适用新技术,统一配供农用投入品,统一疫病防治,统一协调贷款,统一产品销售。合作社上联企业,下联社员农户,实行标准化生产,产业化经营。日常管理由理事会承担、理事长负责。

3. 运作机制

第一股权设置机制:合作社主要以农户社员为主体,社员入社必须按生产规模购买股金,原则上入社自愿、退社自由;成员地位平等,实行民主管理。

第二决策机制:合作社成员大会选举和表决,实行一人一票制,成员各享有一票的基本表决权。管理人员一般来自内部理事会成员。实行内部管理,重大决策提交社员代表大会表决通过。

第三生产机制:统一供应种苗,统一实施适用新技术,统一配供农用投入品,统一疫病防治,统一协调贷款,统一产品销售。合作社上联企业,下联社员农户,实行标准化生产、产业化经营。日常管理由理事会承担、理事长负责。合作社还负责与企业的对接,如签订合同、组织收购以及企业通过合作社将其收购金送到农户手中等。

第四利润分配机制:盈余主要按照成员与农民专业合作社的交易量(额)比例返还。返还的总额不低于可分配盈余的百分之六十。

(三)优点

第一,合作社的计划性比较好,以合同为纽带便于控制。

第二,由于公司在产品开发、市场拓展等方面具有较大的优势,合作社对大量分散的生产者具有独有的组织管理能力,双方结合,可以优势互补。

第三,在产业不稳定、市场风险较高的阶段,有较大适应性,易通过企业向农业引导现代技术要素。

第四,在产业组合中,市场价格机制和非市场的组织机制结合,比较灵活,组织成本低。

(四)弱点

第一,市场开拓,过分依赖龙头企业,一旦企业出现经营危机,合作社将陷入困境。

第二,虽然股权的分散提高了社员生产的积极性,社员凝聚力也有所提高,但合作社经营风险增加了。

第三,合作社的组织服务和业务,还只停留在提供市场信息、技术咨询、提供种苗和生产资料以及初级产品销售的低层面上,而在进行深加工、精加工、提高产品附加值方面的业务很少,缺少适应和开拓市场的能力。

二、"大户＋合作社＋农户"经营模式

(一)含义

"大户＋合作社＋农户"经营模式的合作社是由农民企业家或具有一定经济实力和能力的种养大户、运销大户、农民经纪人等牵头组建并组织运行的合作社。这些骨干社员不仅出资最多,而且具有技术特长或者经营管理能力。一般说来,他们既是合作社的主要决策者,又是合作社的日常经营管理负责人,是合作社的核心,对于合作社的生存和发展起着决定性作用。合作社的管理呈现企业化特点。其结构图(见图3-2)。

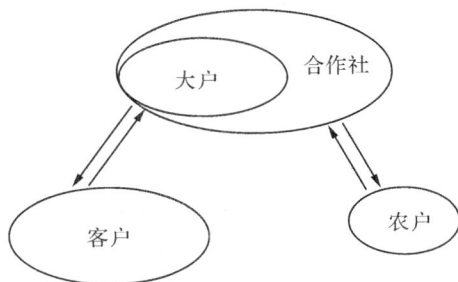

图 3-2 "大户+合作社+农户"经营模式结构图

(二)特征

1. 组织结构

农村能人是合作社的主要决策者,又是合作社的日常经营管理负责人,他们将与自己有相同利益关系的农户联合起来,实行股份制管理,并担任合作社的理事长。

2. 运作机制

第一股权设置机制:合作社主要以农户社员为主体,社员入社必须具备一定种养技术和经验,人品好,而且与发起人存在千丝万缕的关系。

第二决策机制:合作社成员大会选举和表决上不再实行一人一票制,而是实行以一人相对多票制方式管理合作社重大事务。

第三生产机制:统一种苗,统一标准,统一品牌,统一疫病防治,统一农资,统一产品销售。合作社主要以"能人"代表合作社出面解决合作社的主要事务,如与企业对接、联系外部收购、联系种苗、联系农资等。

第四利润分配机制:盈余主要按照成员投入的股份(额)比例返还。返还的总额不低于可分配盈余的百分之六十。

(三)优点

第一,农民企业家或具有一定经济实力和能力的种养大户、运销大户、农民经纪人,这些农村能人信息比较灵通,市场运作经验较为丰富,且有一定积累。他们对开展农产品标准化生产、规模化经营、品牌化运作重要性、必要性的认识更加深刻。

第二,整个合作社的决策权、控制权都集中掌握在合作社领导人(农村能人)手中,权力集中,决策效率高,决策成本低。

(四)弱点

第一,在股权方面,容易造成一股独大,股权结构的集中化与决策权的集中化,使合作社领导人拥有主导的剩余控制权和决策权,普通农户由于投入资金少、股权分散,在组织中往往处于从属地位,发言权有限,对合作社发起人个人的依赖性过强,一旦发起人出现决策失误,必将引致合作社发展的重大损失,其可持续发展性存在问题,而且不利于先进管理思想的引进。

第二,内部人控制问题。许多农民对于骨干社员控制合作存在信任恐惧,他们不愿意将资金投入或加入一个自己既无法预期其成本、收益和风险,又无法主导其发展方向的经济组织。这种信任恐惧主要来自于对内部人控制问题的担心。

第三,作为代理人的理事长等具有的信息控制优势,而普通社员由于仅是从合作社盈余中按交易额和股份返还中得到的利润非常有限,往往不愿意将过多的精力放在合作社上,从而放松了对代理人的监督力。

三、"龙头企业＋合作社＋基地＋农户"经营模式

(一)含义

合作社依托龙头企业建立合作社,按照"民办、民管、民受益"的原则,建立龙头企业、合作社、基地、农户之间风险共担、利益共享的长效运作机制,把一家一户的生产组织起来,将分散的家庭生产经营活动引向市场,以股份合作制进行生产经营、分配和管理,实现集约化、标准化生产。"龙头企业＋合作社＋基地＋农户"这种经营模式既发挥了规模优势,又提高了经济效益,还解决了一家一户难以解决的问题,使社会资源得到了有效配置。其结构图(见图3-3)。

(二)特征

1. 组织结构

合作社呈现企业特点,理事会下设基地,基地实行二级管理,设一名基地

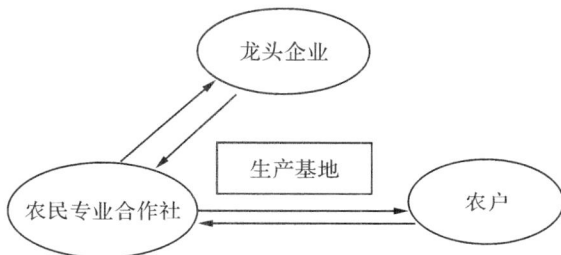

图 3-3 "龙头企业＋合作社＋基地＋农户"经营模式结构图

负责人,承担基地的日常事务管理,均由社员担任。

2. 经营服务内容

合作社承担基地与企业的联系,在生产过程中,有的合作社还为农户提供购买生产资料的服务。生产过程所需要的技术服务,一般由合作社提供。合作社统一种苗,统一标准,统一品牌,统一疫病防治,统一农资,统一产品销售。

3. 运作机制

第一股权设置机制:合作社主要以农户社员为主体,社员入社必须按生产规模购买股金。

第二决策机制:合作社成员大会选举和表决上不再实行一人一票制,而是实行以一人相对多票制方式管理合作社重大事务。

第三生产机制:合作社统一种苗,统一标准,统一品牌,统一疫病防治,统一农资,统一产品销售。合作社代表合作社成员出面解决合作社的主要事务,但是合作社的用人制度和就业性发生根本改变,地里干活的除了为自己干活的社员,还有大量的雇工——农业工人。产品销售主要通过在各省市大型农产品市场设直销点或由企业与合作社签订合同,出资通过合作社基地大规模生产,企业按保护价格或略高于市场价收购社员基地产品。

第四利润分配机制:各基地类似企业车间,独立核算,自负盈亏,盈余主要按照成员投入的股份(额)比例返还。

(三)优点

通过规模化、企业化的农业生产,更好地实现土地、劳动力、技术、资金等生产要素的优化组合,更有利于实现生产的标准化、专业化、科学化,从而具有更强的生命力。

(四)弱点

现阶段,相当一部分企业只注重自身的经济效益,往往忽视了基地和农户的利益或者关注程度严重不够,农民的利益受损,也影响了他们参加农民专业合作社的积极性。

四、"合作社＋专业协会＋农户"经营模式

(一)含义

合作社联合各专业协会共同成立合作社,具体同合作社一样,成立理事会,各协会成员作为合作社的成员。成立社员大会,理事会负责合作社的所有事务。该合作社的业务不再局限于一种或几种农作物的产前、产中以及产后的服务,将范围扩大到多种农作物的种植或动物养殖。合作社为各个协会的合作社成员服务,如聘请专业技术人员来讲课,组织各成员学习,联系销售,外购物资等。良好地实现土地、劳动力、技术、资金等生产要素的优化组合,有利于实现生产的专业化、标准化和科学化,从而具有巨大的生命力。其结构图(见图 3-4)。

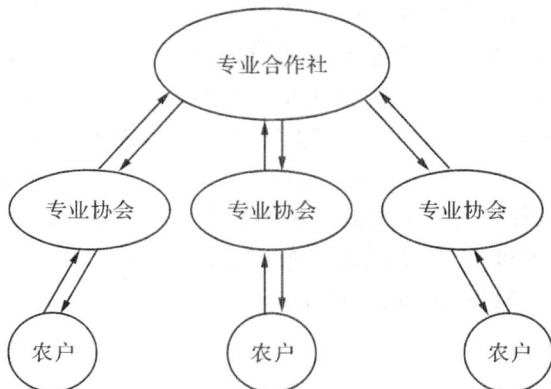

图 3-4 "合作社＋专业协会＋农户"经营模式

(二)"合作社＋专业协会＋农户"经营模式特征

1. 经营服务范围

由于合作社是多种专业协会的联合,因此,合作社的服务范围也扩大了,不再局限于一个村或就近的几个村,而是将面拓宽到好几个村的联合。生产过程所需要的技术服务,一般由合作社提供。合作社统一种苗,统一标准,统一品牌,统一疫病防治,统一农资,统一产品销售。

2. 运行机制

第一股权设置机制:合作社主要以各专业协会的农户社员为主体,社员入社必须按生产规模购买股金。

第二决策机制:合作社成员大会选举和表决上不再实行一人一票制,而是实行各专业协会一协会一票。

第三生产机制:合作社统一种苗,统一标准,统一品牌,统一疫病防治,统一农资,统一产品销售。

第四利润分配机制:各协会独立核算,自负盈亏,盈余主要按照成员投入的股份(额)比例返还。

(三)优点

第一,通过协会和合作社的联结,能够把资本、技术和劳动力等方面优势更有效地联合起来,使会员和协会的利益进一步密切,从而达到发展、壮大优势产业的目的。

第二,合作社是围绕当地特色项目,形成主导产业,在政府部门带动下,合作社经营条件较好。

(四)弱点

第一,组织参与者众多,利益主体复杂,协调管理成本高,组织容易失控。

第二,由于各协会成员基本都是农村中的种植大户或养殖大户,文化水平普遍低,合作社的管理人员大多由这些人组成,组织分散。

五、"龙头企业＋合作社联社＋农户"经营模式

(一)含义

合作社联社是由从事同一产品生产经营的农民专业合作,加工企业及与该产业相关的组织共同组成,围绕产品进行产加销一体化产业经营。农民专业合作联社成立的目的是为了扩大生产经营和服务规模,提高市场竞争力。农民专业合作社在突破自身发展瓶颈的过程中,在一定的地理范围内联合起来、整合、盘活乡村合作资源,促进农副产品的规模化和标准化发展,从而与市场等系统结成良性互动关系。为了改善自身的市场境遇,农民专业合作社走向联合将成为必然趋势,因为只有联合,才能以最低的成本实现市场的快速扩张,提升农民专业合作社的竞争实力。合作联社是应对农业商品化、农产品贸易市场化和国际化的挑战而产生的。强调无公害、绿色食品,以满足越来越高的国际市场需求,应对越来越苛刻的国际贸易技术壁垒,由从事同一产品生产经营的农民专业合作社、加工企业及该产业相关的组织共同组成,围绕产品进行产加销一体化产业经营。其结构图(见图 3-5)。

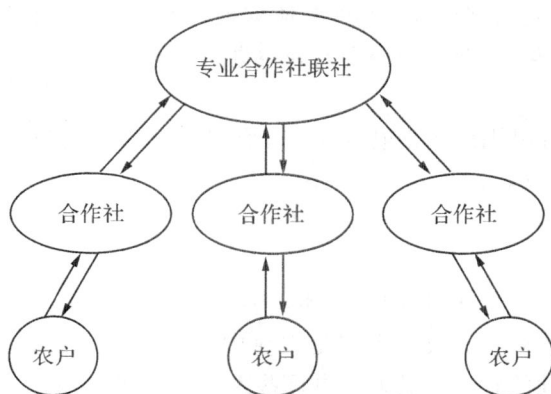

图 3-5 "龙头企业＋合作社联社＋农户"经营模式

(二)特征

1. 组织结构

除合作社常设机构外,还设有联合组织职能部门,管理各个合作社,理事会多从外部聘请专业人士协助经营管理。

2. 经营服务内容

统分结合,双层管理。统一种苗,统一标准,统一品牌,统一疫病防治,统一农资,统一产品销售。

3. 运作机制

第一股权设置机制:根据各分社的经营规模购买股金。

第二决策机制:实行"一分社一票"制方式。分社实行一人相对多票制民主管理合作社重大事务。

第三生产机制:合作联社统一种苗,统一标准,统一品牌,统一疫病防治,统一农资,统一产品销售。

第四利润分配机制:各分社独立核算,自负盈亏,利润分配以按照成员投入的股份(额)比例分红为主,投售额分红为辅。

(三)优点

第一,把相关经济活动纳入到一个合作社联社来经营,是市场交易"内部化"行为,即通过组织边界的扩张,借助于组织对市场的替代,变市场交易为组织内部交易,从而节约交易成本。

第二,通过产加销一体化纵向联合形成联社,可以让单个合作社摆脱设厂的盲目性,从而规避市场风险,而且可以让各个分社之间形成利益共享的机制,变"竞争"为"合作—协调"。

(四)弱点

由于是联社,组织参与者众多,利益主体复杂,这就要求合作社联社的管理层具有较高的管理能力和协调能力,但大部分成员是农民,文化程度低,没有经过专业培训,组织容易失控。

合作社经营实务

▷ **项目训练**

素质题：

1. 描述合作社四种创建模式；

2. 区分合作社五种联合经营模式；

3. 描述合作社的几种经营模式的适用条件。

技能题：

1. 写出合作社四种创建模式的几种类型；

2. 叙述合作社几种创建模式的特征；

3. 掌握合作社五种经营模式的优缺点；

4. 能够结合所在地方的情况分析合作社的创建和联合经营的类型。

知识题：

1. 了解合作社四种创建模式的特征；

2. 熟悉合作社五种经营模式的适应条件。

合作制度能使全国人民组织化,经济权利大众化,生产分配合理化,社会关系情感化。

——寿勉成

合作社与市场对接的方式

▷ 素质目标

描述合作社与市场对接的几种方式。

▷ 技能目标

1. 写出合作社与市场对接的几种适应条件;
2. 口述合作社与市场对接的几种方式;
3. 掌握合作社经营模式的优缺点。

▷ 知识目标

1. 了解合作社模式分类;
2. 熟悉合作社与市场对接方式的参与主体;
3. 了解合作社各种与市场对接方式的保障条件。

▶重点内容网络图

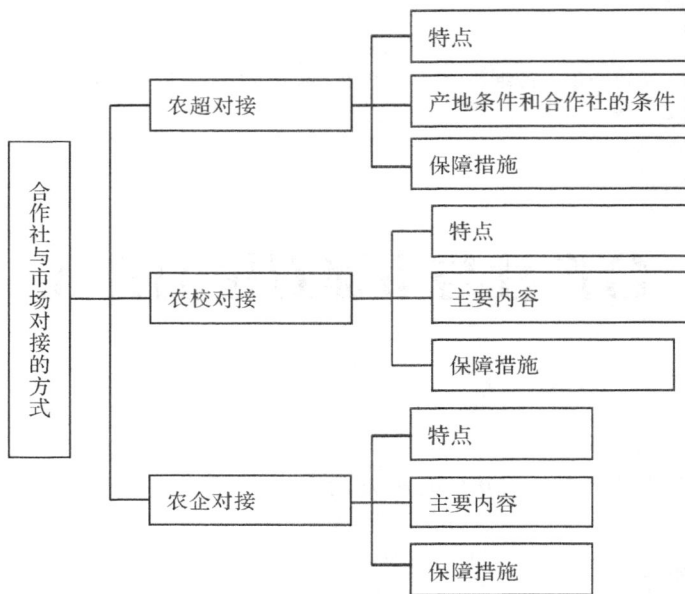

```
                                    ┌─────────────────────┐
                            ┌───────┤         特点          │
                            │       ├─────────────────────┤
                     ┌──────┤ 农超对接 │ 产地条件和合作社的条件 │
                     │      │       ├─────────────────────┤
                     │      └───────┤       保障措施        │
                     │              └─────────────────────┘
  ┌─────────┐        │              ┌─────────────────────┐
  │ 合      │        │      ┌───────┤         特点          │
  │ 作      │        │      │       ├─────────────────────┤
  │ 社      │        ├──────┤ 农校对接 │       主要内容        │
  │ 与      ├────────┤      │       ├─────────────────────┤
  │ 市      │        │      └───────┤       保障措施        │
  │ 场      │        │              └─────────────────────┘
  │ 对      │        │              ┌─────────────────────┐
  │ 接      │        │      ┌───────┤         特点          │
  │ 的      │        │      │       ├─────────────────────┤
  │ 方      │        └──────┤ 农企对接 │       主要内容        │
  │ 式      │               │       ├─────────────────────┤
  └─────────┘               └───────┤       保障措施        │
                                    └─────────────────────┘
```

▶案例一

凭啥他们的合作社火了

"他们的苹果,全红,每个重 0.3 千克以上,论个卖,每个 10 元;不仅供市民观光采摘,还出口西欧;一个果王 0.7 千克,拍卖了 6.6 万元。"来自北京市农村合作经济经营管理站的韩生科长如数家珍,道出了北京真顺红苹果专业合作社的红火,掩饰不住的赞赏溢于言表。一旁的合作社理事长张增瑞面带微笑、略带自得地说:"合作社要做红火,销售网络很重要,标准化也同样重要。"在农业部主办的全国农民专业合作经济组织示范项目工作会上,来自全国的近百家优秀农民专业合作社带头人道出了做火合作社的经验。

幸福的合作社拥有相同的幸福源泉,成功的带头人各有锦囊在胸

来自北京真顺红苹果专业合作社的理事长张增瑞,早在 2007 年之前就在当地苹果协会做"头目",生产技术、销售网络等一身武艺在身。《中华人民共和国农民专业合作社法》实施后,他带头成立了合作社,更加如鱼得水。3年来,沿着他铺好的轨道运行,合作社每年销售的全红苹果都在 1000 万千克

以上,没有积压,全买光! 怎么能有如此大的销售能力呢?

张增瑞道出心里厚积的"道道":"你看我的销售啊,有五个道:第一道是团购,就是团体单位到地头购买,约占总销售量的60%,这一道是20年来培养和积累起来的人脉和品牌效应。第二道是观光采摘,即另一种分散式的团购,城里人周末、假日拖家带口来果园,管他们吃饱,走时所带苹果按每千克10元销售,这一道看似量小,其实不小,约占总销售量的20%,这是合作社与旅游业结合的效果。第三道是农超对接,从2008年起,真顺牌苹果直接进到北京市的有机食品超市,排队买,生怕买迟了断货,这一道刚起步,约占总销量的5%,现在有更多的大型超市在和我们联系,估计今年农超对接量要达到去年的2—3倍;第四条道是出口,合作社有出口权,这一道占总销量将近10%。第五道是大众化的道,其余的普通苹果销往普通市场,这个占的比例较小。这五条道走下来,每年苹果不积压,销售不发愁,凭的就是销售网络。我们的销售网络有的是二十年来自己亲手建立的,有的是政府帮助建立的,但是主动权都在自己手里。"

销售网络是财源

9月5日中午,来自贵州省纳雍县长沟蔬菜专业合作社的李焕明经理欣然放弃了休息,投入地把他们合作社的经验也谈了一回。

他们的特色蔬菜不仅直接供贵州本地,还要大量销往湖南、湖北、重庆等地,然而他们还不满足。2008年,李焕明一行人随毕节地区行署副专员邓志喜到沿海地区再辟销路,通过东南大学教授直接与广州、深圳的家乐福超市谈判,又建立起了农超对接的金桥。他们再与上海的家乐福对接,上海家乐福的负责人诚心诚意地建议李焕明进行农产品的深加工,包括大蒜素、果汁等,他们包收购。这正中李焕明下怀,农产品加工正是他近期规划的重要项目。

(资料来源:http://wenku.baidu.com/view/ad83273643323968011c9278.html)

> 案例点评

合作社成功进行市场经营的经验:

1. 品牌经营,这是关键

合作社形式上经营的是产品,实际上经营的是品牌。品牌农产品从何而来?

(1)进行无公害农产品、绿色食品、有机食品认证或ISO9000认证。

（2）注册商标，维护自己的产品销售权益。合作社产品因此成了国家级品牌、省级品牌，再加上实行农超对接，建立自己独立的营销平台，不愁产品卖不了好价钱。

（3）盈余返还，这是保证。盈余返还原则是合作社的根本原则。合作社赚钱，除弥补亏损和提取发展生产的公积金外，可分配盈余要按社员与合作社的交易量（额）返还给社员。赚钱不是合作社最终的成功，社员人人赚钱才是合作社最终的经营成功。

2. 强化"内功"实施民主管理，这是基础

合作社依法成立后，必须根据自己生产经营的需要，建立相应的治理结构，并实行民主管理。生产、经营、分配中的重大事项必须经社员大会讨论通过。从农产品流通的角度分析，合作社是"一手牵市场，一手牵农户"农产品的集合组织。合作社通过自身扩展能力为农产品打开市场的大门，解决了规模农业市场化瓶颈的难题，这与合作社和市场的对接方式有着密切的联系。越来越多的农产品也将采取这些模式销售。

任务一　农超对接

一、含义

"农超对接"指的是农户和商家签订意向性协议书，由农户向超市、菜市场和便民店直供农产品的新型流通方式，主要是为优质农产品进入超市搭建平台。"农超对接"的本质是将现代流通方式引向广阔农村，将千家万户的小生产与千变万化的大市场对接起来，构建市场经济条件下的产销一体化链条，实现商家、农民、消费者共赢。

农超对接是国外普遍采用的一种农产品生产销售模式。目前，亚太地区农产品经超市销售的比重达 70% 以上，美国达 80%，而我国只有 15% 左右。在我国，随着大型连锁超市和产地农民专业合作社的快速发展，部分地区已经具备了鲜活农产品从产地直接进入超市的基本条件。

二、优点

第一,稳定农产品销售渠道和价格;

第二,可避免生产的盲目性——农产品与超市直接对接,市场需要什么,农民就生产什么;

第三,减少流通环节,降低流通成本。通过直采可以降低流通成本20%—30%,给消费者带来实惠。

所以,开展鲜活农产品"农超对接"试点,积极探索推动鲜活农产品销售的有效途径和措施,是减少农产品流通环节、降低流通成本的有效手段,有利于实现农产品从农田到餐桌的全过程质量控制,优质农产品需要寻求更广阔的市场。

三、具备条件

(一)试点企业的条件

第一,企业经济效益在当地名列前茅,连续盈利三年以上,无违法经营记录等;

第二,企业资产结构合理,资产负债率在70%以下;

第三,超市生鲜农产品销售额占总销售额的25%左右;

第四,具有稳定的农产品供货渠道,包括企业自有生产基地、与农民专业合作社合作等;

第五,具有与经营规模相匹配的连锁超市、生鲜农产品物流配送中心及辅助设施等。

(二)产地农民专业合作社的条件

第一,具有注册商标和产品包装等自主品牌,获得市级以上农产品名牌产品或著名商标称号;

第二,生产基地或产品获得无公害农产品产地认定或产品认证,或产品已开展绿色食品和有机食品认证,基本建立农产品质量安全追溯和自律性检测检验制度；

第三，生产基地实行统一生产技术规程和质量标准，标准化生产面积占到 80％以上；

第四，专业合作社与所推荐试点企业已有或即将建立合作关系。

四、建立"农超对接"渠道

2008 年中央 1 号文件和十七届三中全会指出：积极发展农产品现代流通方式，采取农超对接洽谈会现场推进鲜活农产品"超市＋基地"的流通模式，引导大型连锁超市直接与鲜活农产品产地的农民专业合作社产销对接。中华人民共和国商务部、农业部联合下发了《关于开展农超对接试点工作的通知》，对"农超对接"试点工作进行部署。

基本原则：坚持政府引导，市场化运作。以城市大型连锁商业企业为主体，支持连锁商业企业和农民专业合作社，发挥网络、信息、配送等优势，建设农产品生产基地，建立新型鲜活农产品供应链。政府给予政策、配送人员及车辆支持。坚持因地制宜，试点先行，根据不同地区经济发展水平、连锁商业企业实力、城乡居民收入水平等实际情况，采取不同的发展模式稳步推进。在大中型城市选择部分大型连锁商业企业和部分农民专业合作社进行鲜活农产品"农超对接"试点。坚持贸农结合，以商促农。以大型连锁超市为基础，与农民专业合作社相结合，建立新型农产品流通渠道，贸农结合，以商促农，促进连锁企业产业链的延伸和农产品供应链的整合。

保障措施：一是加大政策扶持力度，落实农产品仓储设施建设用地按工业用地对待政策，鼓励地方政府安排相应资金；二是拓宽投融资渠道，协调金融机构对鲜活农产品"农超对接"予以信贷支持，通过政策杠杆引导社会资金，加大对鲜活农产品基础设施的投入；三是培育农产品现代流通人才，扩大国际交流合作；四是要加强组织落实。

流通主管部门负责组织试点连锁超市，农业主管部门负责组织本辖区内产业基础牢、产品规模大、质量安全优、品牌效应好、农户成员多的优秀农民专业合作社，通过定期举办专卖场对接洽谈会、产品展示推介会等形式，为超市与农民专业合作社搭建对接平台。连锁超市要给予农民专业合作社市场信息、加工包装技术、运储以及价格等方面的支持服务和优惠。

任务二　农校对接

一、含义

"农校对接"即农产品与高校食堂直接对接,高校食堂需要什么,农民就生产什么,这样既可以避免生产的盲目性,稳定农产品销售渠道和价格,又可以减少流通环节,降低流通成本。

在我国,目前"农校对接"是为了实现农民专业合作社与高校食堂的对接,实现农民增收、学生受益这一双赢局面。它可以减少高校农产品采购环节,降低学生食堂采购成本,能够更好地保障学生食品安全,对促进高校稳定和农民增收具有重要的意义。

二、"农校对接"工作的好处

第一,可以减少农产品采购的中间环节。通过"农校对接",可在较大程度上降低学生食堂的采购成本,更好地保障食品安全,对做好学生食堂工作、促进高校稳定,具有重要的意义。

第二,有利于促进农民订单式生产。开展"农校对接",可以提升农民标准化种植水平,促进农民增收。

第三,有利于建立可追溯源头的食品安全保障体系。

第四,有利于加快冷链物流体系的建设规模和速度,提升农民专业合作社发展水平,建立农产品现代流通体系。

此外,有利于扩大消费,吸收城乡就业;对转变经济增长方式,调整产业结构,促进城乡统筹、协调发展具有重要的意义。各试点地区和高校要把这项工作作为一项重要工作,切实抓紧抓好。

三、"农校对接"工作的指导思想、基本原则与主要目标

(一)指导思想

以科学发展观为指导,整合市场资源,减少农产品流通环节,促进为学生食堂服务的流通系统冷链体系建设,构建流通成本低、运行效率高、可追溯食品安全源头的农产品直供高校服务体系。

(二)基本原则

坚持政府引导、市场化运作的原则。通过政府的政策引导和资金支持,按照市场原则,调动各有关方面的积极性,有效整合农民专业合作社、大型连锁商业企业及高校后勤市场资源,以校促商,以商促农。

(三)主要目标

到 2012 年为止,试点地区城市的高等学校通过现代新型冷链物流体系和农民专业合作社,从农产品基地直接采购比例要达到 50％以上,并建立从产地到销售终端的可追溯源头的农产品食品安全的冷链物流体系。

四、"农校对接"工作的主要内容

(一)加大鲜活农产品现代流通设施投入

加快应用农产品现代流通技术是鲜活农产品现代流通的根本体现。当前重点是加强鲜活农产品冷藏冷冻设施投入,对进入高校的部分鲜活农产品试行强制性冷链流通,降低鲜活农产品损耗,保障鲜活农产品质量。

(二)增强进入高校鲜活农产品加工配送能力

鲜活农产品高效物流配送是鲜活农产品进入市场的重要环节,也是降低

鲜活农产品损耗率、提高农产品增加值的重要途径。支持有关企业和农民专业合作社通过新建鲜活农产品配送中心,在现有基础上增加鲜活农产品配送功能、发展第三方农产品物流配送等多种方式,建立与农产品生产基地规模及高校需求相适应的物流配送体系。

(三)提高信息化管理水平

强化鲜活农产品信息系统建设,广泛推广数字终端设备、条码技术、电子标签技术、时点销售系统和电子订货系统等,进一步推广品种类管理和供应链管理等现代管理技术。支持各地高校后勤行业组织尽快建立公开、公平的电子信息采购平台,充分发挥电子商务订单、配送一体化的优势,引导高校源头采购安全农副产品。通过电子信息技术,实现高校系统与有关方面业务流程的融合和信息系统的互联互通,提高市场反应能力,建立鲜活农产品质量可追溯体系。

(四)扩大从农民专业合作社直采农产品规模

加快扩大从农民专业合作社直采鲜活农产品的步伐。要广泛宣传和大力支持生产规模较大、质量安全水平较高、拥有自主品牌的农民专业合作社向高校提供质量安全可靠的农产品,促进农民专业合作社鲜活农产品销售规模的扩大。

(五)建立"农校对接"渠道

各职能部门要各负其责、协调配合,组织农民专业合作社、大型连锁商业企业和当地高校,通过定期举办专场对接洽谈会、产品展示推介会等形式,为有关各方搭建对接平台,疏通对接渠道。

五、"农校对接"工作的政策保障

(一)加大政策扶持力度

落实农产品仓储设施建设用地按工业用地对待政策。鼓励地方政府安排相应资金,重点扶持发展鲜活农产品冷链系统建设,支持鲜活农产品"农校对接"经营。

（二）拓宽投融资渠道

通过政策杠杆引导社会资金加大对鲜活农产品生产和流通基础设施的投入。协调金融机构对鲜活农产品"农校对接"予以信贷支持，对相关项目申请贷款提供技术指导。

（三）加强组织落实工作

试点地区各职能部门要按照党中央国务院的有关文件精神，各尽其职、密切配合、认真组织，加快推动"农校对接"试点工作。要积极探索实现"农校对接"的有效机制、模式和政策措施，解决试点过程中遇到的各种问题。要及时总结试点经验，并将试点工作进展情况报送教育部发展规划司。

（四）协调部门：教育部办公厅　农业部办公厅　商务部办公厅

"农校对接"和"农超对接"后，国家提出的又一项利于农民生产、销售农产品的重点项目之一。农校对接项目专员任志磊，负责国内企业与高校后勤的对接协调工作。

任务三　农企对接

一、含义

"农企对接"指的是企业（食品公司）在购进蔬菜时，取消所有的中间环节，直接与菜农对接。具体种植计划和蔬菜收购全部由公司的采购部负责。与菜农直接对接后，种植计划全部由公司制订，实行"订单式种植"。种什么菜，种多少；哪天种，哪天收，哪天交售，全部按照种植计划进行。

例如：河南河南寨、东邵渠、西田各庄3个镇与大象食品公司，在生产中减少中间环节，实现农企对接，目前我县已有30余户菜农成为公司的鲜菜直接供应商。按照订单生产叶萝卜、雪里红、小萝卜3种蔬菜，将为30多户菜农直接增加收入 16.8 万元。泡菜的生产量也明显增加,市场份额不断扩大。

二、好处

第一,帮助农户解决了"卖难"问题;

第二,农企对接不仅减少了农产品流通环节,而且降低了流通成本;

第三,还有利于实现农产品质量从农田到餐桌的全程控制。

农企对接受益的不但是农民,企业也乐在其中。例如,浙江青莲食品股份有限公司就成功与常山县龙翔养殖有限公司生猪养殖场签订了合作协议,约定收购 2 万头生猪,涉及金额近 4000 万元,"随着人们对猪肉质量安全越来越重视和企业屠宰加工业务的逐步扩大,我们一直希望能够找到一些安全、优质的生猪供应基地。""青莲"副总经理金爱明说,在同"龙翔"洽谈后,对其生态化的养殖方式十分感兴趣,而"龙翔"生猪场也正想找个长期稳定的销售商,双方可谓一拍即合。所以,"保证农产品质量和货源供应,是完善农企双方合作机制的关键"。

三、农企对接的关键一环——政府搭台

农企对接,需要政府来搭台,近年来浙江省农企对接活动一年比一年火爆,与各级政府和农业主管部门的重视和努力息息相关。

农企对接会不但能促进农业区域经济加快发展,也是稳定"菜篮子"市场、推进产地和消费地建设的有效举措。例如:浙江省衢州、丽水地区生态优良,农业资源丰富,是该省重要的农业产区,有序引导农业龙头企业与该地对接,有利于向当地输送现代农业经营理念、方式、技术等,加快这些地区农业的发展。陈龙认为,加强农企对接也是解决"菜篮子"问题的一条重要途径,可通过促进产销对接,减少流通环节,降低流通成本,使居民得到实惠、农民促进增收。再比如,浙江省慈溪市着眼招商带动,在杭州湾现代农业综合区引入世界 500 强企业泰国正大集团等 5 家国内外大型农业企业落户,累计完成招商引资 31.5 亿元。

四、保障措施

当前和今后,国家将围绕使合作社成为引领、参与国内外竞争的现代农业组织的目标,"加大扶持力度,加强规范引导,加强指导服务"。浙江省农业厅相关负责人也表示"农企对接需要政府扶其上马,还要再送一程,使之尽快适应市场",并对合作社、基地参与农企对接提出以下保障措施。

第一,政策支持。政府将采取"招商"工作,不断拓宽合作社参与农超对接的渠道,鼓励他们建立长期、稳定、紧密的对接关系。

第二,同时要支持农业主体参与投资,建设冷链系统、加工配送、检验检测等配套设施等,以保障农产品的质量安全。

第三,普及推广农业技术,促进了农业生产力水平的提高。合作社率先实行标准化生产,进一步提高农产品质量安全的水平。

第四,进一步健全政策支持体系,鼓励、支持合作社走向联合,研究支持合作社开展内部信用合作的办法,推动出台支持大学生参与和领办合作社的政策,加强合作社的财务管理、信息化建设和人才培养等工作。

近年来,以对接为主的合作社产销对接活动越来越多。因此,需要进一步扩大合作社产品的展销活动,促使政府引导社会各界积极参加到对合作社产品的展销展示中来。

▷ 项目训练

素质题:详述农超对接的机制。
技能题:撰写合作社农超对接供应链模式。
知识题:简答合作社几种与市场对接方式的不同及优缺点比较。

项目五

我们所讲的合作社,就是小产业者自助互助的团结,专赖集小为大、积少成多的力量,结合许多社员,即从这些社员自己力量谋相互产业的发达和排除相互的不利。

——于树德

合作社的业务经营

▷**素质目标**

通过本项目学习全面掌握合作社业务经营。

▷**技能目标**

1. 掌握订单农业的风险防范措施;

2. 全面了解农产品生产基地的建立与管理;

3. 填写合作社经营业务的种类;

4. 填写农产品标准化流程;

5. 描述农产品(无公害农产品、绿色食品、有机食品)质量认证的一般流程。

▷**知识目标**

1. 了解订单农业的分类、风险防范的一般措施与救济;

2. 熟悉合作社业务流程与规范;

3. 掌握合作社要素经营与管理;

4. 熟悉农产品质量认证的流程与申报。

▶重点内容网络图

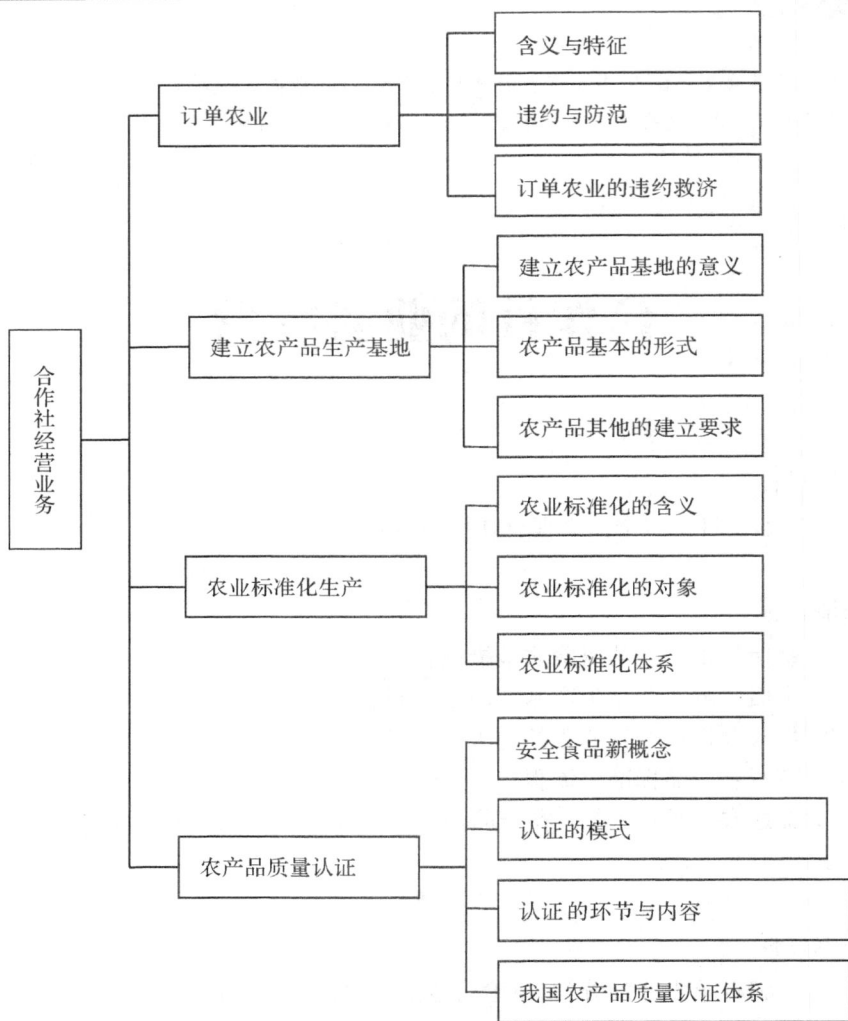

```
                              ┌─────────────────────────┐
                     ┌────────┤ 含义与特征              │
                     │        └─────────────────────────┘
           ┌─────────┤        ┌─────────────────────────┐
           │订单农业 ├────────┤ 违约与防范              │
           └─────────┘        └─────────────────────────┘
           │         │        ┌─────────────────────────┐
           │         └────────┤ 订单农业的违约救济      │
           │                  └─────────────────────────┘
           │                  ┌─────────────────────────┐
           │         ┌────────┤ 建立农产品基地的意义    │
           │         │        └─────────────────────────┘
   ┌───────┤建立农产品│        ┌─────────────────────────┐
   │合作社 │生产基地 ├────────┤ 农产品基本的形式        │
   │经营   │         │        └─────────────────────────┘
   │业务   │         │        ┌─────────────────────────┐
   │       │         └────────┤ 农产品其他的建立要求    │
   └───────┤                  └─────────────────────────┘
           │                  ┌─────────────────────────┐
           │         ┌────────┤ 农业标准化的含义        │
           │         │        └─────────────────────────┘
           ┌─────────┤        ┌─────────────────────────┐
           │农业标准化├────────┤ 农业标准化的对象        │
           │生产     │        └─────────────────────────┘
           └─────────┘        ┌─────────────────────────┐
           │         └────────┤ 农业标准化体系          │
           │                  └─────────────────────────┘
           │                  ┌─────────────────────────┐
           │         ┌────────┤ 安全食品新概念          │
           │         │        └─────────────────────────┘
           ┌─────────┤        ┌─────────────────────────┐
           │农产品质量├────────┤ 认证的模式              │
           │认证     │        └─────────────────────────┘
           └─────────┘        ┌─────────────────────────┐
                     ├────────┤ 认证的环节与内容        │
                     │        └─────────────────────────┘
                     │        ┌─────────────────────────┐
                     └────────┤ 我国农产品质量认证体系  │
                              └─────────────────────────┘
```

任何一个农民专业合作社既要抓好组织建设,又要抓好生产经营,而当今抓好生产经营的根本之路就是抓好品牌与质量建设。合作社要抓好农产品生产质量控制,根本出路在于农民对合作社的服务依赖,特别是销售依赖。

> 案例一

故城县"三豆"产业化经营合作社

故城县"三豆"产业化经营合作社是个以农民为主体,以外贸出口为依托,以地方特产甘珠牌"三豆"(即红小豆、绿豆、乌皮青仁豆)为主营产品,集生产、加工、销售为一体的农民专业合作社。合作社现有社员2100多名,总资产800万元,基地种植面积5万多亩,涉及到周边7县、50乡、400多村,带动2万多农户,累计实现农民增收6000多万元。

一、完善合作社运行机制,坚持规范发展

故城县"三豆"产业化经营合作社的前身,是一个依托乡农业技术推广站兴办的经营实体。1990年,农技站利用自己的技术服务网络和与农民的紧密联系,引进推广了"冀红"系列红小豆优良品种,进行基地化种植。随着经营规模的不断扩大,1996年,他们组建了"三豆集团"。但是由于没有很好地把农民组织起来,市场好时,产品形成抢购;市场不好时产品又卖不出去,挫伤了农民种植的积极性。根据这一实际情况,他们转变实体的经营方式和组织结构,于2000年注册成立了故城"三豆"产业化经营合作社。合作社设有理事会和监事会,选举产生了理事长、15名理事,5名监事,具备规范的章程和健全完善的规章制度。合作社的运行机制为"一、二、三、四、五"。

采取一种模式:订单农业。合作社与每个种植户签订保护价收购协议,规定比当年市场价格高出5分钱的收购价格,既保证了合作社的货源组织,又让利于民,增加了农民收入。

确保两个增加:即增加社员收入,增加合作社效益。

实行三种股份:社会股、资本股、劳动(业绩)股。社会股实际就是组织股,合作社根据股东发展种植面积及回收产品的数量、质量分配红利,实行多劳多得,同时根据合作社盈余核加红利。资本股是社员在交纳产品结算时比不入股的社员每斤高出的差价,年终结账时,再核加二次红利。资本股股金不固定,入股时间可长可短,股金数额可多可少,完全根据本人意愿确定。劳动(业绩)股主要是指入会的农民经纪人,根据交货的数量和质量核发二次分红数额。

坚持四个结合:统一种植与分散管理相结合,技术培训与物资服务相结合,典型示范与多元带动相结合,组织引导与利益联结相结合。

保证"五项统一":统一种植品种,统一签署订单,统一生产标准,统一技术指导,统一产品收购。

由于坚持规范发展,2002年该社被评为"河北省十佳农民专业合作经济组织",从2002到2006年连续三届被省政府认定为"河北省农业产业化经营重点龙头企业"。

二、壮大合作社自身实力,多方位促农增收

"三豆"产业化经营合作社的宗旨是服务社员,促进增收。本着这一宗旨,几年来,他们既注重自身发展,又注重为农民创收,充分利用多样化的出资构成、多形式的利益联结、多方位的产销服务,有效促进社员的增收。几年来,他们靠滚动发展,到目前共有收购货场、仓储库房3000平方米,具有国内先进水平的杂粮系列加工流水线一条,杂粮精品小包装设备3台套,综合办公楼1座,农民科技培训室2个,配备电脑、传真、复印、摄像等宣传设施6台套,总资产达到800万元。依靠自身实力,采取多种措施促进社员增收。一是引进新品种。创社初期,由于豆农种植的品种不好,产量低且品质差。为从根本上解决这一问题,从2002年开始,他们引进了冀红9301,产量每亩从170多斤发展到300多斤,高的达到了500多斤,靠这一项社员每亩年可多收入200多元。二是推广新技术。除每年坚持多次聘请专家授课外,他们还自办小报为农民提供信息,传授技术。通过引进、示范、推广新技术栽培,既增加了产量,又提高了品质。三是价格保障,对入社社员,合作社每斤收购价高于市场价格5分钱,仅这一项每年社员就获利200多万元。四是盈余返还,每年根据经营情况,为社员分红几十万元。几年来,合作社通过发展"三豆"生产,累计为农民增收6000多万元。

三、坚持现代农业发展理念,以组织化提升产业化

一是坚持标准化生产。他们坚持用现代化的农业理念,把绿色、无公害标准化生产作为主攻方向,加大科研和培训力度,提高产品科技含量,从而扩大产品知名度,增强产品的市场竞争力和占有量。产前,为社员统一提供优良种子;产中,提供技术指导,并严格种植标准;重要环节严格把关。在"三豆"生产的关键季节,合作社聘请专家教授到社员的田间、地块进行巡回指导,并组织专题讲座,及时无偿地为社员和种植户提供技术服务,确保了红小豆的标准化生产。二是实施品牌战略。他们把创名牌作为提高合作社知名度和经营效益的一项重要措施。他们的主导产品"甘珠"牌红小豆,连续6届荣获"河北省名优产品"称号,2003年通过了国家A级绿色食品认证和国际质量管理体系ISO9000认证,2004年被评定为"河北名牌产品"和"中国2004

年上海绿博会畅销产品"。同年,合作社所在地——故城县被授予"河北红小豆之乡"称号。2006年10月,在第四届国际农产品交易会上,"甘珠"牌红小豆被农业部评为"中国名牌农产品",是全国96家被授予"名牌农产品"称号中唯一的农民专业合作社品牌。"甘珠"牌红小豆现已远销日本、韩国和东南亚一些国家和地区,以及北京、上海、济南、石家庄、太原等一些大中城市,成为备受青睐的绿色产品。三是重视基地建设。基地是发展的基础,也是带动力量。他们有自己的园区,通过园区试验示范,引进新品种、新技术,确保社员种植的成功与高效益。四是抓产品深加工。从今年开始,他们与中国农科院农产品加工研究所合作开发了"红豆沙全粉""红小豆薄脆片""红小豆速溶颗粒"三个高科技新产品,现已研制成功。其中,"红豆沙全粉"成功申报国家专利,在北京第四届国际农产品交易会上试销,深受顾客欢迎。2007年投入批量生产,产品的深加工将会给社员带来更大的效益。

下一步,他们将按照《农民专业合作社法》的规定,进一步规范内部组织结构,完善制度和机制。重点围绕"品牌化、基地化、集约化、标准化、产业化"发展高标准园区。主要采取4项优惠措施:以优惠20%的价格为园区会员提供优种;园区产品订单回收每市斤加价0.8—1元;提供标准化生产的综合服务;对成方连片100亩以上的基地,无偿提供杀虫灯,并报销电费、补贴安装费。进一步增强对社员的服务力和带动力,加快社员共同致富的步伐。

(资料来源:http://baike.baidu.com/view/4965850.html)

▶案例点评

1. 兴办农民专业合作社主要目的就是为了维护社员和提高农民的利益所得,为此,最根本的不仅是股权安排、智力结构之类的组织建设,也是实实在在降低社员经营成本,提高社员收入,维护社员的利益。

2. 如今的时代,是一个产品普遍供过于求的时代,也是属于消费者说了算的时代。古城的三豆,能够卖出好价钱就是因为有了品牌,品牌意味着质量,意味着名声,意味着蕴含在产品中的文化,因此消费者就愿意出大价钱购买,生产经营者才有可能实现盈利。合作社的规模扩大,社员就更愿意接受合作社的安排和指挥,就更愿意参与合作社的各项活动,合作社就进入了良性循环的阶段。所以,任何一个合作社既要抓好组织建设,又要抓好生产经营,而今的时代抓好生产经营的根本之路就是抓好品牌。

实施品牌建设,一靠质量,二靠技术,三靠营销,四靠加工。这个合作社的经验充分证明,一是抓基地建设,坚持标准化生产,建立相应的管理制度,积极展开技术培训和经验交流,狠抓产品质量,对社员开展全程化服务和监督;二是通过园区试验和示范,引进新品种、新技术;三是积极实施品牌化营销战略,注册了商标,通过了绿色食品认证和ISO9000认证,产品被评为"河北名牌产品""中国名牌农产品";四是抓产品深加工,与科研单位开发了"红豆沙全粉""红小豆薄脆饼""红小豆速溶颗粒"三个高新技术产品,市场销路打开,产品远销日本、韩国和东南亚一些国家和地区,成为备受青睐的绿色食品。五年来,合作社累计为农民增收6000多万元,率先创出全国农业名牌产品,成为农产品加工出口创汇的龙头企业。

此外,这个合作社的股份有社会股、劳动(业绩)股、资本股三种。社会股就是给那些合作社股东、骨干(他们负责发展种植面积和回收产品)的"干股",多劳多得;资本股就是社员以股金形式给合作社的不定期的流动资金;而劳动股就是给那些帮助合作社收购农产品的经纪人的"干股"。其实,不必考虑这些股份的名称叫法,关键在于合作社的这些股份安排是明白的、适用的,是作为盈余分配依据的。

农民专业合作社的业务经营涉及订单农业、建立生产基地、标准化生产、质量认证等多项内容,把握好这些内容的基本概念、体制规则、行文规范、主要模式等,对于推动合作社发展壮大,提升合作社的竞争能力和推动合作社持续、快速、健康发展具有十分重要的意义。

任务一　订单农业

一、认知订单农业

(一)含义

订单农业是指农产品订购合同、协议,也叫合同农业或契约农业。这是合作社组织安排农产品生产的一种农业产销模式。签约的一方可以为农业企业、合作经济组织或中介组织(包括经纪人和运销户),另一方为农民或农民群体代表。订单中规定的农产品收购数量、质量和最低保护价,使双方享有相应的权利、义务和约束力,不能单方面毁约。

订单农业是指在农业生产之前,农户与龙头企业或中介组织签订具有法律效力的产销合同,由此确立双方的权利和义务关系,农户根据合同安排组织生产,企业或中介组织按合同收购农产品的一种农业经营形式。

因为订单是在农产品种养前签订,是一种期货贸易,所以也叫期货农业。农民说:"手中有订单,种养心不慌。"比起传统农业先生产后找市场的做法,订单农业则为先找市场后生产,可谓市场经济的产物,是一种进步。

在发达国家,订单农业是农业一体化的一种重要组织形式,发展历史悠久。参与订单农业的涉农企业趋于规模化,示范合作社的越来越起到主导作用。

(二)订单农业的组织形式

第一,农户与科研、种子生产单位签订合同,依托科研技术服务部门或种子企业发展订单农业。

第二,农户与农业产业化龙头企业或加工企业签订农产品购销合同,依托龙头企业或加工企业发展订单农业。

第三,农户与专业批发市场签订合同,依托大市场发展订单农业。

第四,农户与专业合作经济组织、专业协会签订合同,发展订单农业。

第五,农户通过经销公司、经济人、客商签订合同,依托流通组织发展订单农业。

(三)订单农业的特征

第一,合同当事人之间是一种合作关系而不是合资关系。就企业与农户的互利合作内容而言,多为企业为农户提供明确的价格保障,诱导农户投资于企业所需要的原料性产品的生产,并辅以配套的社会化服务,降低农户生产过程中的风险和生产成本。这就增加了农户的收入,也稳定了企业生产经营所需的原料供应,企业因此降低了原料采购费用及质量监督检验成本,节省了由于货源不稳定造成的机会成本,双方共享其利。

第二,合同主体的一方为独立生产的农户,是一群各自独立的权利主体。农户的聚居行为、生产的小规模及企业牵动能力和辐射能力的限制,使得农业产业化经营合同表现出一定地域范围内的规模特征,某一地区范围内与企业签订农业产业化经营合同的农户必须具有相当数量的规模才能保证企业加工生产的正常运转。因此,当区域内农户的违约行为发生频率较高时,企业往往倾向于重新选择基地,合同重复履行的可能性大大降低。

目前订单农业运行的主要模式是"龙头企业＋农村合作组织(经纪人)＋订单",尚处于尝试与探索阶段,既没有配套的金融环境支持,又没有专门的法律、法规引导和约束,监管体系也处于空白状态,完全属于农产品购销企业单方面的自主行为。在发达国家,订单农业视作一种直接的农业生产合作制度。

第三,企业与农户确立彼此之间长期稳定的经济关系。以从事农副产品加工或流通的城乡商贸企业为整个体系的枢纽,并形成所谓的龙头企业,组织生产并负责市场销售;以农民家庭经营和村级集体经营为主体的生产基地,按照与龙头企业签订的合同或协议定向生产,按时按质按量交售产品;以政府职能部门为主体的宏观调控体系,对一体化经营进行组织协调和宏观指导,使农、工、商、技结成风险共担、利益均沾、互惠互利、持续发展的经济利益共同体。

(资料来源:http://www.hninfo.gov.cn/govpublic)

二、订单农业的违约

(一)订单农业违约的客观原因

农业生产更带有很大的不确定性。

1. 农业生产过程的不确定性

生物本身生长过程及外部自然力量的多种不可控因素导致了农业生产活动要面临极高的自然风险,这使得农业产出水平呈现波动性。订单的内容也必然是确定性与灵活性相结合。

2. 农产品质量的不确定性

农业生产的生物学特性使得生物有机体,特别是个体受自身生长发育繁殖规律与自然环境条件的影响,产品质量具有高度的不确定性。正是这些不确定性导致了农业生产经营的高风险性,也由此带来违约问题。

(二)订单农业违约的主要表现形式

订单农业的违约主要表现为企业违约和农户违约。

1. 农户违约

农户违约可分为风险性违约和逐利性违约。风险性违约是指由于自然灾害导致的合同履行成本提高而发生的合同违约行为。逐利性违约是在市场价格高于合同规定的价格时而发生的违约,这是农民的逐利心理导致的违约。在履行合同时,如果市场上有了更高的价格,农民就有可能把按照订单生产的产品卖给价格高的收购者,进而形成违约,给经营订单农业的企业带来经营风险。

2. 企业违约

企业违约分为主观违约和客观违约两种:

(1)主观违约分为两种:一是欺诈性违约,表现为企业没有履行合同的计划,而是以订单农业的名义实施欺诈行为,高价出售种源及生产资料。二是逐利性违约,企业利用农产品的质量问题压级压价收购产品而导致的违约。

(2)客观违约是指因客观原因而导致无法履行合同,表现为企业充分预测产品的市场前景后确定没有能力收购合同产品。比如,企业主要依靠贷款来收购农产品,由于国家宏观调控,银根紧缩,企业无法申请到贷款,导致农户的农产品无处可销。

(三)订单农业违约的原因分析

1. 订单主体不明确

农业订单是双方法律行为,是买卖双方当事人意思表示一致的结果。农业订单涉及的买卖双方较复杂,订单的买方相对比较明确,主要有以下几类:农业产业化龙头企业或加工企业、经销公司、经纪人、客商等中介组织;订单的卖方是非常分散的农户。在实际操作过程中,一个企业通常不可能与诸多的分散农户逐一签订订单,为了减轻订单工作量,产销合同往往由收购企业与村级组织签订,合同附上农户名单,注明农产品的品种、价格和数量等内容。

2. 双方地位不平等

在订单农业合同中,众多分散的农户经济实力薄弱,适应市场的能力差,而龙头企业在与农户的关系中处于强势地位。龙头企业既是格式合同的提供者,又是格式合同的解释者,可能根据自己的利益需要任意曲解合同,使合同成为龙头企业手中的工具,随意转嫁风险。双方的不平等还体现在双方信息不对称方面。由于农村经济市场化程度低,市场流通渠道不畅通,再加上行政干涉,全国性的统一市场不能形成,龙头企业作为垄断者,切断了远方市场和当地市场的联系,起到了分割市场的作用,形成双方间严重的信息不对称,双方对对方履约行为的监督,都存在成本高、难度大的问题。

3. 订单内容不具体、格式不规范

订单农业合同具有高风险性的特点,主要是市场风险、自然风险和政策风险等,使得市场供求关系变化大,农产品的价格波动也较大,而合同标的价格往往以市场价格或者保护价格的形式出现,很难反映价格风险的承担问题,一旦市场变化,当事人可能拒绝履约而转移价格风险。合同标的质量也是合同的重要内容,它关系到合同价格和合同能否完全履行的问题,但由于农产品质量很难标准化控制,其判断标准又往往掌握在龙头企业手中,缺乏公正性,还有些订单过于简单,合同的主要条款如合同的履行期限、地点、方式、违约责任表述不清楚,为日后的履行埋下隐患。农业订单是民事法律行为,订单的形式法律没有特殊规定,可以采取口头、书面或其他形式,但农业订单涉及主体较多,金额较大,为保证发生合同纠纷时有据可循,农业订单一般来说至少应采用书面形式,但目前仍存在着大量的口头农业订单,影响了农业订单的履约率。

4. 当事人法制观念淡薄、履约意识不强

企业和农户签订合同后履约过程中都有一个通病,就是"卖涨不卖跌"或"买跌不买涨",即履约时如市场价高于订单约定价,农户就不履行订单,而把产品按市场价卖给他人。而企业也很无奈,面对形如散沙的农户,企业根本无法去逐个打官司。同样,当市场价低于订单约定价时,企业也可能不去收购农户的产品,甚至有些根本无意履约,以农业订单的名义实施合同欺诈行为,严重损害了农民的利益。

三、订单农业违约的防范

对于以上订单农业的违约行为,不论是哪一方造成,都会对订单农业产生危害,影响订单农业的健康发展,因此,应该采取合理的途径规避。具

体有:

1. 加强对农民的法制教育,增强合同意识,打破"法不责众"的观念,使订单真正具有对农民履约的约束力。

2. 要建立起农民与龙头企业相对稳定而长远的关系。使双方相互信任、相互依存、相互发展。

3. 在企业与农民签订订单时,政府与相关的服务部门应履行监督管理的义务,增加合同的约束力。这样,既有利于保护农民订约的权利,促进农民生产的积极性,又有利于平衡订单企业的利益,减少其风险,有助于订单农业的健康、稳定发展。

四、订单农业的救济——确立农业订单为预约合同是一种解决思路

基于订单农业的特殊性,农民与企业签订的农业订单并不是最终确定的合同(即本约),而是预约合同,是保证本约实现的合同。

《中华人民共和国合同法》中对预约一般将其定义为:"约定将来订立一定合同的协约。"预约合同本质上是合同,理应具有一般合同的特征,但它也具有某些特殊之处,即内容的确定性和灵活性。这主要是相对于本约而言的,预约内容应当具有一定的确定性,只有内容相对确定才能日后据以请求订立本约,这也使预约区分于仅仅作为订约环节中的磋商、谈判等程序。

但是由于某些条件的不成熟,内容又不可能非常确定,这就给当事人留下了继续谈判的空间。这一特征在农业订单中表现得非常突出。由于农业生产的不确定性,订单的内容也必然是确定性与灵活性相结合的。

任务二 建立农产品生产基地

建立农产品基地是实现产业化经营、标准化生产、加工、促进农业结构调整的重要途径,建立农产品生产基地,促进农业标准化生产,优化农产品区域布局和延长农业产业链条,提高农产品的综合利用效率,转化增值水平和农

产品质量,有利于提高农业综合效益和增加农民收入。随着市场经济的发展和全球经济一体化的推进,传统农业生产方式与市场经济越来越不适应,农民专业合作社如果还分散生产传统农产品,不仅难以适应市场的要求,而且难以取得良好的经济效益。无论是种植类合作社,还是养殖类合作社,都应利用当代科技进步的新成果,引进优良品种和先进的种、养、加工技术,建立生产、加工基地进行标准化生产和加工。

尤其是我国当前在食品领域推行的无公害、绿色、有机产品认证,要求产品必须是在国家认定的生产基地生产,而且对生产基地做出了严格的规定和要求。对农产品生产基地进行管理显得更加重要。

一、农产品生产基地含义

农产品生产基地就是为了满足某种特定需求,人为确定或形成的具有一定幅员和产量规模的农产品生产区域。它一般以某类农产品的营销、加工企业(龙头企业)为依托,在当地的农产品生产中占有重要地位,能够长期稳定地向龙头企业或市场提供较大量的农产品的区域。如水果、蔬菜、畜牧、渔业等各种生产基地。

二、建立农产品生产基地的要求

农民专业合作组织应该积极推动农产品生产基地建设,条件好、经济实力强的农民专业合作组织可以自建生产基地,经济实力不强的专业合作社,应积极与各类加工龙头企业连锁超市联系,获得他们的支持,或与他们联合创建农产品生产基地。农民专业合作社生产基地应当选择在交通便利、便于管理、不易受到污染的地方,生产基地要积极引进农业生产的新技术、新工艺,严格控制化肥农药的使用,建立健全质量控制措施,根据自己条件,按照国家无公害、绿色有机食品产品基地生产、操作和管理的要求,加强生产基地的管理,争取成为国家无公害、绿色或者有机食品基地。农产品生产基地一般有以下几个方面的要求:

(一)在规划上,强调生产的专业化和种植的区域化,有规模才有批量,有批量才有市场竞争力。在规划上,强调生产的专业化和种植的区域化使基地尽可能成方连片,形成规模;要通过核心示范区建设,在尊重农民生产经营自主权的前提下,引导千家万户向优势产区集中,实现小生产大规模。建设优质农产品基地,要与发展农产品加工业的规模和市场需求相适应,既要有龙头骨干企业,又要有市场、有特色、有潜力的农民专业合作社等农民经济组织来带动。

(二)在基地管理上,强调生产技术规程的组织实施,实行标准化生产,推行农资供应、病虫害(疫病)防治等统一服务;实行标准化生产,保证产品质量安全;推行标准化生产和产品质量认证,组织实施生产技术规程,实行标准化生产,做到统一培训、统一种植、统一管理、统一施药、统一施肥、统一采收。规范农药和肥料等投入品的购置、施用;建立和完善农产品的检验、检测和安全监控体系。积极申报农产品质量认证,以及出口企业的各种国际认证。培育具有地方特色的名牌农产品,提高基地产品的市场知名度和市场竞争力。

(三)在运作模式上采取基地建设与日常管理相统一的运行机制,如"公司＋农户""公司＋合作社＋农户"或"合作社＋农户"等运作模式,实现基地的生产、经营、管理的一体化发展。同时要注意以下几个问题:

第一,注意以市场需求为导向。要根据市场的现实需求和潜在需求来选择生产项目,发展优质、安全、生态、方便、营养的农产品,以开拓农村、城镇和国际市场为目标,不断适应和满足市场需求。

第二,注意发挥地方比较优势。要根据比较优势的原则,按照"一村一品、一乡一业"的发展思路制订区域规划,因地制宜,发挥本地的资源、经济、市场和技术优势,依托优势农产品的专业化生产区域,推进优势、特色农产品加工业发展,逐步形成农产品生产和加工产业带,实现农产品加工与原料基地的有机结合。

第三,注意引进新品种,采用先进适用技术。要依靠新科技,解决产品科技含量低、单产水平低、品质质量低、综合效益差等问题。积极引种、试种(养)和推广国内外的高效农业产品,促进农产品品种的改良和更新换代。保护和发展具有民族特色的传统技术,选用先进适用的技术和绿色、无公害生产技术装备,鼓励积极引进和开发高新技术。

另外,发展和保护相结合。生产基地建设要坚持高标准、严要求,积极采取保护生态环境的措施,发展可持续农业。

三、当前我国农产品生产基地的主要形式

当前我国农产品生产基地的形式主要有以下几种：

（一）传统产业提升型

这一类型主要是依托传统优势产业，适应市场需求的变化，调整产品结构，通过技术更新，实施良种化工程，加强品牌建设，实现传统产品的提质增效，带动名优产品的规模化基地生产。浙江省新昌县是传统的珠茶产区，多年来，当地通过茶树良种化建设，大力开发名优茶生产，打响大佛龙井品牌，形成了名优茶的规模化生产。

（二）龙头企业与市场带动型

通过培育和发展农产品加工龙头企业，扶持中介组织和购销大户，加强市场体系建设，打开农产品销售渠道，促进生产与企业、市场的有机衔接，推动农产品基地建设。浙江省长兴县5万多亩青梅基地的形成，就是通过引进和兴办加工龙头企业，发展订单农业，实现与农民利益的连接，促进基地逐步扩大，使之成为全省规模最大的青梅生产基地。

（三）工商企业投资型

工商业主反哺农业、投资农业，凭借其先进的管理理念，通过租赁等土地使用权的流转，直接投资兴办各类特色农产品基地。这种趋势在个私经济发达的浙江温州、金华、绍兴等地区更为明显。

（四）科技人员领办型

科技人员利用技术优势，创办或通过技术入股等形式创建基地。浙江丽水莲都区由浙江大学动物科学院与该区个人共同投资组建的绿山禽业公司，采取"公司＋农户"的方式，建立了50万羽的土鸡生产基地。该区两位掌握畜禽饲养技术的人员，共同兴办以生产白羽鸡为主的养殖场，形成了年饲养量100万羽的生产规模。

(五)农民专业合作社创建型

目前,许多农民专业合作社都根据自己的经营项目建立了生产基地。农民专业合作社的生产基地建设是以本身的能力和条件为基础,因此规模不一定很大,但是由于采取了标准化生产和标准化管理,产品的质量安全得到保证,经济效益得到明显提高。四川省岳池县莲桥米粉生产合作社,不断扩大米粉专用稻基地规模。2007 年,合作社的基地面积达到 10 万亩,确保了优质原材料的供应,壮大了米粉产业。

四、合作社建立农产品生产基地的重要意义

(一)有利于引导农民以市场为导向调整生产结构

合作社建立农产品生产基地,有利于引导农民以市场为导向调整生产结构,选择种植品种,弥补农村市场信息不畅的缺陷,促进农业结构调整。例如,鼓励农产品的精深加工和工业化生产,变季节产品为常年产品,变短线产品为系列产品,避免农产品集中销售的市场风险,实现农产品加工转化增值等。

(二)有利于推进农业产业化经营

合作社建立农产品生产基地,有利于推进农业产业化经营,农产品生产基地建设为推动农产品加工业发展创造了有利条件,从而可以促进优化农产品区域布局和延长农业产业链,提高农产品的综合利用、转化增值水平,有利于提高农业综合效益和增加农民收入。同时,农产品加工业的发展,还可以吸纳农村富余劳动力就业,增加农民收入。

(三)有利于使农户由分散进入市场转变为有组织地进入市场

合作社建立农产品生产基地,有利于使农户由分散进入市场转变为有组织地进入市场,使农业的生产经营更符合市场贸易惯例,有效实现小生产与大市场的链接。例如,通过发展订单农业,解决农民的后顾之忧,提高他们的市场竞争力。农民通过专业合作组织来销售农产品,购买生产资料,就可以

使多个成员到市场进行的多次交易变为一次交易,由于交易费用与交易次数成正向关,成员的数量越多,交易的市场越复杂,则农民专业合作社节约交易的费用就越明显。

(四)有利于推进"科技兴农"战略

由于劳动力成本和农业生产资料价格的不断攀升,农业生产成本不断提高,比较效益逐步下降,因此导致农民无心也无力增加投入,从而影响先进技术的采用。通过农产品生产基地建设,引进和推广先进技术,能有效解决这个矛盾,是"科技转化为生产力"的重要一环,扮演着科技"播种机"的角色。同时,通过农民专业合作社组织,成员可以联合购买使用大型的生产资料,如农业机械、加工设备等,降低独立购买这些生产资料时必须支付的消耗成本,可以统一批量采购农用生产资料,获得较低的市场价格,可以联合引进,使用先进的技术,降低单个农户提高技术水平的成本。

(五)有利于实施生产技术规程,推动农业标准化工作的进程

发展农产品生产基地,有利于按照市场需求推广优良品种,采取统一的生产技术规程,实施统一的产品质量标准,进行统一的培训和管理,提高农产品质量,加快农业标准化进程。建立农产品基地可以很好地统一技术标准,创造产品品牌,实现规模效益。单个农户规模小,注册申请一个品牌是不可思议的事情,但是通过合作社组织就可以把生产同类产品的农户联合起来,统一技术标准,建立自己的农产品品牌,提高农产品的附加值。

此外,有利于提升我国农业和农产品的国际竞争力。我国加入世贸组织后,农业直接面对激烈的国际农产品市场竞争。农产品生产基地的建立,特别是基地生产的具有质量安全保障的农产品,为我国农产品参与国际市场竞争提供了平台,有利于我国农产品开拓国际市场,提升国际竞争力。

任务三 农业标准化生产

一、农业标准与覆盖范围

(一)农业标准

农业标准,即以农业为对象的标准。也就是说,农业标准可认为对农业生产中重复性事物和概念所作的统一规定。它以科学技术和实践的综合成果为基础,经有关方面协商一致,由主管机构批准,以特定形式发布,作为共同遵守的准则和依据。

(二)农业标准的覆盖范围

农业标准的规范覆盖领域很宽泛,覆盖了种植业、林业、畜牧业、水产业等各个产品大类的生产领域,其中涉及粮食、棉花、油料、水果、蔬菜、肉类、水产品、木材、烟草、茶叶等主要农产品,包含了种子、种苗、种畜禽和栽培、养殖、病虫害防治、动植物检疫等多种农艺技术。

二、农业标准化与标准化的对象、内容

(一)农业标准化

农业标准化是指以农业为对象的标准化活动。具体来说,它是指为了有关各方面的利益,对农业经济、技术、科学、管理活动中需要统一、协调的各类对象,制定并实施标准,使之实现必要而合理的统一活动。

其目的是将农业的科技成果和多年的生产实践相结合,制定成"文字简明、通俗易懂、逻辑严谨、便于操作"的技术标准和管理标准向农民推广,最终生产出质优、量多的农产品供应市场,不但能使农民增收,同时还能很好地保

护生态环境。其内涵就是指农业生产经营活动要以市场为导向,建立健全规范化的工艺流程和衡量标准。

农业标准化采用"统一、简化、协调、选优"的原则,对农业生产产前、产中、产后的全过程,通过制定标准和实施标准,促进先进的农业科技成果和经验较快地得到推广应用。

(二)农业标准化的对象

农业现代化的主要特征就是产品的商品化、批量化、规范化、集约化,最终提高产出率,提高经济效益。要达到这样的目标和要求,必须实行标准化的管理和监测,并贯穿于整个农业生产的全过程,诸如产、供、销和技术的推广应用等方面,都应该实行标准化。

农业标准化是指在农业内获得最佳秩序,它包括制定、发布和实施标准的过程。其重要意义是改进产品、过程和服务的适用性,防止贸易壁垒,促进技术合作。

农业标准化的主要对象有:农产品、种子的品种、规格、质量、等级、安全、卫生要求;试验、检验、包装、储存、运输、使用方法;生产技术、管理技术、术语、符号、代号等。

▷ 即问即答

问:农业标准化的实质是什么?
答:"通过制定、发布和实施标准,达到统一"是标准化的实质。

问:农业标准化的目的是什么?
答:"获得最佳秩序和社会效益"是标准化的目的。

(三)农业标准化的主要内容

农业标准化的内容十分广泛,主要有以下七项:

1. 农业基础标准

农业基础标准,是指在一定范围内作为其他标准的基础,并普遍使用的标准。它主要是指在农业生产技术中所涉及的名词、术语、符号、定义、计量、包装、运输、贮存、科技档案管理及分析测试标准等。

2. 种子、种苗标准

它主要包括农、林、果、蔬等种子、种苗、种畜、种禽、鱼苗等品种种性和种子质量分级标准,生产技术操作规程、包装、运输、贮存、标志及检验方法等。

3. 产品标准

它是指为保证产品的适用性,对产品必须达到的某些或全部要求制定的标准。主要包括农林牧渔等产品品种、规格、质量分级、试验方法、包装、运输、贮存、农机具标准、农资标准以及农业用分析测试仪器标准等。

4. 方法标准

它是指以试验、检查、分析、抽样、统计、计算、测定、作业等各种方法为对象而制定的标准。包括选育、栽培、饲养等技术操作规程、规范、试验设计、病虫害测报、农药使用、动植物检疫等方法或条例。

5. 环境保护标准

它是指为保护环境和有利于生态平衡,对大气、水质、土壤、噪声等环境质量、污染源检测方法,以及其他有关事项制定的标准。例如水质、水土保持、农药安全使用、绿化等方面的标准。

6. 卫生标准

它是指为了保护人体和其他动物身体健康,对食品饲料及其他方面的卫生要求而制定的农产品卫生标准。主要包括农产品中的农药残留及其他重金属等有害物质残留允许量的标准。

7. 农业工程和工程构件标准

它是指围绕农业基本建设中各类工程的勘察、规划、设计、施工、安装、验收,以及农业工程构件等方面需要协调统一的事项所制定的标准。如塑料大棚、种子库、沼气池、牧场、畜禽圈舍、鱼塘、人工气候室等。

8. 管理标准

它是指对农业标准领域中需要协调统一的管理事项所制定的标准。如标准分级管理办法、农产品质量监督检验办法及各种审定办法等。

▷ 知识拓展

我国的农业标准体系

我国的农业标准体系主要是指围绕农林牧副渔各业,制定的以国家标准为基础,行业标准、地方标准和企业标准相配套的产前、产中、产后全过程系列标准的总和,还包括为农业服务的化工、水利、机械、环保和农村能源等方面的标准。

农业标准可分为国家标准、行业标准、地方标准和企业标准四种类型。农业标准涉及的面很广,不但有农业的基础标准、种子质量标准和农产品质量标准,而且还有农业生产和管理技术标准、农业环境保护标准和农业经济管理标准等。

农业标准又可分为强制性标准和推荐性标准。与安全、卫生有关的技术要求,重要的涉及技术衔接通用技术语言和国家需要控制的检验方法,种子与重要农产品的国家标准、行业标准以及法律、行政法规规定强制执行的标准是强制性农业标准,其他农业标准是推荐性标准。如:浙江湖州南浔镇的"莲庄葡萄系列标准"中有苗木标准、栽培技术标准、商品果标准,其中苗木标准为强制性标准,栽培技术、商品果标准为推荐性标准。

三、农业质量监测体系建设

农业质量监测体系是指为完成农产品质量的各个方面、各个环节的监督检验所需要的政策、法规、管理、机构、人员、技术、设施等要素的综合。它不但是农产品质量的基础保障体系,也是依据国家法律法规对产地环境、农业投入品和农产品质量进行依法监督的执法体系。除必要的政策法规和管理制度外,农业质量监督检验测试机构是这个体系的主体。

(一)农业质量监测体系的建设内容

农业质量监测体系建设的内容包括:建立健全相应的农业质量法律法规,可以依据的健全的农业标准体系以及完善的可以承担全部检验检测任务的质量检测机构。

农业标准化进程要求,以省部级农业质检机构为龙头,区域性农业质检机构为补充,市县级农业检测机构为骨干,生产基地、农产品市场、龙头企业检测室(站、点)为基础的质量监测体系。能够系统开展农产品质量、产地环境、农业投入品检测,覆盖生产、加工、流通各个环节,满足农业生产、环境保护、国内外市场准入与安全消费的需求,以保障农产品的无害化生产和消费。

（二）各级质检机构的任务与建设重点

省部级质检机构主要承担有关部门指定的质量监督检验和名牌产品评选、复查、跟踪检验；受有关部门委托，对实施证书管理的产品进行检验，对重要新产品、新品种投产和科技成果的鉴定进行检验；农业系统产品质量考核检验和产品质量分等分级检验；有关产品的质量仲裁检验；负责对有关企业和地方同类检验机构进行技术指导、技术咨询和人员培训；研究新的检验技术和方法，承担或参与有关国家标准、行业标准、地方标准和企业标准的制定、修订以及有关技术标准的实验验证工作。

区域性农业质检机构是在区域经济特点突出、地理位置有利于辐射周边地区，具备一定检测条件的地区建立的农业质检机构。除承担省里下达的检测任务外，主要负责当地及周边地区的农业质量检测，指导带动周围市县农业质量检测工作并及时向省有关部门反馈农业质量方面的信息。

市县农业部门质检站主要侧重于多功能的快速检测以及生产过程中的农业质量自查监控，以日常监督管理为主，在国家和企业检测之间起到纽带作用。除省部级质检机构和区域性综合检测机构所在地外，其他市县都应在现有农业部门实验室（检测站）的基础上，建设完善一个农业综合质检站。

基地、市场、企业检测室（站、点）主要是从源头上加强农产品质量监控，对生产、加工、流通的产品质量进行抽查、自检，确保产品质量和市场信誉。有关基地、市场和企业根据自身的发展需要建立适度规模的检测室（站、点）。

我国加入世界贸易组织后，世界贸易组织的规则就成了我国各行各业所遵循的贸易规则，农产品市场也一样必须接受国际市场的挑战和冲击，各个国家在市场竞争中，一方面提高农产品的质量，降低农产品成本，增强市场竞争力；另一方面利用各种严格的检测手段和标准，限制别国农产品冲击本国市场。如果我国农产品不按照标准生产，很难进入国际市场，甚至失去本国市场，所以说实施标准化是必要的，也是可行的。在这些方面，标准化具有十分重要的作用。进一步加强农业标准化工作，对改善农业生态环境、实施可持续发展战略具有十分重要的意义。

四、我国农产品质量安全标准体系的内容

农产品质量安全标准,是农产品质量安全监管的重要执法依据,也是支撑和规范农产品生产经营的重要技术保障。

农产品质量安全标准包括两个大的方面:一个是农产品质量和卫生方面的限量要求,另一个是保障人的健康、安全的生产技术规范和检验检测方法。

2008年新的《中华人民共和国食品安全法》颁布实施后,我国的食品安全标准包括农产品质量安全标准,执行统一的国家标准。在国家层面,现行的食品安全国家标准,合并了原有的食品卫生国家标准、食品质量国家标准和相关食品农产品安全方面的行业标准,体现了国家食品安全标准的协调性和统一性。截至2010年年底,农业部已组织制定农业国家标准和行业标准4800余项,有关农产品安全限量标准和检验检测方法标准1800多项。包括农产品产地环境、农业投入品、生产规范、产品质量、安全限量、检测方法、包装标识、储存运输在内的农产品质量安全标准体系基本构建。

农产品质量安全标准特别是安全限量标准,具有很强的约束性和法制性。标准制定的程序、方法和科学性、适应性、可靠性都非常重要。农产品质量安全标准的制定,有两个最基本的立足点:一个是要保障人体健康和安全,另一个是要有利于产业发展和环境安全。这也是国际标准制定的两个最重要的原则。中国在2007年成功成为国际食品法典农药残留委员会主席国,充分发挥中国在农兽药残留限量及其检测方法国际标准制定、修订过程中的推动作用。

没有标准,就没有规范市场经营的技术准则,就不能对农产品质量安全水平做评判,自然就没办法行政执法。按照"高产、优质、高效、生态、安全"现代农业的发展需要,为确保上市农产品生产规范、消费安全,"十二五"期间,农业部将继续加大农产品质量安全标准制定、修订的力度,规划新制定农兽药残留限量国家标准7000个,建立健全以农兽药残留限量标准为重点、品质规格标准相配套、生产规范规程为基础的农产品质量安全标准体系。重点强化省级农业行政主管部门加快跟进配套制定保障农产品质量安全的生产技术规范和操作规程,大力支持和鼓励地县两级农业部门制定符合当地农业生产实际的操作手册和明白卡(明白纸)。组织相关技术机构加快转化和参与

制定国际食品法典等国际标准,全方位开展 WTO 成员新出台技术性贸易措施的风险评估和官方评议,全面提升我国农业在国际标准制定、修订过程中的话语权。

任务四 农产品质量认证

一、认证与农产品质量认证机构

(一)认证的含义

认证,按照国际标准化组织(ISO)和国际电工委员会(IEC)的定义,是指由国家认可的认证机构证明一个组织的产品、服务、管理体系符合相关标准、技术规范(TS)或其强制性要求的合格评定活动。国际标准化组织(ISO)将产品认证定义为:"由第三方通过检验评定企业的质量管理体系和样品型式试验来确认企业的产品、过程或服务是否符合特定要求,是否具备持续稳定地生产符合标准要求产品的能力,并给予书面证明的程序。"

产品认证制度起源于 20 世纪初的英国,随着时代的变迁,已成为国际上通行的、用于产品安全、质量、环保等特性评价、监督和管理的有效手段。

如果一个企业的产品通过了国家著名认证机构的产品认证,就可获得国家级认证机构颁发的"认证证书",并允许在认证的产品上加贴认证标志。这种被国际上公认的、有效的认证方式,可使企业或组织经过产品认证树立起良好的信誉和品牌形象,同时让顾客和消费者也通过认证标志来识别商品的质量好坏和安全与否。目前,世界各国政府都通过立法的形式建立起这种产品认证制度,以保证产品的质量和安全、维护消费者的切身利益,这已经成为一种新的国际贸易壁垒。

▷知识拓展

质量认证的划分

质量认证划分为强制性产品认证和自愿性产品认证。

强制性产品认证，又称 CCC 认证，是中国政府为保护广大消费者的人身健康和安全，保护环境，保护国家安全，依照法律法规实施的一种产品评价制度，它要求产品必须符合国家标准和相关技术规范。强制性产品认证，通过制定强制性产品认证的产品目录和强制性产品认证实施规则，对列入《目录》中的产品实施强制性的检测和工厂检查。凡列入强制性产品认证目录内的产品，没有获得指定认证机构颁发的认证证书，没有按规定施加认证标志，一律不得出厂、销售、进口或者在其他经营活动中使用。

自愿性产品认证，在国内不在 CQC 认证要求的产品，基本上都可以称为自愿性产品认证产品。在欧盟不在 CE 认证要求的产品，也都是可以出口产品自愿性产品认证。

(二)我国法定的农产品质量安全认证机构

目前，我国法定的农产品质量安全认证机构是 2003 年农业部成立的农产品质量安全中心。该中心下设的种植业产品、畜牧业产品和渔业产品的 3 个分中心为法定的农产品质量安全认证机构，负责全国各类无公害农产品的认证工作。其中，农业部农产品质量安全中心渔业产品认证分中心，挂靠在中国水产科学研究院，分工负责渔业产品的具体认证工作。

农产品质量安全认证制度的确立，标志着我国农产品质量安全管理进入一个新的阶段。这对提高我国农产品质量安全水平，提高农产品的竞争力，保证农产品消费安全具有重大意义。

二、我国农产品认证模式

产地认证和产品认证两种并列进行。相辅相成，互相补充。

(一)产地认证

产地认证是产品认证的基础和前提，也是最重要的无公害水产品生产保障的措施。因为产地环境直接决定食品的安全水平。环境污染不仅直接影响生物的生长,而且污染物直接进入体内,造成食品中有害有毒物质超标,给人体带来急性中毒或者慢性危害。

无公害农产品特别是无公害水产品,产地环境是决定水产品质量的第一要素,尤其是对于养殖水产品,则是决定其产品质量的关键所在。产地环境一旦受到污染,不管你采取什么样先进的生产技术和先进的加工工艺,都不可能生产出质量安全合格的农产品。所以说良好的产地环境是确保食品安全的基础,应引起生产者和管理者高度重视。首先应做好无公害水产品养殖生产的产地认证工作,解决好从源头控制产地环境的问题,真正实现对食品安全性的全程控制。

(二)产品认证

对安全食品的产品认证,主要是指农产品的"三品"认证(无公害农产品、绿色食品和有机农产品的认证)。下面将在任务五中通过三个方面加以介绍。

任务五　农产品质量安全管理

随着科学技术的发展和人类文明的进步,随着环境的恶化和资源的短缺,人们对工业污染物及药物残留通过食物链传递危害人体健康的认识也越来越清楚。绿色无公害食品生产已经成为人们关注的焦点,世界各国都在推出具有各自特色的生态食品、自然食品、健康食品、有机食品等安全食品,我国也相继推出绿色食品、有机食品和无公害食品等,既兼顾中国国情又与世界经济相接轨的国家认证食品。同时,我国政府也把发展绿色无公害食品列为"十五"期间的重点工程,并于2001年在北京、上海等城市启动了"无公害食品行动计划"。

一、安全食品新概念

当代农产品生产需要由普通农产品发展到无公害农产品,再发展至绿色食品或有机食品,绿色食品跨接在无公害食品和有机食品之间,无公害食品是绿色食品发展的初级阶段,有机食品是质量更高的绿色食品。

(一)无公害食品

它是指产地生态环境清洁,按照特定的技术操作规程生产,将有害物含量控制在规定标准内,并由授权部门审定批准,允许使用无公害标志的食品。

无公害食品注重产品的安全质量,其标准要求不是很高,涉及的内容也不是很多,适合我国当前的农业生产发展水平和国内消费者的需求,对于多数生产者来说,达到这一要求不是很难。

(二)绿色食品

绿色食品概念是我们国家提出的,指遵循可持续发展原则,按照特定生产方式生产,经专门机构认证,许可使用绿色食品标志的无污染的安全、优质、营养类食品。由于与环境保护有关的事物国际上通常都冠之以"绿色",为了更加突出这类食品出自良好生态环境,因此定名为绿色食品。

为适应我国国内消费者的需求及当前我国农业生产发展水平与国际市场竞争,从 1996 年开始,在申报审批过程中将绿色食品区分为 AA 级和 A 级。

(三)有机食品

有机食品是国际上普遍认同的叫法,这一名词是从英文 Organic Food 直译过来的。国际有机农业运动联合会(IFOAM)对有机食品下的定义是:根据有机食品种植标准和生产加工技术规范而生产的、经过有机食品颁证组织认证并颁发证书的一切食品和农产品。

国家环保局有机食品发展中心(OFDC)认证标准中对有机食品的定义是:来自于有机农业生产体系,根据有机认证标准生产、加工、并经独立的有机食品认证机构认证的农产品及其加工品等。其包括粮食、蔬菜、水果、奶制品、禽畜产品、蜂蜜、水产品、调料等。

(四)绿色无公害食品

绿色无公害食品是出自洁净生态环境、生产方式与环境保护有关、有害物含量控制在一定范围之内、经过专门机构认证的一类无污染的、安全食品的泛称,它包括无公害食品、绿色食品和有机食品。

▷知识拓展

三种安全食品的区分

目标定位不同

无公害农产品——规范农业生产,保障基本安全,满足大众消费。

绿色食品——提高生产水平,满足更高需求,增强市场竞争力。

有机食品——保持良好生态环境,人与自然的和谐共生。

质量水平要求不同

无公害农产品——中国普通农产品质量水平。

绿色食品——达到发达国家普通食品质量水平。

有机食品——达到生产国或销售国普通农产品质量水平。

农产品质量安全问题,是新阶段农业和农村经济工作必须解决的一个重大问题。

二、农产品质量安全管理的五个环节

为了对农产品质量安全实施强有力的监控,必须大力加强农产品产地环境、农业投入品、农业生产过程、包装标识和市场准入五个环节的管理。

(一)产地环境

与环保等部门一起,严格农产品产地环境的管理,各级农业行政主管部门要重点解决化肥、农药、兽药、饲料等农业投入品对农业生态环境和农产品的污染。要抓紧制定相关农产品的产地环境标准,全面开展农产品重点生产基地环境监测,采取切实有效的农业生态环境净化措施,保证农产品的产地环境符合要求,从源头上把好农产品质量安全关。

(二)农业投入品

按照《农药管理条例》《兽药管理条例》《饲料和饲料添加剂管理条例》等有关规定,健全农业投入品的市场准入制度,严格农业投入品的生产、经营许可和登记。通过市场准入管理，引导农业投入品的结构调整与优化，逐步淘汰高、残、毒农业投入品品种，发展高效低、残、毒品种。加强对农业投入品市场的监督管理，会同有关部门，严厉打击制售和使用假冒伪劣农业投入品行为。尽快建立农业投入品的禁用、限用制度，及时向社会公布禁用、限用的农业投入品品种。

（三）生产过程

指导农产品生产，经营者严格按照标准组织生产和加工，科学合理使用化肥、农药、兽药、饲料等农业投入品和灌溉、养殖用水。要加快推广先进的动植物病虫害综合防治技术，推广高效低残毒农药、兽药、饲料添加剂品种，推广配方施肥技术和有机肥、复合专用肥。健全动物防疫和植物保护体系，加强动植物病虫害的检疫、防疫和防治工作。加快动物无规定疫病区建设，加大对动植物疫情的监督管理。

大力发展农产品贮藏、保鲜和加工业，积极推进农业产业化经营。通过公司加农户等办法，带动农产品生产基地建设，提高农产品生产和加工的标准化水平。通过龙头企业和营销组织，引导农产品生产者按照市场需求调整农产品品种布局和结构。要积极扶持和发展农民专业合作经济组织、专业技术协会和流通协会，提高农产品生产的组织化程度。

（四）包装标识

要根据不同农产品的特点，逐步推行产品分级包装上市。对包装上市的农产品，要标明产地和生产单位，建立农产品质量安全追溯制度。凡列入农业转基因生物标识管理目录的产品，要严格按照农业转基因生物标识管理规定，予以正确的标识或标注。

（五）市场准入

生产基地、批发市场，要逐步建立农产品自检制度。产品自检合格，方可投放市场或进入无公害农产品专营区销售。无论是生产基地，还是农产品批发市场、农贸市场，都要自觉接受和配合政府指定的检测机构的检测检验，接受执法单位对不合格产品依法作出的处理。

三、农产品质量安全保障体系

对农产品质量安全实施强有力的监控,必须下大力气建立健全农产品质量安全标准、检测检验、质量认证体系,加强执法监督、技术推广、市场信息等工作。

(一)农产品质量安全标准体系

重点是加快农产品产地环境、生产技术规范和产品质量安全标准的制定并完善配套。要积极引进和采用国际标准,并逐步与国际接轨。在近两三年内,要重点加快农产品中农药残留、兽药残留、动植物疫病以及有毒有害物质限量国家标准或行业标准的制定、修订。在"十五"末,我国主要农产品品种、生产、质量、安全、包装、保鲜等方面的国家标准或行业标准基本配套,农产品生产经营的各环节都有相应的标准可遵循。

(二)农产品质量安全检测检验体系

要切实加强部级农产品、农业投入品和农业生态环境质检中心建设,充实仪器设备,完善检测手段,尽快提高检测能力,逐步实现与国际接轨,争取国际多边或双边认证。要加强地方农产品质量安全检测检验体系建设,逐步健全省级农产品、农业投入品和农业生态环境检测检验站(所),尽快开展农产品质量安全的日常监督管理和检测工作。同时,要指导农产品生产基地和批发市场,逐步配备快速检测仪器设备,培训技术人员,开展生产基地和批发市场农产品质量安全状况的检测。

(三)农产品质量安全认证体系

要以无公害农产品生产基地认定和标识认证为基础,积极推行 GMP(良好操作规范)、HACCP(危害分析与关键控制点)、ISO9000 系列标准(质量管理和质量保证体系系列标准)、ISO14000 系列标准(环境管理和环境保证体系系列标准)认证和管理工作。加强农产品质量安全认证体系的建设,大力培育具有市场前景的名牌农产品,提高农产品的市场竞争力。

绿色食品作为农产品质量认证体系的重要组成部分,要按照政府引导、市场运作的发展方向,加快认证进程,扩大认证的覆盖面,使绿色食品在促进农业生态环境建设,实施农产品名牌战略,扩大农产品出口创汇等方面发挥积极作用。要进一步发挥绿色食品在农产品生产加工运作方式、质量安全制度建设等方面的示范带动作用。

(四)农产品质量安全执法监督

从 2002 年开始,农业部将在财政、计划等部门的支持下,在全国范围内开展农产品产地环境定点监测、农业投入品监督检查、农产品质量安全监督抽查工作。各省(区、市)农业行政主管部门要在同级财政、计划部门的支持下,积极开展相应工作。

在加大对农业投入品执法监督的同时,要加强对农业生态环境和农产品质量安全的监督管理。要把对禁用、限用农业投入品的监督管理作为重点。对查出的有毒有害物质超标的农产品,要依法及时处理。要抓紧有关农产品质量安全法规以及农业生态环境管理等方面规章的起草工作。

(五)农产品质量安全科技进步

要围绕农产品质量安全,抓好新品种、新技术、新产品的开发、推广和技术服务工作。加快开发农药残留、兽药残留等有毒有害物质快速、准确检测仪器设备和方法,研制农产品有毒有害物质降解技术和产品。在农产品生产基地建设、农业综合开发、丰收计划、跨越计划、"948"计划、动物无规定疫病区建设和动植物保护工程等农业项目实施过程中,要把提高农产品质量安全水平作为工作重点。

(六)农产品质量安全市场信息工作

在实施"十五农村市场信息服务行动计划"过程中,要把农产品质量安全信息网络建设作为主要内容之一,及时向农产品的生产、加工、经营和使用者提供农产品质量、安全、标准、品牌等方面的信息。

(资料来源:《中华人民共和国农产品质量安全法》总则 第 10 条)

▷**知识拓展**

无公害农产品质量认证管理

目前我国无公害农产品认证依据的标准,是中华人民共和国农业部颁发的农业行业标准(NY5000系列标准)。

一、认证经过的环节

(一)省农业行政主管部门组织完成无公害农产品产地认定(包括产地环境监测),并颁发"无公害农产品产地认定证书";

(二)无公害农产品省级工作机构接收"无公害农产品认证申请书"及附报材料后,审查材料是否齐全、完整,核实材料内容是否真实、准确,生产过程是否有禁用农业投入品使用和投入品使用不规范的行为;

(三)无公害农产品定点检测机构进行抽样、检测;

(四)农业部农产品质量安全中心所属专业认证分中心对省级工作机构提交的初审情况和相关申请资料进行复查,对生产过程控制措施的可行性、生产记录档案和产品"检验报告"的符合性进行审查;

(五)农业部农产品质量安全中心根据专业认证分中心审查情况再次进行形式审查,符合要求的组织召开"认证评审专家会"进行最终评审。

(六)农业部农产品质量安全中心颁发无公害农产品证书、核发无公害农产品标志,并报农业部和国家认监委联合公告。

所以,在经过无公害农产品产地认定基础上,在该产地生产农产品的企业和个人,按要求组织材料,经过省级工作机构、农业部农产品质量安全中心专业分中心、农业部农产品质量安全中心的严格评审,符合无公害农产品标准,同意颁发无公害农产品证书并许可加贴标志的农产品,才可以冠以"无公害农产品"称号。

二、提交的资料

申请无公害农产品需要递交的资料包括:

(一)"两书"——"无公害农产品认证申请书"和"无公害农产品产地认定证书"(复印件);

(二)"两报告"——产地"环境检验报告"和"环境现状评价报告"(两年内的);

(三)生产过程相关材料——产地区域范围和生产规模、无公害农产品生产计划、无公害农产品质量控制措施、无公害农产品生产操作规程、专业技术人员的资质证明、保证执行无公害农产品标准和规范的声明、无公害农产品有关培训情况和计划、申请认证产品上个生产周期的生产过程记录档案(投入品的使用记录和病虫害防治记录)。

注意:"公司+农户"形式的申请人应当提供公司和农户签订的购销合同

范本和农户名单以及管理措施、要求提交的其他材料(详见种植业、畜牧业、渔业产品认证申请书)

所以整个流程包括四部分：初审→现场检查→产品抽样送检→终审和颁证。

(资料来源:《无公害农产品管理办法》第二章第 9 条和第四章第 22 条)

绿色食品认证管理

一、绿色食品的显著特点

(一)强调产品出自良好生态环境；

(二)对产品实行"从土地到餐桌"全程质量控制；

(三)对产品依法实行统一的标志与管理。

二、中国绿色食品标准体系

绿色食品的标准包括环境质量标准、生产操作规程、产品标准、包装标准、储藏和运输标准及其他相关标准,是一个完整的质量控制标准体系。

(一)绿色食品产地的生态环境质量标准,是指农业初级产品或食品的主要原料,其生长区域无工业企业的直接污染；水域上游、上风口无污染源对该地区构成污染威胁；该区域的大气、土壤质量及灌溉用水、养殖用水质量均符合绿色食品大气标准、绿色食品土壤标准、绿色食品水质标准,并有一套具体的保证措施。

(二)绿色食品的生产操作,包括种植业、畜牧业、养殖业和食品加工业各个环节必须具有遵守的规范程序,以及农药、肥料、食品添加剂、饲料添加剂和兽药的使用原则。

(三)绿色食品产品标准,参照国际、国家、部门行业标准制定,通常高于或等同于现行标准,有的还应该有检测项目。绿色食品产品标准包括质量和卫生标准两部分,其中卫生标准包括农药残留、有害重金属污染和有害微生物污染。

(四)绿色食品产品的包装、装潢,应符合《绿色食品标志设计标准手册》的要求。取得绿色食品标志使用资格的单位,应将绿色食品标志用于产品的内外包装。《手册》对绿色食品标志的标准图形、标准字体、图形与字体的规范组合、标准色、广告用语及用于食品系列化包装的标准图形、编号规范等要作严格规定,同时加上了应用示例。

在参照国外与绿色食品相类似的有关食品标准的基础上,结合我国国情,中国绿色食品发展中心将绿色食品分为两类,即 AA 级绿色食品和 A 级绿色食品。

三、AA 级绿色食品标准

（一）环境质量标准。绿色食品大气环境质量评价，采用国家大气环境质量标准GB3095—82 中所列的一级标准；农田灌溉用水评价，采用国家农田灌溉水质标准 GB5084—92；养殖用水评价采用国家渔业水质标准GB11607—89；加工用水评价采用生活饮用水质标准 GB5749—85；畜禽饮用水评价采用国家地面水质标准 GB3838—88 中所列三类标准；土壤评价采用该土壤类型背景值的算术平均值加 2 倍标准差。AA 级绿色食品产地的各项环境监测数据均不得超过有关标准。

（二）生产操作规程。AA 级绿色食品在生产过程中禁止使用任何有害化学合成肥料、化学农药及化学合成食品添加剂。其评价标准采用《生产绿色食品的农药使用准则》《生产绿色食品的肥料使用准则》及有关地区的《绿色食品生产操作规程》的相应条款。

（三）产品标准。AA 级绿色食品中各种化学合成农药及合成食品添加剂均不得检出，其他指标应达到农业部 A 级绿色食品产品行业标准（NY/T268—95 至 NY/T292—95）。

（四）包装标准。AA 级绿色食品包装评价采用有关包装材料的国家标准、国家食品标签通用标准 GB7718—94 及农业部发布的《绿色食品标志设计标准手册》及其他有关规定。绿色食品标志与标准字体为绿色，底色为白色。

四、A 级绿色食品标准

（一）环境质量标准。A 级绿色食品的环境质量评价标准与 AA 级绿色食品相同，但其评价方法采用综合污染指数法，绿色食品产地的大气、土壤和水等各项环境监测指标的综合污染指数均不得超过1。

（二）生产操作规程。A 级绿色食品在生产过程中允许限量使用限定的化学合成物质，其评价标准采用《生产绿色食品的农药使用准则》《生产绿色食品的肥料使用准则》及有关地区的《绿色食品生产操作规程》的相应条款。

（三）产品标准。采用农业部 A 级绿色食品产品行业标准（NY/T268—95 至 NY/T292—95）。

（四）包装标准。A 级绿色食品包装评价采用有关包装材料的国家标准、国家食品标签通用标准 GB7718—94 及农业部发布的《绿色食品标志设计标准手册》及其他有关规定。绿色食品标志与标准字体为白色，底色为绿色。

五、认证申请条件

凡具有绿色食品生产条件的国内企业均可按本程序申请绿色食品认证。境外企业另行规定。申请人必须是企业法人。社会团体、民间组织、政府和行政机构等不可作为绿色食品的申请人。同时,还要求申请人具备以下条件:

(一)具备绿色食品生产的环境条件和技术条件;

(二)生产具备一定规模,具有较完善的质量管理体系和较强的抗风险能力;

(三)加工企业须生产经营一年以上方可受理申请。

六、认证申请要求

(一)申请人向省绿色食品办公室(以下简称省绿办)领取《绿色食品标志使用申请书》《企业及生产情况调查表》及有关资料,或从中心网站(网址:www.greenfood.org.cn)下载;

(二)申请人填写并向所在省绿办递交"绿色食品标志使用申请书""企业及生产情况调查表"及以下材料(一式两份):

1. 保证执行绿色食品标准和规范的声明;

2. 生产操作规程(种植规程、养殖规程、加工规程);

3. 公司对"基地＋农户"的质量控制体系(包括合同、基地图、基地和农户清单、管理制度);

4. 产品执行标准;

5. 产品注册商标文本(复印件);

6. 企业营业执照(复印件);

7. 企业质量管理手册;

8. 要求提供的其他材料。

有机食品的认证管理

一、申请有机产品需要符合以下条件

有机食品的生产要比其他食品难得多,需要建立全新的生产体系,采用相应的替代技术。有机食品是目前国标上对无污染天然食品比较统一的提法。参照 GB/T19630 文件标准。

(一)原料来自有机农业生产体系,加工、包装、运输、贮存、销售过程中不受污染;

(二)完善的质量控制和跟踪审查体系;

(三)生产过程中对生态破坏和环境污染最小;

（四）高水平的咨询师的专业指导；

（五）独立的认证机构认证。

二、有机食品的认证管理的三个方面

根据国家环境保护总局局务会议通过的《有机食品认证管理办法》，对有机食品质量的管理，包括以下三个方面。

（一）对有机食品认证管理

对于有机食品符合以下条件：

1. 符合国家食品卫生标准和有机食品技术规范的要求；

2. 在原料生产和产品加工过程中不使用农药、化肥、生长激素、化学添加剂、化学色素和防腐剂等化学物质，不使用基因工程技术；

3. 通过本办法规定的有机食品认证机构认证并使用有机食品标志。

（二）有机食品认证机构管理

国家对有机食品认证机构实行资格审查制度。从事有机食品认证工作的单位，必须按本办法规定的程序，向国家环境保护总局设立的有机食品认可委员会申请取得有机食品认证机构资格证书。

（三）申请有机食品认证机构资格证书的单位应具备以下条件：

1. 具有独立的法人资格；

2. 有 3 名以上具有相关专业高级技术职称和 5 名以上具有相关专业中级技术职称，并专职从事有机食品认证的技术人员；

3. 具备从事有机食品认证活动所需的资金、设施、固定工作场所及其他有关的工作条件。

三、提交的材料

申请有机食品认证机构资格证书的单位应向有机食品认可委员会提出申请，同时提交下列材料：

（一）法人的资格证明材料；

（二）专职技术人员的资格证明材料；

（三）从事有机食品认证活动的资金、设施、固定工作场所及其他有关的工作条件等情况的证明资料；

（四）有机食品认可委员会要求的其他材料。

对经审查、符合有机食品认证机构资格条件的单位，由有机食品认可委员会对其颁发有机食品认证机构资格证书。

取得有机食品认证机构资格证书的单位方可从事有机食品认证活动。

四、有机食品认证的层次

(一)基地生产认证

要求:申请有机食品认证的单位或个人,应向有机食品认证机构提出书面认证申请,并提供营业执照或证明其合法经营的其他资质证明。申请有机食品基地生产认证的,还须提交基地环境质量状况报告及有机食品技术规范中规定的其他相关文件。

生产基本要求:生产基地在最近三年内未使用过农药、化肥等禁用物质;种子或种苗未经基因工程技术改造过;生产基地应建立长期的土地培肥、植物保护、作物轮作和畜禽养殖计划;生产基地无水土流失、风蚀及其他环境问题;作物在收获、清洁、干燥、贮存和运输过程中应避免污染;在生产和流通过程中,必须有完善的质量控制和跟踪审查体系,并有完整的生产和销售记录档案。

(二)有机食品加工认证

要求申请有机食品加工认证的,还须提交加工原料来源为有机食品的证明、产品执行标准、加工工艺(流程、程序)、市(地)级以上环境保护行政主管部门出具的加工企业污染物排放状况和达标证明,及有机食品技术规范中规定的其他相关文件。

(三)有机食品贸易认证

申请有机食品贸易认证的,还须提交贸易产品来源为有机食品的证明及有机食品技术规范中规定的其他相关文件。

经认证合格的,由有机食品认证机构根据其申请及认证的有机食品认证种类,颁发有机食品基地生产证书、有机食品加工证书或有机食品贸易证书(以下统称为有机食品认证证书)。

友情提醒:有机食品认证证书有效期为两年,在此有效期内可以提出变更。

(资料来源:《有机食品认证管理办法》国家环境保护总局令第 10 号)

▷项目训练

素质题:简述三品农产品的认证程序。

技能题:填写安全食品的认证模式。

知识题:

1. 简述安全食品新概念;

2. 简述有机食品认证应该注意的问题。

大力贯彻合作社的民主制度。为了使基层社为社员服务,进而为社员所关心,认为它是自己的合作社,所有基层社都必须认真实行民主选举,按期提出工作报告,公布账目,使社员代表大会、理事会和监事会确能发挥作用。

——程子华

合作社的融资决策

▷素质目标

描述一个合作社融资的内容与意义。

▷技能目标

1. 分析合作融资事务分析报告;
2. 熟练描写合作社融资类型、融资结构及融资现状的分析与判断;
3. 分析判断合作社融资困境。

▷知识目标

1. 了解合作社融资的内容与意义;
2. 熟悉合作社融资环境;
3. 了解合作社融资困境的突破;
4. 熟悉合作社突破融资困境的路径。

▷重点内容网络图

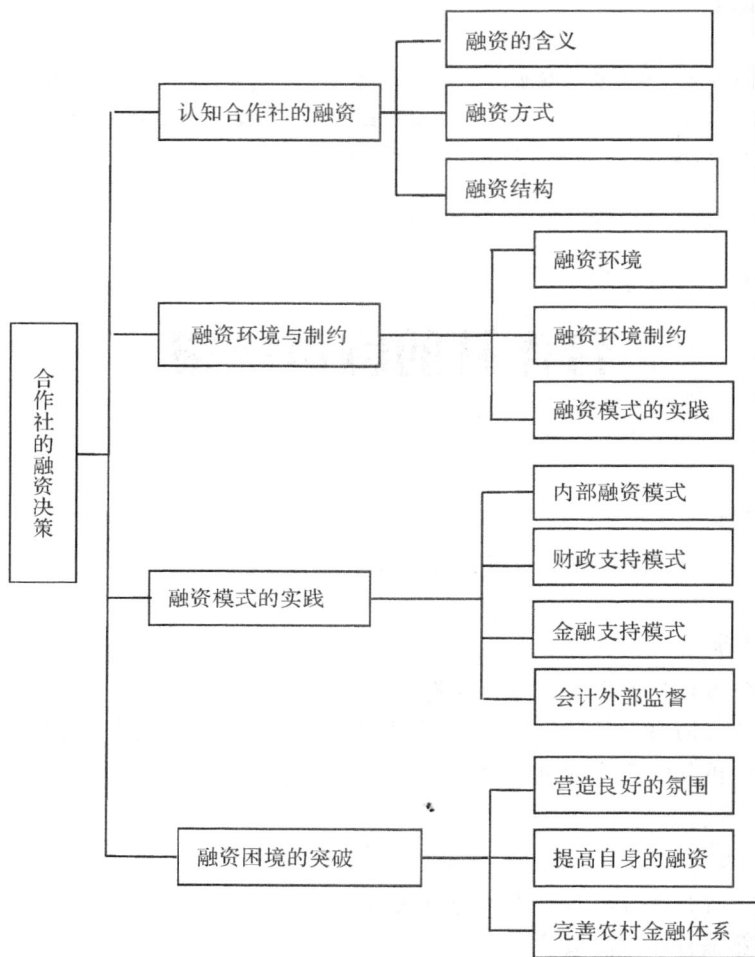

```
                            ┌─────────────────┐
                      ┌─────┤    融资的含义     │
                      │     └─────────────────┘
         ┌──────────┐ │     ┌─────────────────┐
      ┌──┤认知合作社的融资├─┤    融资方式       │
      │  └──────────┘ │     └─────────────────┘
      │               │     ┌─────────────────┐
      │               └─────┤    融资结构       │
      │                     └─────────────────┘
      │                           ┌─────────────────┐
      │                     ┌─────┤    融资环境       │
      │     ┌──────────┐    │     └─────────────────┘
      ├─────┤融资环境与制约├──┤     ┌─────────────────┐
      │     └──────────┘    ├─────┤   融资环境制约     │
┌───┐ │                     │     └─────────────────┘
│合 │ │                     │     ┌─────────────────┐
│作 │ │                     └─────┤   融资模式的实践   │
│社 │ │                           └─────────────────┘
│的 ├─┤                           ┌─────────────────┐
│融 │ │                     ┌─────┤   内部融资模式     │
│资 │ │                     │     └─────────────────┘
│决 │ │                     │     ┌─────────────────┐
│策 │ │     ┌──────────┐    ├─────┤   财政支持模式     │
└───┘ ├─────┤融资模式的实践├──┤     └─────────────────┘
      │     └──────────┘    │     ┌─────────────────┐
      │                     ├─────┤   金融支持模式     │
      │                     │     └─────────────────┘
      │                     │     ┌─────────────────┐
      │                     └─────┤   会计外部监督     │
      │                           └─────────────────┘
      │                           ┌─────────────────┐
      │                     ┌─────┤   营造良好的氛围   │
      │     ┌──────────┐    │     └─────────────────┘
      └─────┤融资困境的突破├──┤     ┌─────────────────┐
            └──────────┘    ├─────┤   提高自身的融资   │
                            │     └─────────────────┘
                            │     ┌─────────────────┐
                            └─────┤  完善农村金融体系   │
                                  └─────────────────┘
```

　　任何一个经济组织的发展都离不开劳动、资本、土地和技术的有机结合，对合作社而言，资金始终有决定性作用，充裕的资金是合作社发展壮大的物质基础。随着农民专业合作社的发展，对资金的需求越来越强烈。以下将依据"农民专业合作社财务制度"的操作层面进行阐述。

任务一　认知合作社融资

一、融资的含义

融资,即货币的借贷和资金的有偿筹集活动。它是企业根据自身经营现状、资金拥有和使用状况,以及未来经营策略与发展需要,经过科学的预测和理性的决策,通过一定的形式、手段和途径,向投资者或债权人筹集资金的行为过程。

农民专业合作社是一种特殊的企业法人,它的融资是指为满足其创办、经营、运作和发展的需要而筹集资金的活动。

二、融资方式

1. 融资方式

它是指企业取得资金的具体方法和形式,具体可分为内源融资与外源融资。

(1)内源融资。它是合作社依靠内部积累进行的融资,其资本的形成具有原始性、自主性、低成本性和抗风险性等特点,是合作社生存与发展必不可少的组成部分;它的多少取决于合作社创造利润的数额和融资的利润分配政策。作为内源型的资金供给,社员股金和公积金等自有资金是合作社最主要的资本金来源,也是合作社活动资金的根基。

(2)外源融资。它是指企业通过一定方式从外部融入资金用于投资,企业的资本形成具有高效性、灵活性、大量性和集中性的特点,它的种类和规模主要取决于金融市场的发育程度和资金供给的数量。作为外源型的资金供给,政府直接补贴、金融机构借款、股票融资、债券融资等债务资金,成为合作社资金的重要补充。

▶**知识拓展**

外源融资的划分

外源融资按照交易媒介的不同又可分为直接融资与间接融资。直接融资是企业不经过金融中介机构的交易活动,而直接与资金供给者协商,通过借款或发行股票、债券等方法来融入资金。间接融资是企业通过金融中介机构间接向资金供给者融通资金的方式。

三、融资结构

融资结构是合作社融资决策的核心,合作社融资决策的目标是保证本企业的最佳资本结构。

合作社不同的融资方式会产生不同的融资结构,不同的融资结构选择会通过对合作社融资成本的影响产生不同的经营绩效,合作社经营者要结合本合作社实际经营情况认真权衡各融资方式的比重,确定合理的融资结构。例如,权益资金和负债资金的权衡,权益资金中的内部积累资金与股权资金的权衡;又如,合作社经营者与外部股东的比率权衡;长期负债与短期负债的权衡等等。

任务二　融资环境

一、融资环境

农民专业合作社的快速发展离不开国家政策的扶持。尽管农民专业合作社投融资机制存在诸多问题,但是 2000 年以来各级政府都在改善农民专业合作社发展和融资环境方面做出了很多努力。

(一)宏观经济背景

1. 党和政府加快和深入推进农业和农村经济结构调整,为农民专业合作社的发展提供了良好的土壤。

2."入世"效应的逐步释放,增强了农民组织化发展的重要性和迫切性。

(二)政策制度环境

1. 2003 年中发 3 号文件和 2004—2010 年连续 7 年中发 1 号文件都在积极发展农民专业合作组织方面做出了明确规定。具体涉及到农民专业合作社的组织原则界定、立法、财政支持、税收减免、信贷支持等多个方面,为农民专业合作社的快速发展指明了方向。

2. 2006 年 10 月,第十届全国人大二十四次常务会议审议通过了合作社法,胡锦涛签署 57 号主席令,公布《中华人民共和国农民专业合作社法》。2007 年 6 月,温家宝签署 498 号国务院令,发布《农民专业合作社登记管理条例》,农业部第 9 次常务会议审议通过《农民专业合作社示范章程》。三部规范农民专业合作社的法律法规同时于 2007 年 7 月 1 日正式实施,农民专业合作社的法人地位得以确定,使其在抵御风险、谈判价格、融资、规模经营上的优势都远盛于从前。

3. 2007 年 12 月,财政部出台《农民专业合作社财务会计制度(试行)》,为规范农民专业合作社财务管理制度,提升财务管理水平和保护农民专业合作社及其成员的合法权益提供了制度保障。

4. 2009 年,农业部会同国家发改委、科技部、司法部、财政部、商务部、人民银行、国家税务总局、国家工商总局、国家质监总局、中国银监会 11 个部委,联合下发了《关于开展农民专业合作社示范社建设行动的意见》(农经发[2009]10 号),提出从 2009 年起,依托部、省、市、县四级平台,加强农民专业合作社规范化、标准化、品牌化建设,在各产业领域中择优培育扶持一批经营规模大、服务能力强、产品质量优、民主管理好的农民专业合作示范社,使之率先成为引领农民参与国内外市场竞争的现代农业经营组织,影响和带动更多的农民专业合作社提高服务水平,增强内生发展活力和发展后劲。截至2009 年底,各地已确定了农民专业合作社示范县 42 个,农民专业合作社示范社 21499 个,其中省级、市级和县级分别为 9401 个、6159 个和 5939 个,为深入推进示范社建设行动奠定了坚实基础。

5. 2009 年,为帮助农民专业合作社有效应对国际金融危机的冲击,开拓产品市场,商务部、财政部、农业部正式在全国 12 个省区启动"农超对接"试点,扶持大型连锁超市或农产品流通企业与农民专业合作社对接,实现农产品直接由田头进超市。截至 2009 年底,全国已有 22 个省的 7400 多家合作社参与"农超对接",产品销售额达 87.3 亿多元。其中,由农业部直接帮扶引导的达 600 多家。

(三)财政金融环境

1. 设立专项资金扶持农民专业合作社的发展。为加快合作社发展,财政部于 2003 年就开始组织推行扶持农民专业合作社发展的试点工作,设立中央财政专项资金支持农民专业合作社发展,并引导各地财政根据当地财力安排一定数额的专项资金用于专业合作社的发展。2004 年,为规范中央财政专项资金管理,提高资金使用效益,财政部又下发了《中央财政农民专业合作社组织发展资金管理暂行办法》(农财发〔2004〕5 号)。据农业部农村经济体制与经营管理司司长孙中华介绍,2003 年到 2009 年,中央财政累计安排专项资金 13.75 亿元,各省级财政安排专项扶持资金 18.2 亿元。

2. 2008 年,财政部和国家税务总局联合出台关于对农民专业合作社减免企业所得税、营业税、增值税和印花税的有关规定,并实施免缴路桥通行费、免缴耕地开垦费、执行农业生产用电标准等优惠政策。

3. 2008 年 10 月,中国人民银行和中国银行业监督管理委员会联合发布《关于加快推进农村金融产品和服务方式创新的意见》,选择粮食主产区或县域经济发展有扎实基础的部分县、市,开展农村金融产品和服务方式创新试点,促进农民专业合作社金融服务工作。

4. 陕西、湖北、北京、江苏、黑龙江、湖南、辽宁等多省市出台了推动农民专业合作社发展的地方配套法规,为农民专业合作社健康快速发展营造了良好的政策和法制环境。

二、融资环境制约

我国农民专业合作社进入了蓬勃发展的新时期,在发展过程中面临着资金需求增加和资金来源渠道有限的现实矛盾。这种矛盾已严重制约了农民专业合作社的发展。社员投资能力较弱,独特的制度设计使之难以吸引外部投资者投资,农业行业风险大、合作社经济基础薄弱、自身抵御风险能力差、缺乏可抵押财产、无持续稳定收入等因素使之难以得到金融机构的贷款,农村金融体系不健全,真正的合作金融组织较少,诸多因素使农民专业合作社的融资之路步履艰难。

(一)农业产业天然弱质性的限制

由于农业产业具有生产周期长、受自然条件等不可抗力影响大、农产品需求供给弹性小、农业经济效益差、农业科技进步难度大、农业扩大再生产较难等特点,世界各国都公认农业是一个相对弱质的产业。我国的农业产业更是存在农村劳动力文化程度偏低、农业基础设施相对落后、农业投入严重不足、农业支持保护体系不健全等诸多问题。将波特的五力竞争模型运用到农业产业来看,农业产业现有竞争者多而产品差异性小,低层次恶性竞争难以避免;受加入 WTO 影响,竞争优势明显的潜在竞争者不断增加;替代者众多,不同农产品之间的价格相互抑制严重;上游供应者存在垄断,农业生产资料价格不断提高,农业生产成本居高不下。诸多因素导致我国农业产业在竞争中处于不利地位,弱质性明显,行业风险集中,进而导致多数有钱农户、金融机构、风险投资者都不愿意将资金投放到这个行业。

(二)自身独特制度安排的约束

1. 社员资格限定和自由进出原则,使合作社股权融资数量有限且不稳定

为保证社员个人利益与合作社目标相统一,从事相同业务并在同一经营地域内居住成为合作社成员的基本条件,社员资格的限定和经济收入有限的属性使得合作社的资金来源受到限制。同时,合作社的"自由进出"原则,允许社员退社时撤走其投资,容易造成"搭便车"现象,且新成员可通过同样代价获得同样的惠顾权和剩余索取权,会造成老成员利润被稀释而没有动力再投资合作社。股金和社员数量经常发生变化使得合作社的股份资本成为一个变量,既削弱了合作社的资信实力,又使其贷款融资和订立契约增加了难度。

2. 一人一票的民主管理原则限制了合作社股金的增长规模

一人一票的合作社原则,体现了合作社人支配资本而非资本雇佣人的特点,这种"以人为本"的运行方式,成为弱势群体在市场经济条件下维护自身利益的有效载体。但是,这种投票原则导致投票权与入股份额不成正比,责、权、利不对称,由此导致大多社员不愿意再缴纳最低入社股金后继续加大投入,这种管理原则能够体现每个成员的利益诉求,但却形成了合作社融资方面的天然缺陷。

3. 不可分割的公共积累原则造成合作社自身积累资金不足

不可分割的公共积累原则意味着,社员对合作社财产的控制和监督力度随合作社公共积累的增加而减弱,公共积累增加会导致社员与合作社的关系密切程度降低。公共积累的不可分割使得社员在剩余分配过程中更将剩余分尽的倾向,导致合作社的经济积累更加不足。

4. 资本报酬有限原则,让外部投资者敬而远之

社员经济参与是 1995 年 ICA 确立的合作社原则之一。在市场经济条件下,资金的稀缺性决定了它要追求相对的高回报。相应地,寻求能够获得更多报酬的机会成为众多资金持有者的第一目标。但合作社资本报酬有限原则规定,社员股金只能分红,即使支付股金利息,也应在不超过市面通行的普通利率范围内从严控制。

这种原则并没有形成真正意义上的"利益共享、风险共担"的合作机制,不能吸引社员缴纳更多的股份,也不足以吸引外部投资者加盟。资本报酬有限原则谢绝了投资激励,限制了合作社吸引风险资本,导致资本积累永远是它面临的一个重要问题。目前,实践中有很多农民专业合作社已突破了资本报酬有限原则,实行按股本金分配,这与交易量分配违背了合作社法律规定,股本较少的弱势社员利益也无法得到合理保障。

(三)整体发展水平的束缚

目前,我国农民专业合作社尚属起步阶段,受多种因素影响,整体发展水平较低,抗风险能力较差,束缚了其融资能力。

1. 社员整体专业素质不高

加入合作社的社员一般都有自己的产业,但普遍素质不高,一些新品种、新技术的推广不太理想。有相当一部分入社农户的法律意识、合作意识、风险意识淡薄,参与合作的积极性不高,且只能"利益共享"难以"风险共担",期望在较短的时间内就能为他们带来丰厚的收益,稍有困难就极易挫伤办社热情。加之受经营规模小、产品科技含量低、附加值低、竞争不强、抗风险能力差等因素影响,合作社很难聘请到具有现代农业生产经营管理的人才,农民专业合作社队伍难以壮大和提高。

2. 内部管理机制不完善

合作社在市场准入方面比一般企业的条件更宽松,过宽的市场准入条件导致部分合作社先天不足。很多农民专业合作组织的章程和制度流于形式，有的甚至没有规范的章程和具体的管理制度（如议事制度、监事制度、财务管理制度等），有的尚未设财务管理机构和监事机构，组织管理能力较弱。还有很多合作社的民主管理没有真正落实，组织的运转主要依靠个人权威来维系，日常运作包括重大事务决策往往由会长一人说了算，会员在重大项目和活动中很少参与决策和管理，导致合作社一旦出现问题就只好解散。个别地方甚至出现把合作社当成争取优惠政策和项目支持的工具，使合作社成为"空壳"机构。这种产权不明晰、制度不健全、管理不规范、信息不透明的状态，客观上将加大银行的信息成本，导致银行为其服务的积极性不高。

3. 盈利能力差

目前我国农民合作社发展尚处于初级阶段，自有资本少，经营规模和发展潜力不足，对市场风险缺乏足够的认识，盈利和积累功能较弱，八成以上的合作社没有形成真正意义上的盈利和积累。这与银行业金融机构重视第一还款来源的风险管理要求具有较大的差距。

4. 抵押担保能力差

从理论上讲，土地、建筑物、住宅、可变现的储蓄、机器设备、存货、应收账款、销售合同等不同形式的资产都可作为抵质押资产。但由于我国的资产交易市场不发达，中国的银行偏好以房地产或大型机器设备为抵押品，处在发展初期的合作社，能够用于抵质押的资产较少。加之合作社经济基础较差，如果没有特殊的利益关系，那些经济实力强的大企业通常不愿意为其提供担保。专业的担保公司即使愿意提供担保也要承担较高的担保费用并提供足额的反担保措施，合作社和专业担保公司都很难适应对方的要求。

5. 投融资主体不明确

由于内部管理机制不完善，合作社的投融资结构如何确定、投融资主体如何确定、资金使用主体和债务承担主体的利益关系如何平衡都是问题。当前，信贷支持农民专业合作社的运作模式主要包括：一是由农民专业合作社这个法人作为债务主体，对银行贷款实行"统贷""统用""统还"；二是银行先与农民专业合作社及社员农户签订三方贷款协议，并与合作社签订担保协议，然后由银行向农户发放指定用途的贷款，同时农户委托农民专业合作社代为使用贷款资金，采购指定生产资料并提供给农户使用，待农户收获后，合作社再将劳动成果统一收购并出售，并用货款代农户归还银行贷款；三是由单个"社员"作为债务主体，银行通过合作社对社员农户办理小额贷款，然后社员农户在需要时使用贷款并通过合作社集中购买生产资料,待农户生产结束后,将劳动成果通过合作社统一出售,在得到销售收入后,由农户分别归还银行贷款。此外,个别地方还有由农民专业合作社的法人代表作为债务主体的模式。不同的运作模式,银行贷款和收款流程烦琐程度不同,对资金使用情况监督难度不同,风险程度和控制措施也不相同,很容易产生因操作不当或监督不到位造成资金损失的情况,加之监管机构没有明确的说法,很多金融机构不愿涉足这一领域。

(四)农村金融体系不完善的制约

我国的金融体系正处于不断改革和完善的过程中。

目前,我国的金融机构主要包括:农村合作金融机构(农村信用社和农村合作银行)、农业政策性金融机构(中国农业发展银行)、国有商业银行、股份制商业银行、城市商业银行、外资银行、新型农村合作金融机构(各类农村互助资金合作社、贷款公司、村镇银行)等。其中,我国农村人均拥有机构网点、从业人员与实际需求相比差距仍然较大,且基本上只有农村信用社和新型农村合作金融机构可以真正为农民专业合作社开展金融服务,根本满足不了农民专业合作社对资金的需求。加之农村资金持续外流,导致农民专业合作社的融资环境进一步恶化。据资料显示,全国每年从农村流出的资金达6千亿元之巨。

1. 商业银行的金融支持缺乏动力

在市场经济条件下,"看不见的手"使社会资金自发地流向利润率高的地区、产业和项目。商业银行作为金融企业必然以规避风险和追逐利润为首要追求目标,导致其资金流向也明显地呈现"嫌贫爱富"的特点,因而近年来商业银行逐渐裁撤农村领域分支机构上收贷款审批权限,旨在争夺规模大和具备抗拒风险能力的资源,而不是向着规模小和抗风险弱的农民专业合作社转移。总之,农业产业的天然弱质性决定了商业银行也不愿扎根农村和服务农民,而是基于盈利最大化的改革取向,实行"大银行、大城市、大行业"发展战略,面向农村开展的金融服务越来越少。而农民专业合作社大都位于市郊及区县,其贷款申请由当地分支行逐级上报市分行审批,审批流程过长。这种金融服务的方式和效率与农民专业合作社对贷款的需求相差太大,造成了与农民专业合作社关系的断裂与不协调。

2. 农村信用社资金供给有限

目前,我国农村信用合作机构是联系农业、农村、农民的最重要金融纽带,也是近年来银行信贷支持和服务"三农"的主力军,还是农民专业合作社获得信贷服务相对容易的金融机构。但是,农村信用合作机构作为金融机构,其资金实力相对比较薄弱,还没有足够的能力承担大额、长期的资金需求的能力。目前,农村信用合作金融机构针对农户和农民专业合作社的信贷服务方式主要有小额信用贷款、联保贷款以及农村小额信用贷款等创新方式。

3. 政策性金融体系不完备

目前,我国新农村建设中的政策性金融只有中国农业发展银行一家。近几年,农业发展银行陆续开办了农业产业化龙头企业贷款、农村基础设施建设贷款、农业综合开发贷款、农村小城镇建设贷款、农村流通体系贷款、农业小企业贷款等业务,在支持社会主义新农村建设方面发挥了重要作用。但是,农业发展银行的最基层机构仅设置到行政县城,且没有获准开办公众储蓄存款业务,根本没有能力为农村,特别是广大农民农户提供广泛的资金支持。

4. 缺乏真正的合作金融

合作金融具有强大的凝聚力和灵活性,能够适应我国经济发展的不平衡性和多层次性,可以满足不同经济层次尤其是弱势群体对金融服务的需求。所以对经济实力弱小的农民专业合作社来说,通过自愿联合实现互助的合作金融是一种必然选择。然而,我国农村合作金融正处于发展初期,对缓解整个农村金融问题作用有限。截至 2009 年末,全国已有 230 家三类新型农村机构,其中开业 172 家(村镇银行 148 家,贷款公司 8 家,农村资金互助社 16 家),筹建 58 家;已开业机构实收资本 47.33 亿元,存款余额 131 亿元,贷款余额 98 亿元,累计发放农户贷款 55 亿元,发放中小企业贷款 82 亿元。多数机构已实现盈利,其中 2009 年累计盈利 4074 万元。总的看来,这些机构的内控、监管制度较完善,但这些新兴的新型农村合作金融机构,对广大农村而言只是杯水车薪,且小额贷款公司和资金互助社等组织本身就存在融资难问题。

5. 农民专业合作社资本市场处于缺位状态

由于很多农民专业合作社处于起步和发展阶段,尚未达到通过发行股票上市交易的实力和条件,使得农民专业合作社难以通过上市的途径直接融资。此外,它尚不具备公开发行债券的资格,因此也难以利用债券方式融资。

6. 民间借贷成本过高

长期以来,伴随着农村资金供给的紧张,高利贷现象已经在我国农村普遍存在，并且在一定程度上填补了农村金融市场的空白。但是，由于自身盈利能力较弱，大多数农民专业合作社在面对民间的高利贷时，只能是望“钱”兴叹、束手无策。

7. 农业保险和再保险发展缓慢

由于农业类保险风险高，商业类保险公司不愿承办，这样一旦出现自然灾害等风险，农民遭受经济损失但又得不到有效补偿，于是金融机构就会面临较大风险。

8. 担保机制不健全

当前，担保难成为金融机构支持农村客户的一个最主要障碍，在农村普遍缺乏有效的抵质押物，没有良好的担保人，更缺乏正规的、有实力的担保机构，农户和农村企业因担保问题不能解决而难以获得贷款。

(五)政策扶持力度有限

在国际上，很多国家和地区的政府都对合作经济组织给予较有力的资金、技术、人才、信息和政策上的扶持。我国的实践也证明，政府的支持在农民合作经济组织的发展中起到了重要作用。

但是，长期以来，我国政府在农民专业合作社方面的扶持力度略显不足。其表现为：

1. 缺乏长远的科学规划

虽然我国出台了《农民专业合作社法》，但在合作社的发展上，仍然缺乏科学的长远规划和意见，也没有较严格的考核和监督机制，造成了注重形式和数量、忽视内涵和质量的后果，可持续发展后劲不足。

2. 受可支配资金的限制

各级政府、部门对农民专业合作社的专款扶持资金总量有限，对每家合作社来说数量微不足道，且存在分头管理的问题，难以形成合力，不利于农民合作经济组织的发展。

此外，我国还有一些农民专业合作社是在地方政府的直接管理和干预下建立的，经常受到行政因素的干预，甚至会发生个别合作社为换取政府保护或支持而牺牲自身独立性的现象。这种介入表面上可能会暂时缓解农民专业合作社融资难问题，实质上却体现了因政府角色虚位、职能错位、管理越位等现象，导致合作社难以履行其“民办、民管、民受益”的管理原则，失去对社员的凝聚力和吸引力，最终可能完全丧失自主权甚至偏离合作制方向。这种不符合市场经济要求的做法,无法从根本意义上帮助合作社走出融资困境。

任务三　融资模式的实践

合作社是一种组织,其融资模式与一般企业有所不同。从实践上分析,主要有内部融资、财政支持以及整合融资等。

一、内部融资模式

(一)收取会员会费

双流县永安地瓜种子专业合作社是由成都市双流县永安镇地瓜营销专业户自愿牵头组成并登记的。合作社有 17 名理事、126 名骨干会员、1268 户基本成员,连接 12000 户地瓜籽种植农户。17 名理事每年缴纳会费 500 元,126 名骨干会员缴纳会费 50 元至 200 元不等,基本会员和联结农户主要以协议和合同明确权利与义务。

(二)创新出资方式

▶ 案例一

2009 年 3 月 14 日,嘉兴市诞生了首家以农村土地承包经营权出资的农民专业合作社——嘉兴市华晨瓜果专业合作社。这种以农村土地承包经营权作价出资的方式,促使土地流转与合作社发展的有机结合,不仅丰富了农民专业合作社的合作形式,更使土地承包经营权股份合作流转成为可能,有利于推进农业规模经营,因此迅速受到农民的欢迎。据了解,截至 2009 年底,嘉兴市共有以土地承包经营权出资的农民专业合作社 29 户,出资总额 1964 万元,土地 5337 亩,作价额 1128 万元。

(资料来源:新华网 http://www.xinhuanet.com)

▶ 案例总结

尽管合作社通过以上几种内部融资渠道获取了一些资金,且这种融资渠道在当前阶段为我国农民专业合作社所普遍采用。但是,从现实情况来看,我国广大农户缺乏稳定的收入来源,手头剩余资金较少,且受我国社会保障制度缺失的影响,缺乏稳定生活保障的农民普遍具有追求稳定厌恶风险的特性,依靠这些人投入大量现金可能性较小。

所以,我国相当一部分合作社对股金要求并不高,这是符合现实条件的。加之我国大多数农民专业合作社盈利能力差,通过提取公积金获取权益资金也显得力不从心。

二、财政支持模式

(一)财政补贴资金

重庆市开县农民专业合作社在发展中,得到了中央、市、县三级财政的有力扶持。2003年以来,各级政府共投入230万元资金扶持农民专业合作社的发展。仅2007年,就争取到中央财政专项扶持资金20万元、市财政专项资金30万元、县财政专项资金40万元。对全县农民专业合作社组织发展、产业培育、产品打造等起到了积极的促进作用。

(二)政府奖励基金

▶ 案例二

2010年1月,山东省农机办、山东省财政厅下达了2009年农机规模化作业推进工程奖励项目,第一批100个农机专业合作社共获得奖励600万元,每个单位奖励金额5万元至10万元不等。

(资料来源:新华网,http://www.xinhuanet.com)

▶ 案例总结

中央和各级地方政府在加大对合作社的资金扶持方面做出的巨大努力,对合作社的发展起到了一定的促进作用。但是,享受扶持政策的合作社毕竟为数不多,财政扶持资金的支持力度相对有限。

三、金融支持模式

(一)"两社合作"模式

▶案例三

2007年初,为响应山西省委省政府的号召,晋中市榆社县农村信用社,专门制定了合作社贷款实施细则,引入了授信机制,在贷款方式和贷款流程等方面推出了一系列创新性的管理措施,在评级、授信额度、贷款期限、利率水平、计结息方式等方面提供了优惠平台,并明确了贷款责任考核。例如,区分合作社和社员两类贷款主体,提供两种贷款类型,并采取"宜社则社,宜户则户"的方针,向合作社或向社员发放贷款;创新信用基础评价,按照合作社和社员两个系列,分别确定信用等级标准,并据此核定其授信额度上限,一级、二级和三级合作社的授信上限分别为50万元、30万元和10万元,一级、二级和三级社员的授信上限分别为8万元、5万元和2万元;完善贷款担保机制,允许发放信用贷款,确定信用贷款额度上限为其注册资本的3倍,放大政府担保公司和会员风险保证金的贷款担保额度;改进贷款风险防范措施,推广政府担保和社员联保,实施社员保证金制度,建立贷款台账,控制贷款风险。按照会员每户交纳500—2000元风险保证金的标准,目前榆社县信用社已吸纳社员保证金86.3万元,强化了贷款风险担保。

(资料来源:广西农业网,http://www.gxrb.com.cn/html/2012—10/07/content_738723.html)

▶案例四

2007年10月,浙江省临海市率先推出"支农授信卡"制度,对参加农民专业合作社的农户,在购买农资时给予一定信用额度的贷款,对AAA、AA、A三级信用户分别给予2万元至5,000元不等的授信资金,农户以借款用于购买农资,利率按基准利率计算,授信期为2年,农户在授信额度内可周转使用。据了解,除购买农资外,农户还可凭授信卡支现、转账。根据浙江省发展和改革委员会有关数据,截至2008年5月初,台州临海市联社已向7名农民专业合作社的 690 户社员发放了支农授信卡,授信总额达 1900 万元。

(资料来源:新华网,http://www.xinhuanet.com)

(二)农村互助性金融机构

2010 年 1 月,河南省首家农村资金互助社——安阳县黄道口惠民农村资金互助社挂牌成立。该互助社注册资金 130 万元,是由安阳县黄道口村吕改勤等 10 名村民发起,154 户村民自愿入社联合组建,报经中国银行业监督管理委员会河南监管局批准,为本社社员提供存款、贷款结算等业务的互助性银行金融机构。该社以股份制形式,吸收社会闲散资金,通过股金向社员发放,满足社员临时资金需求。该社经理吕改勤说:"社员都在一个村子里住着,谁有事急着用钱都可以到互助社来贷款,成立当天我们就吸收社员 5 笔资金共 10 万元。"

(资料来源:新华网,http://www.xinhuanet.com)

▶案例总结

目前支持专业合作社发展主要靠农村信用社及一些其他正规商业金融机构的传统信贷支持,辅之以少数新设农村互助金融组织。但大多数金融机构出于防范风险和规范管理的顾虑在体制和机制创新方面放不开手脚,合作社贷款难的问题短期内难以有效解决。

四、整合融资

(一)发展合作联合社

2002 年 4 月,吉林省梨树县的一名普通农民张雨军发起组建"富邦合作社",2003 年末发展成立"梨树县富邦农牧发展合作联社",目前已在梨树县建立了 25 个分社,合作社社员 1540 户,分布于全县 25 个乡镇的 112 个村。

在运作方式上,该合作社主要采取了"七统一,一分散,一协调"的发展模式,即由合作社为社员协调资金,统一购买仔猪、统一保险、统一防疫、统一兽药、统一饲料、统一技术指导、统一销售生猪,由社员分散经营的发展模式。其协调资金的主要方式包括:

1. 对于盈余进行分配

一是提取盈余的 25% 左右作为公积金,主要用于弥补上年亏损、扩大生产经营和为成员提供小额贷款。二是将可分配盈余的 60% 至 70% 按成员的交易额返还。三是将返还后的剩余部分平均分配给入股社员作为股金。

2. 成立四平惠民农业担保有限公司

通过向当地信用社入股来获得贷款资格,对入社社员养猪贷款实行五户联保,同时帮助社员横向调剂资金,以保证及时偿还贷款。社员购买种猪时,如果需要贷款,必须自筹 30% 以上,不足部分由合作社帮助协调贷款,以解决短时间内社员资金紧张问题。

3. 在社员内部开展资金互助

社员利用闲散资金入股,由合作社对贷款户信誉程度进行评估,按规定比例和严格的担保制度给社员贷款。这样,不仅使社员实现了真正意义上的经济联合,有效解决了金融机构对社员服务不灵活的问题,还有力地调节了社员资金余缺,缓解了社员生产生活资金紧张的问题。到目前为止,社内已有 200 余户社员入股资金互助,入股资金 180 多万元,成为合作社快速发展的又一推动力量。

合作社通过资金互助合作社和担保公司两个融资平台,累计为社员发放股金贷款 280 万元,为社员协调养殖贷款资金 2500 多万元,赊销各类生产物资累计价值达 1.5 亿元,帮助销售产品总量 5 万余吨。

(二)多方合作

▷ **案例五**

四川省资阳市为发展现代畜牧业,解决畜牧业金融制约问题,在实践中总结出生猪产业"六方合作"的新机制,对金融支农创新进行了有益探索。其合作模式是:政府下达饲料粮储备计划,农村信用合作社等向企业发放低息贷款,由市农业产业化担保公司担保,饲料公司赊销、配送优质饲料,种畜场提供仔畜;合作社的农户按订单交售给肉食品加工企业,肉食品加工企业收购并代饲料加工企业、种畜场向协会农户扣收饲料款和种畜款。在养殖过程中,实行"统一建圈、统一猪种、统一饲料、统一防疫、统一管理技术、统一保险",从而实现标准化、规模化、产业化养殖。在运行过程中,六方以"两低一高"保护农户利益:农户赊销饲料价格每吨低于市价 100 元,赊销或配送的仔猪价格低于市价 3% 至 5%,而在猪肉收购环节,则由肉食品加工企业以高于市价每吨 600 元回购协会农户优质肉猪。

这种模式将金融机构、农业担保公司、饲料加工企业、肉食品加工企业、种猪场、合作社农户共"六方"有机结合起来,实现了银、政、企、民等交易主体的有机结合,降低了农民养殖成本和养殖风险,提高了畜牧养殖标准化和专业化水平。

(资料来源:农村金融担保与创新的障碍与突破.人民银行资阳市中心支行课题组,2007)

▶**案例总结**

整合融资案例,为破解农民专业合作社融资难题提供了有益借鉴。但因各地农民专业合作社发展水平、政府扶持力度、各方支持力度有所不同,需要多方的共同努力才能实现。

任务四　融资困境的突破

在以上系统分析农民专业合作社融资制约因素的基础上,学习和借鉴发达国家在解决农民合作组织资金问题中的成功做法,结合我国各地形式多样的农民专业合作社典型案例对我国农民合作社融资现状进行了分析论证,以下将从营造融资氛围、完善自身发展、完善农村金融体系建设等多个方面提出破解农民专业合作社融资难题的有效途径。

一、营造融资的良好氛围

在发展农民专业合作社的过程中,政府和相关部门的作用十分重要,主要在规范、引导、服务、协调等方面,重点应从以下方面着手:

(一)加大政策支持力度

1. 加大资金支持力度

农民专业合作社所涉及的产业是弱质的农业,成员是各类市场主体中最

弱势的广大农民,需要国家给予特殊的支持。任务应重点落实在以下几个方面:

(1)农业综合开发部门。加大对农民专业合作经济组织的扶持力度,财政部门要进一步加强中央财政对农民专业合作组织发展资金的管理,确保将资金切实用于扶持农民专业合作社开展农产品认证、人员培训、农产品销售等的财政补助、贴息和奖励,并鼓励地方政府安排专项扶持资金,重点支持农民专业合作经济组织建设。

(2)新增农业补贴的倾斜。适当向农民专业合作社倾斜,特别是向中西部地区、边远地区、少数民族地区、贫困地区的农民专业合作社倾斜。

(3)设立专项贴息资金。鼓励农村金融机构适当放宽对合作经济组织的贷款抵押担保条件,帮助其融通资金,对服务能力强、民主管理好的合作社给予财政补助。

2. 加大税收优惠力度

继续加大对农民专业合作社的税收优惠力度,推动和完善合作社自办农产品加工业的税收优惠、信贷保险支持、用地用电扶持等政策措施,通过税收手段引导农民专业合作社发展。

3. 改变支农方式

出台支持有条件的专业合作社承担国家有关涉农项目的制度办法,将其补充到涉农项目建设实施主体的团队,在符合条件的情况下,优先委托和安排其参与或组织实施有关涉农项目,特别是国家财政专项涉农投资建设项目。

4. 改进服务效率

采取措施开展《农民专业合作社法》等相关法律法规的贯彻落实活动,加大政策落实情况的检查力度,监督和指导有关部门尽快完善有关法律政策和配套优惠政策,避免在实践中出现政策落实工作跟不上的问题,减少合作社发展的障碍。

此外,加大监管力度可以从规范合作社的审批和登记工作等环节下功夫,促进农民专业合作社走规范化的可持续健康发展道路。

(二)加强产业的引导力度

1. 加大对示范社建设的支持力度

为树立一批可学可比的典型,发挥示范引路作用,引导农民专业合作社完善运行机制、增强内部活力和发展后劲,2009 年 9 月,农业部与发改委、财政部等 11 部门已联合启动了示范社建设行动。今后,有关部门要继续围绕示范社建设行动,以示范社为标杆,以示范社为方向,以示范社为抓手,引导和促进农民专业合作社又好又快地发展。按照示范社建设行动意见的要求,指导农民专业合作社建立健全各项内部管理制度,提高规范化管理水平;引导农民专业合作社建立健全生产记录制度,加强农产品质量安全管理,提高生产标准化水平;扶持农民专业合作社开展无公害、绿色、有机等"三品"和地理标志认证工作,发展优势产业和特色产品,提高经营品牌化水平。开展农民专业合作社示范社认定工作,对服务能力强、民主管理好的合作社给予补助,扶持引导农民专业合作社规范快速发展,增强合作社的示范带动能力。

2. 引导和支持实现"产销对接",拓宽营销渠道

(1)支持"农超对接",减少流通环节。"农超对接"试点多年,通过部门沟通协调,"农超对接"营销模式在全国合作社中全面推广,其重点扶持农民专业合作社开展生鲜农产品与大型连锁超市、学校及大企业等建立产销对接,帮助农民专业合作社减少流通环节,降低流通成本,从而进一步开拓农产品市场。

(2)辅导合作社实施标准化,力争将合作社建设成为自己的原料基地。通过鼓励和引导农业产业化龙头企业将产业链向后扩展到农民专业合作社,辅导农民专业合作社实现标准化生产和作业,力争将合作社建设成为自己的原料基地,在此过程中农民专业合作社也可以借助农业产业化龙头企业实现产业链条的向前扩展,最终实现产加销的纵向一体化。

(3)开展宣传,扩大合作社的影响力。组织开展多种形式的有规模、有声势、有影响力的合作社文化宣传咨询会、优质农产品销售促进会、标准化示范社建设成果展示会等活动,扩大合作社的社会影响力,形成社会各方面参与合作社建设和宣传的良好局面,帮助合作社搭建一个高效的鲜活农产品销售的"绿色通道"。

(4)鼓励和引导开展各种对接活动。农民专业合作社开展"农合与农资和农机对接"的活动,可以促进农民专业合作社的产业链条向后扩展到信誉等级高的农资或农机生产企业,通过对接活动,最大限度地保证合作社及其成员购买到物美价廉的农业生产资料和农机具,达到节约成本提高效益的效果。

3. 鼓励和支持兴办农产品加工业,提高农产品附加值

纵观发达国家的农业发展历程,农民专业合作社发展的必然趋势是向农产品加工业延伸产业链。作为广大农户联合体的农民专业合作社,通过兴办农产品加工业的方式拉长产业链条,不仅可以使农户享受到农产品转化过程中的增值利润,还可以促进农业比较效益的提高。因此,应积极鼓励合作社发展农产品深加工项目建设,并考虑通过对合作社自产自销的农产品实行免税等税收优惠政策引导合作社兴办农产品加工企业。

4. 多举措实施人才培养工程

(1)确认培训基地。确认一批农业院校、专业培训机构、科研所等为培训基地,组织开展示范性合作社主题培训班,扩大合作社经营管理和财务管理人才的培训规模,保证人才开发的系统性和连续性,为规范合作社经营管理提供有力支撑。

(2)引导社会公益力量扩大培训的覆盖面。引导社会公益力量参与合作社人才培养工程建设,补充培训力量,扩大培训的覆盖面。采取多种方式,加大成功经验的交流和推广力度,表彰先进合作社及社员代表,扩大优秀示范社的影响力,为合作社经营管理者和广大社员开展自学活动提供参照。鼓励和引导所有合作社联合起来,开展合作社职业化经营管理团队建设,探索实施合作社职业经理制,推进合作社管理的职业化运作。

(三)做好配套服务

1. 鼓励和支持专业担保公司

特别是由各级政府出资组建的贷款担保公司,把农民专业合作社纳入服务范围,形成"政府+担保公司+合作社"的信用担保模式,解决农民专业合作社担保能力不足的问题。

2. 鼓励开展信用合作

农民专业合作社通过开展内部信用合作的方式实现内部信用增级,支持有条件的合作社兴办农村资金互助社,探索开创"生产合作社+资金互助"的融资新模式。

3. 探索建立农业风险管理机制

设立专门从事农业风险研究的机构,健全农业风险信息传播渠道,建立现代农业风险预警系统,定期向农业部门和农户发出报警信号,增强农民决策的正确性。

例如:建立和完善农业保险机制,加大对农业保险的补贴力度。加大对合作社组织工作的宣传力度,引起各级党委、政府及有关部门的重视及全社会的关注,让更多的干部了解合作社和合作社法,让参与合作经济组织的农户和农村带头人知法、懂法、用法,充分发挥群众的主体作用,不断推进农民合作经济组织健康发展。

二、加强合作社自身建设,增强融资能力

作为一种新型的市场主体,处在我国农业和农村经济发展新阶段的农民专业合作社,在成长过程中,不可避免地要面临工业化、市场化、国际化和信息化带来的各种全新挑战。因此,切实强化内在能力成为我国农民专业合作社当前的首要任务。

(一)合作社制度安排,实现产权融资创新

农民专业合作社的产权主要包括股权、公共产权和债权。以股权形式为合作社提供资金的包括农民自然人社员(普通小农户社员和大户社员)、外部法人社员(龙头企业、供销合作社等)。合作社自身则是公共产权的拥有者,政府以财政补贴名义给予的资金扶持也可列入合作社公共产权。如第四章所述,传统的强调惠顾者剩余索取权的合作社原则约束了农民专业合作社的融资能力,应重视投资者在合作社所有权中的分配地位,不再刻意限制资金的权利。

1. 提高社员入社标准

避免农民专业合作社股权、公共产权被稀释。传统的合作社原则要求"自愿和社员资格开放",合作社对成员的资格认定比较宽泛,只要提出申请即可成为社员,无须认购股份。设置进入"门槛"有利于合作社吸收关键生产要素所有者。

2. 量化合作社的公共积累

不再实行不可分割的公共积累原则,而是先根据社员与合作社的交易额进行盈余分配,其中的一部分用于现金返还,剩余部分按照每个社员拥有的额度划入个人名下,并且在若干年后或退休后逐步提取,或者可以继承和内部转让。只要公共积累可根据社员入社时间来量化,就不会为"机会主义者"留下太多的空间。这种做法,保证了为合作社发展做出更大贡献的社员的利益,加强了社员与合作社的密切联系,也有利于保护社员参与合作社的积

极性。

3. 改进资本报酬

当绝大部分投资主体都是合作社的惠顾者时,各投资主体的产权通过普通股票的形式加以界定。当投资主体中有较多的非惠顾者时,可采用优先股的形式界定非惠顾者的产权,通过区分惠顾者和非惠顾者的分工方式和投票机制等权利义务关系,达到劳动权益与资本利益的均衡状态。

4. 完善投票机制

相对于投资者所有企业而言,绝对的"一人一票制"会导致合作社的经营控制权力过于分散,而且很容易造成社员的搭便车行为。资本大户在合作社中的控制权被过度稀释,导致资本大户不愿意投入更多资金,最终会导致资本大户选择"以脚投票"的方式退出。农民专业合作社对资金的需求客观上要求突破"一人一票"的框框,实现股权设置的创新,可尝试将投票权与入股额和交易额相挂钩,改变投资者和惠顾者之间产权界定不清和经营控制权不均衡的局面,遏制内部社员的搭便车行为;也可尝试设立非投票股权,通过投票机制的创新,改变超大额资金特别是法人投资者的控股局面。

5. 优化惠顾返还的支配机制

允许和鼓励社员将惠顾返还给合作社,转化为股金或存款形式,继续用于合作社的生产经营以发挥价值增值作用,用来吸引非社员惠顾者使用惠顾返还保留来购买社员资格股。这也是社员通过非直接现款支出而赢得投资股份的有效手段。

6. 修正传统的原则,为资金退出设置障碍,维护资金稳定

这种修改可以在一定时期内把资金留在合作社内部,解决合作社部分资金缺乏问题。还可以建立合作社股份的二级市场,那些不积极参与合作社经营和管理的社员,便可通过出售股权来赎回其部分股本,这种可转让性和可增值性亦可解决部分社员的短视问题和资产组合问题,确保现有成员可以完全获得他们投资的价值并由此创造出在组织内进行投资的激励。

(二)规范化建社,提高抗风险能力

1. 健全组织机构和规章制度

它包括合作组织章程,以社员为主体的明晰的产权制度、组织内部机构以及财务管理公开制度,规范农民专业合作社财务管理和会计核算,提高管理能力和财务运作能力,提高金融机构对农民专业合作社的财务信任度,为

自身发展创造条件。

2. 完善农民专业合作社法人治理结构

健全成员大会、理事会、监事会"三会"制度，实现社务民主决策、民主管理的原则。要保证民主决策机制不落空，一方面要培养普通成员参与决策、行使权利的意识；另一方面要使组织的发展目标更贴近农民的需求，这样才能激发农民的热情，积极参与决策。

3. 依托"示范社"建设和"农超对接"等运行渠道

强化品牌效应，依托优势产业和特色产品，培养专业基地，努力实现规模化、产业化经营，并用商业化理念组织合作社生产，通过产供销一体化发展模式，带动农民专业合作社发展。

三、农村金融体系建设

从区域发展的比较优势出发，有选择地发展多层次农村金融组织机构，有利于满足农户和其他经营主体多层次的资金需求。我国已初步形成合作金融、政策金融、商业金融分工协作的多元化、多层次、优势互补、竞争发展的农村金融体系。合作金融组织是农村经济增长的内生要素，在农村金融服务方面具有明显的制度优势，责无旁贷地成为破解农民专业合作社融资难题的基本依靠力量，在加快农村信用社改革的基础上，尽快规范民间金融，大力发展农民专业合作金融组织，是解决农民专业合作社资金问题极为重要的一环。同时，应深化政策性金融和商业性金融的支农功能，设立小型商业金融机构，加强涉农信贷、农业保险、农民专业合作担保机构的有效合作，缓解农民专业合作社融资问题。

（一）完善农村金融服务网络

1. 发展新型农村金融机构

建立在血缘、亲缘、地缘等社会关系基础上的新型农村金融机构，距离农村金融需求最近，可以为小额、分散的农村金融需求提供近距离的服务，可以有效克服传统信贷博弈过程中的信息不对称难题，最大限度地避免道德风险，从而降低出现不良资产的可能性。

（1）进一步放宽农村微型金融市场准入政策。自 2006 年底银监会推出新型农村金融机构准入新政以来,境内外银行资本、产业资本和民间资本等各类社会资本表现出极大的投资热情,村镇银行、农村资金互助社、小额贷款公司三种新型农村金融机构悉数破壳诞生,较好地发挥了筑渠引水的作用。但是,就现有的制度安排而言,村镇银行需要现有境内外金融机构作为主要发起人,且最大银行业金融机构持股比例不得低于20%,单个非银行金融机构、单个非金融机构企业法人、单个自然人股东的持股比例都不得超过10%;小额贷款公司则需由境内商业银行或农村合作银行全额出资,且不得吸收公众存款。这种准入要求在实践中往往遇到了发起银行业金融机构资金短缺和较强资金实力的单个自然人、非银行类金融机构和非金融机构企业法人的资本投入受到遏制的问题。同时,农村资金互助社因银行监管部门监管实力不到位而审批滞缓,正规化发展路途遥远。有关部门应尽快完善相关制度安排,鼓励资本投入,允许吸收非社员存款,扫除农民专业合作社金融服务空间拓展的障碍。

(2)创新对合作互助金融服务的监管方式。前银监会副主席唐双宁曾在包商惠农贷款公司成立时强调,各地监管机构要调整充实监管力量,对新型农村金融机构实施贴近式、盯住式的持续监管和差别监管,防止出现金融风险,保证农村社会稳定。

然而,如何把握促进发展与加强监管的尺度,这并非易事。作为对现有金融制度安排创新的产物,对农民专业合作互助金融服务的探索和创新,本身就与现有监管制度安排不协调,过度的监管很可能会成为金融服务创新的阻碍力量,因此,有关部门需要创新监管方式,更多地秉持谨慎监管的态度。

(3)进一步完善合作互助金融服务的配套服务。一是有关部门应尽快制定并出台有利于合作互助金融组织健康发展的配套法律法规,为其发展搭建良好的基础平台。二是鼓励和支持合作互助金融组织参与市场融资,积极为它们进入货币市场和资本市场创造条件,支持和鼓励农民资金互助社进入银行业拆借市场进行资金交易,为其自身的流动性管理提供便利。三是鼓励和支持投资基金,为农村资金互助社等各类微型金融组织提供股权融资,扩大其资金来源的广度和额度。四是积极组织有关部门开展资产评估、信用评级、财务审计、法律援助、信息共享、投融资决策建议、现金管理等方面的咨询顾问服务,为农民专业合作社健全管理系统和决策系统提供有力支撑。

2. 强化现有正规金融对农民专业合作社的金融支持

(1)扩大农村信用社与农民专业合作组织的业务联系。一是优先选择制度健全、经营业绩良好的农民合作社作为服务对象扩大信用担保贷款额度。二是建立适合农民合作经济组织特点的信贷抵押担保。

（2）规范中国农业发展银行法人治理结构和运行机制，在明确相关风险补偿政策的基础上，扩大农业政策性业务的范围和规模，鼓励农发行通过批发或转贷的方式对农民予以支持，特别是对生产基地建设和农民发展生产所需要的资金给予大力支持。

（3）鼓励商业性金融按商业原则加强对农村商业可持续经营性项目的信贷支持，特别是鼓励中国农业银行县域机构发挥管理、人才、市场和网络技术等方面无可比拟的优势，开展金融创新，完善适应农业生产周期的快速贷款和短期可循环贷款等便捷产品，为农户提供方便快捷的结算服务。

此外，引导中国邮政储蓄银行扩大涉农服务范围，将农民专业合作社纳入支持范围，增强农村金融市场竞争力，支持新型金融机构的发展。

（二）推进农村金融产品和服务方式创新

1. 创新和完善农村金融产品和工具，提高金融服务水平

（1）建立和完善联保、担保基金和风险保证金等联合增信方式，大力推广不需要抵押担保的农户小额信用贷款和农户联保贷款，扩大农户贷款覆盖面，提高贷款满足率。如，上海安信农业保险公司提供的"信用保证保险"，大大降低了银行为合作社放款的顾虑，让上海农村商业银行放开手脚为守信合作社提供 50 万元以下的信用贷款，大大提高了专业合作社融资的可获得性。

（2）完善农业订单贷款管理制度，针对合理定价、信用履约和有效执行等形成订单农业的利益保障机制，设计产业链融资产品，深入推进"公司＋农户＋信贷"的信贷管理模式，优化信贷投向和投量，充分发挥农业产业化经营的辐射和带动作用，解决农民专业合作社贷款难、担保难、销售难的问题，提高农村信贷资源的配置效率。同时，加强与保险公司的合作，探索完善保单质押贷款等创新农贷系列产品，鼓励有条件的农民专业合作社优先享用"信贷＋保险"的金融服务新产品，建立防范新机制，有效防范和控制涉农信贷风险。

（3）运用信贷组合管理原理。允许政策性银行和商业性银行等现有正规金融机构，采用农户小额信用批发贷款或转贷方式，减少发放小额信用贷款的交易成本，提高参与农村金融市场的积极性。同时，鼓励上述金融机构积极参股村镇银行、农村资金互助社、小额贷款公司等新型农村金融机构。

（4）鼓励有条件的农民专业合作社在银行以及债券市场发行集合债券，引导各类担保机构为集合债券提供统一担保或其他联合增信服务，指定政策性和国有商业性银行等正规涉农金融机构提供咨询顾问和承销等服务，促进经营业绩突出、资信状况良好、发展前景广阔的农民专业合作社通过更为广阔的融资平台，解决资金来源不足的问题。

2. 改进和完善农村金融服务方式，提高金融服务质量和服务效率

（1）设立农民专业合作社项目库。由于农民专业合作社数量庞大、质量参差不齐、发展迅猛的现实情况，金融机构应按照合作社的规模大小及规范性程度，对农民专业合作社群体进行市场细分，并录入农民专业合作社项目库，再根据项目库排队情况择优支持农民专业合作社的资金需求。在总体上，可以采取"支持一批、合作一批、培育一批"的市场经营策略。对那些规模大、组织化程度高、合作社与社员之间合作紧密、还款来源有保障的农民专业合作社直接给予信贷支持。对那些规模较大、组织化程度不高但农户经济实力较强的农民专业合作社，可通过合作社担保或社员互保等形式，加强与合作社的合作，对社员农户进行信贷支持。对于其余规模较小、组织化程度较低的农民专业合作社，先提供基本服务和贷前辅导，待条件具备时，再给予信贷支持。

（2）简化信贷审批流程，强化贷款风险控制。针对专业合作组织资金需求短、小、急、频的特点，金融机构要适当下放贷款审批权限，适度简化信贷审批流程，提高审批效率。同时，强化贷款风险控制，可参照农发行收购贷款模式，对农民专业合作社贷款实施封闭运行。

（3）注重树立农村金融机构支持合作社发展的典型。面对农民专业合作社的发展现状，农村金融机构在积极展开扶持的同时，也要注意及时总结经验教训，落实好贷前调查工作，严格把好审核关，树立把"具有一定实力、合法合规经营、内部管理完善、运行良好、有发展前景"的农民专业合作社作为优先服务对象的榜样，力争通过以点带面促进其他合作社提高诚信经营理念，为农村金融机构与农民专业合作社的合作发展打好基础。

3. 农村金融基础配套设施建设

（1）信用基础建设。借助人民银行现有企业和个人征信系统，将信息基础数据库的信息采集和使用范围延伸到农村地区，推动农村信用信息共享机制的形成和完善。

金融机构应尽快加强农户和农民专业合作社电子信用档案的建立和健

全工作,监测和记录成员的信用状况,并设计科学、合理、客观、有效的信用指标评价体系,为完善信用评价工作奠定基础。

金融机构应研究制定符合农民专业合作社特点的信用评价体系,开展专项信用等级评测工作,并建立农户和农民专业合作社的信用积分与贷款资格、条件联动的动态调整机制,加大力度支持资信状况良好的合作社和成员农户,取消恶意拖欠逃避银行债务的合作社及成员农户的贷款资格。

(2)健全农民专业合作社信贷担保体系,有效解决农民专业合作社贷款"担保难"问题。一是创新贷款担保形式,建立健全涉农贷款担保财产的评估、管理、处置机制,探索发展林权、大型农用生产设备、水域和滩涂使用权等抵押贷款,扩大担保物范围,积极开展库存商品、应收账款、存单、保单、股权等权利质押贷款,进一步扩大农户和农村企业申请贷款可用于担保的财产范围。二是推动专业农业担保机构建设。由地方政府部分出资建立农村贷款担保基金,并吸收部分企业和农民入股,或由地方政府相关部门、金融机构、龙头企业等共同投资建立专业担保公司,引导有条件的担保机构认购再担保基金,形成财政资金、商业资金、社员资金等共同承担风险的担保基金运作体系,提高担保风险控制水平,增强担保能力,扩大担保规模。三是创新担保和保险机制。大力推行合作社组织成员互保和联保制度,引导合作社借助内部成员之间的相互信任和频繁经济合作,建立多种形式的信用户主担保联盟;鼓励其他各类担保公司为农民专业合作社提供担保业务,探索建立"农民专业合作社+农户+农业企业+担保公司+保险公司"的互助合作机制。四是由政府协调担保公司适当降低担保费率或由财政资金给予担保公司一定补贴。五是鼓励各类信贷担保机构通过联保、再担保、担保与保险相结合等方式,增强担保能力,加大对农村的融资担保服务。

(3)加强农村保险机制建设步伐。一是要全面建立政策性农业保险制度,为农业项目办理保险,增强农业的抗风险能力,减轻金融机构经营负担,提高金融机构支农积极性。二是鼓励商业保险公司对农业项目承保,由各级财政给予一定补贴。

(4)有选择地在部分农村地区试点建立合作金融存款保险制度。

(5)改善和优化金融生态环境。通过开展信用农村和信用村镇评选等多种形式的活动,公开信用评选标准,构建信用评比等级与政府扶持力度的联动机制,强化农民信用意识,优化农村地区信用环境,营造良好的社会舆论氛围,引导农民专业合作社健康成长。

▷项目训练

素质题: 综合分析判断合作社融资的意义与作用。

技能题:

1. 口述合作化融资结构与类型;

2. 列举合作社融资模式并分析其优缺点;

3. 分析判断合作化融资的困境。

知识题:

1. 合作社融资的含义和类型;

2. 简述合作融资困境及突破。

如果你想踏踏实实地做一份工作的话,写一份经营计划能迫使你进行系统的思考。制订经营计划书也是帮助经营者梳理思路并合理规划的一个好工具。

——尤金·考菲尔德

制订农业经营计划

▷素质目标

掌握一个合作社经营计划的制订。

▷技能目标

1. 分析合作社经营计划的内容;
2. 起草合作社经营计划。

▷知识目标

1. 了解合作社经营计划的内容;
2. 熟悉合作社经营计划的论证。

▷重点内容网络图

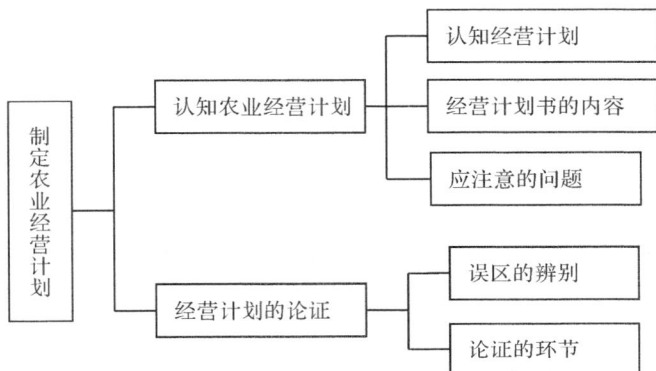

```
                                   ┌──────────────────┐
                          ┌───────▶│   认知经营计划     │
                          │        └──────────────────┘
            ┌───────────┐ │        ┌──────────────────┐
         ┌─▶│ 认知农业经营计划 ├─┼───────▶│  经营计划书的内容   │
         │  └───────────┘ │        └──────────────────┘
┌──────┐ │                │        ┌──────────────────┐
│制定  │ │                └───────▶│   应注意的问题     │
│农业  │ │                         └──────────────────┘
│经营  ├─┤
│计划  │ │                         ┌──────────────────┐
└──────┘ │                ┌───────▶│   误区的辨别       │
         │  ┌───────────┐ │        └──────────────────┘
         └─▶│  经营计划的论证 ├─┤        ┌──────────────────┐
            └───────────┘ └───────▶│   论证的环节       │
                                   └──────────────────┘
```

办合作社不难,但办好合作社难,办好一个具有现代意识的合作社更难。

▷案例一

上海市新凤蜜露桃业合作社

上海南汇是"中国水蜜桃之乡",从明代开始即有水蜜桃栽种的历史,现已发展至 10 万余亩,形成大团蜜露、新凤蜜露等一系列优良品种,成为江南平原地区水蜜桃栽培面积最广、分布最集中、产量最大的区域之一,被国家林业部评为国家水蜜桃名、特、优商品基地,还被评为国家水蜜桃标准化示范区。2005 年,南汇水蜜桃获得国家原产地域产品保护。

南汇水蜜桃以大团和新场两地的种植规模为最大,长期以来这两个地区的水蜜桃销售以"公司＋基地＋农户"的模式为主。由于公司型企业和农户间缺乏有效的利益联结机制和约束机制,一方面公司对桃农的产品质量无法控制,导致品质不稳;另一方面千家万户的桃农面临千变万化的市场,限于资金、技术和信息,无力提升种植水平和销售收益,桃农利益无法得到有效保障。同时由于南汇水蜜桃保鲜困难,上市时间短暂而又集中,因此卖难问题比较突出。合作社的出现,逐渐化解了这些矛盾。

南汇区新场镇的上海新凤蜜露桃业合作社在短短三年内,成为沪上连续数年在产值、盈余、规模等方面占据前列的水蜜桃产销合作社,逐渐成为引领上海水蜜桃市场潮流的产业先锋。

合作社经营实务

一、能人入社，主导发展

实践证明，成功的合作社必然有一个优秀的带头人，而且管理和市场方面的能力尤为重要。上海新凤蜜露桃业合作社的优秀青年带头人陈志刚是合作社的法人和理事长，从小熟悉热爱水蜜桃行业，也熟识众多当地桃农。在工业和商业领域多年的弄潮锻炼和跌打滚爬，使他眼界开阔，富有闯劲，对市场重要性的认识更高，对农产品市场的变化观察也更敏锐，具备成功的创业经验和良好的社会人脉资源，是典型的市场营销型能人。他带领新凤蜜露桃业合作社在"跳出农业搞农业"的开拓性思路指引下，成为生产与营销两条腿走路的合作社。

二、敢于投入，打造品牌

目前，国内一般的合作社能人以种养型的居多。在农产品市场过剩、产品不再稀缺的情况下，生产这一源头有时不再是唯一重要的环节，谁都能生产出东西来，但不是谁都会卖和卖好的。农产品销售是社员利益的根本所在，销售工作如果做不好，产品无出路，合作社没盈余，社员利益就无法得到保障，增收致富也就成了空话。

如何让市场认同接受自身的产品，合作社走出了坚持品牌化市场战略之路，全力打造"石笋"系列品牌。该合作社采用了以下几种做法：

（一）不拘一格做广告

"酒香也怕巷子深"。农产品销售要敢于投入。合作社请人设计了朗朗上口的广告语"石笋果蔬，领鲜一步"。同时，每年斥资近十万元，定期在电视媒体，以赞助娱乐节目奖品的方式做广告，扩大企业知名度和影响力，许多客户慕名前来下订单。如泰国驻沪总领事阿诺森·辛万诺先生就曾亲自上门洽谈水蜜桃业务，泰国诗琳通公主收到其转达的水果篮，两天后派泰国商务部到合作社又订购了一批水蜜桃。为宣扬南汇水蜜桃知名度，放大广告效应，合作社还曾在上海举行水蜜桃拍卖活动，拍出过两个桃子4万多元的高价。

（二）提升质量重建设

对于农民合作社这样的弱势群体组合，广播电视、报刊的宣传费用显得较为昂贵。相对而言，口碑是人类最原始的行销广告。其传播成本最低，发掘潜在顾客成功率最高，缔结品牌忠诚度最大。树立口碑，最重要的是提高产品质量，建立品牌。新凤蜜露连续获得三届上海优质桃评比金奖和十一、十三届全国"星火杯"竞赛发明金奖，通过上海市安全卫生优质农产品认证，并成为首批被授权使用的中华人民共和国原产地域产品保护标志的农产品。

300亩的航头镇丰桥基地已通过有机农产品认证,成为沪上率先通过国家有机认证的水蜜桃生产单位。

通过与高校、研究机构携手,合作社对桃农进行生产技能的培训,使广大新入社农民加快掌握了诸如套袋、整枝、授粉、肥水管理等技术,使他们的生产尽快符合企业生产技术规范,进一步提高了收购产品质量,保障了合作社的可持续发展。

（三）变换包装出形象

要想赢得市场领导地位,就必须能设想出新的产品、服务、生活方式以及提高生活水平的各种方法。新凤合作社注重提升水蜜桃档次,注重包装,让消费者在吃到桃子的同时感受到精神层面的享受。因此,合作社每年都推陈出新,聘请专业设计师设计各式精美包装。去年设计各类包装10种,总投入达193万元。当质量、价格没有差异时,细节决定营销成败。新凤合作社销售的每箱产品都有精美的宣传广告手册,既是服务,又使市民吃个明白,吃个放心,还增加了大量回头客,稳定了客户群。

合作社坚持数年在品牌建设上的大量投入,使"石笋"品牌渐渐成为沪上市民家喻户晓的农产品品牌。

三、营销先行 广拓渠道

合作社的营销分不同阶段开展,初期以高端市场为开拓重点,品牌有了一定知名度和影响力后,实现多点开花、多渠道并重的格局。不管是哪个阶段,合作社始终做到营销先行。

（一）定位高端,差异化营销

上海农产品成本较高,同时全国各地的农产品又紧盯住上海市场,市场竞争激烈。合作社从开始就坚持差异化营销。针对上海市民群体消费力强、社会各种人群收入差距大的特点,通过充分的市场调研,制定了"细分市场、定位高端"的销售策略,把销售重点放在高端市场,主要采取针对机关、企事业单位的团购销售方式。团购方式利润丰厚,确保合作社社员最优质的产品找到最佳出路,使合作社迅速有了原始积累,挖到了市场经济的第一桶金。前两年,销售量一直维持在70万斤左右,销售额达400万元左右。

（二）广拓渠道,做大做强产业

随着合作社业务扩展,品牌建设的深入,团购方式已无法满足合作社发展要求。合作社转而走"多渠道、多元化"策略,对各类机关、大中型企业实行团购;对星级宾馆、外国驻沪机构采取订单直销;对大型超市、卖场实行买断式销售;对高档社区、水果批发市场以及散户市民,实行零售或批发;在互联网上以电子商务方式实行网络营销。2007年合作社实现销售水蜜桃达160万斤,其中团购70万斤,占43.75%;大卖场、超市买断60万斤,占37.5%;此外网络营销20万斤,批发零售10万斤,其中已经打入的超市和卖场有麦德龙、家乐福、易初莲花、大润发、联华、世纪联华等,实现多点开花的销售渠道。

(三)招贤纳才,建立营销队伍

合作社通过吸纳社会上18名具备丰富销售经验的经纪人,组成稳定的营销团队,为合作社拓展销售业务。同时还招收了一些有电子商务知识的大学生,进行网络销售。合作社的用人标准是:有精力、有市场头脑,或具备社会关系的人员。人才对合作社的销售起了关键性作用。

(四)加强回访,稳定客户群

回头客的多少、客户流失率的高低,对企业发展有着举足轻重的影响,也是赢得顾客忠诚的关键。合作社销售档案记录了所有大客户的名单和联系方式。不管是新客户、老客户,每年水蜜桃销售期过后,合作社都会逐一进行回访,听取反馈,联络感情,使新客户成为老客户,增强了老客户忠诚度,稳定并扩大了自身的客户群体。

(五)减少损耗,降低营销成本

南汇水蜜桃货架期短,不耐储运,损耗大大提高了销售成本。通过实践摸索,合作社发现开拓多种销售渠道并注重各渠道之间的协调,可做到循环销售,降低损耗;精品桃通过订单、团购及专卖店销售方式流向市场;中高档产品进入全市麦德龙、家乐福、易初莲花等大型卖场超市和市区38家标准化菜场;卖场超市及菜场的销售余量转至十六铺和曹杨路水果批发市场批发;最后剩下的产品进入全市18家水果大卖场。所有产品都做到"当天收购、当天出货"。为此合作社租借面包车7辆,送货和转货,承担物流。产品从清晨至半夜12点前循环销售,损耗大为降低,节约了销售成本。

四、注重服务,果农增收

在注重营销的同时,合作社也不忽视对社员的服务,做到了四个统一,即制定了合作社的企业标准,统一社员生产规范,提高产品质量;为社员统一团购桃苗、套袋、农药、有机肥等生产资料,降低农民生产成本;定期为农户开展统一培训,提高其种植和管理水平;统一购销,合作社对签约的入社农户,不管是股东或非股东农户的产品均以高于市场每斤5毛左右的社员价进行统一收购,产品经分级包装后以"石笋"等品牌统一上市销售。

通过"四个统一",合作社实现了专业化生产、企业化管理、市场化运作,产品质量提高,市场销售量和销售价格同步增加,大大提高了社员收入。合作社销售取得的盈余按内部章程进行年终分配,扣除公积金、公益金、风险基金后,剩下的50%盈余由合作社社员按交售比例来进行分配。

2005年,合作社桃子销量350吨,当年通过降低生产成本和提高销售价格以及社员分红等方法使社员亩收入达11000元,每户增收3180元,社员合计增收近36万元。2006年桃子销量675吨,社员亩收入达11570元,户均增收4300元。2007年桃子销量800吨,社员增收幅度进一步提高。

五、有序规范,政府扶持

作为市、区农民专业合作社试点单位,新凤蜜露桃业合作社在规范中求发展,以发展促规范,在规范建设方面也取得了长足进步:建立了较规范的财务制度和较完善的合作社章程,通过理事会、监事会、社员代表大会等机构,充分贯彻民主与合作的原则。

合作社不做表面文章,而是紧紧围绕和依照自己的规章进行运营管理,在《农民专业合作社法》出台后及时召开社员大会修订合作社章程,并依法重新进行工商注册登记。合作社已连续三年被评为南汇十佳农民专业合作社。合作社也建立了国家级标准化水蜜桃有机基地300亩,从去年开始要求入社的社员猛增,目前社员已从组建时的72户增加至450户,社员种植面积1.8万亩,辐射6个镇27个行政村的桃业生产,带动能力进一步增强。

同时,政府注意到合作社的规范和带动能力,国家农业部、上海市农委先后给予合作社项目、贷款担保、财政贴息等各类扶持,使合作社的发展步伐进一步加快。

随着合作社带动能力和规模扩大,影响力日益提升,合作社的形象也在发生深刻变化,合作社制订了长远的发展规划。目前,合作社正在筹划南汇水蜜桃的海外出口,与马来西亚、阿拉伯联合酋长国客商的洽谈正在开展。同时,在异地种养也是合作社近期发展计划的内容,而随着合作社经济实力的提高,水蜜桃深加工的可行性研究也在加快进行。

新凤蜜露桃业合作社以《农民专业合作社法》出台为契机,在各级政府的关心和指导下,步入快速发展轨道,为广大果农的增收致富和新农村建设做出了新的贡献。

(资料来源:上海市农业委员会 http://www.cfc.agri.gov.cn)

> **案例点评**

　　所谓现代意识的合作社就是能够自觉地适应产业形势和市场环境的变化的合作社,这意味着合作社更多地以市场需求为导向,谋取提高附加值;将更多地寻求与其他经营者的合作与协调;不再仅仅关注上游业务活动的社员控制,而是更多地关注下游业务活动的社员控制;不再无节制地追求合作社的市场支配能力,而是更多地要与其他供应链参与公平地分担风险和报酬。

　　主要表现为:敢于投入,打造品牌;营销先行,广拓渠道;注重服务,专业生产,做到四个统一,保证产品质量安全。

　　风险投资家尤金·考菲尔德说:"如果你想踏踏实实地做一份工作的话,写一份经营计划能迫使你进行系统的思考。"有些创意听起来很棒,但当你把所有的细节和数据写下来的时候,它们自己就崩溃了。

　　在寻找到经营机会之后,形成一份经营计划书是必不可少的。因为仅出现经营机会,距离经营成功还很远。有了经营机会后,还必须考虑合适的经营模式,恰当的人员组合和良好的经营环境。制订经营计划,就是使经营者在选定经营项目、确定经营模式之前,明确经营思想,考虑经营的目的和手段,往往会起到"磨刀不误砍柴工"的效果。

任务一　认知农业经营计划

一、含义

　　农业经营计划书是全面介绍创办的合作社和项目的运作情况,阐述产品市场及竞争、风险等未来发展前景和融资要求的书面材料。通过经营计划书的准备过程可以把一个思路雏形演变成一个难得的经营机会,同时也可以让经营者对经营活动有个更加清晰的认识,预见经营的可行性及成败。

　　制订经营计划书也是帮助经营者梳理思路并合理规划的一个好工具。因为经营并不只是热情的冲动,而是理性的行为。一个看似美好的想法,经过仔细的分析,可能会被证明在市场中是行不通的。因此,在经营前,做一个较为完善的计划是非常有意义的。在做经营计划时,会比较客观地帮助经营者分析经营的主要影响因素,能够使经营者保持清醒的头脑。一份比较完善的经营计划,也可以成为经营者的经营指南或行动大纲。

二、经营计划书的主要内容

当你选定了经营目标与确定经营的动机,而且在资金、人事关系、市场等各方面的条件都已准备妥当或已经累积了相当实力时,就必须提出一份完整的经营计划书。经营计划书是整个经营过程的灵魂,在这份白纸黑字的计划书中,需要详细记载一切经营的内容,包括经营的种类、资金规划、阶段目标、财务预估、行销策略、可能风险评估、内部管理规划等,在经营的过程中,这些都是不可或缺的元素。

(一)计划摘要

计划摘要列在经营计划书的最前面,它是浓缩了的经营计划书的精华。计划摘要涵盖计划的要点,以求一目了然,以便读者能在最短的时间内评审计划并做出判断。

摘要要尽量简明、生动,一般要包括以下内容:合作社介绍、主要产品和业务范围、市场概貌、营销策略、销售计划、生产管理计划、管理者及其组织、财务计划、资金需求状况等。

(二)合作社(产业)简介

通过对合作社(产业)的简要介绍,介绍合作社过去的发展历史、现在的情况以及未来的规划。具体而言,主要包括合作社名称、地址、联系方法等;合作社的自然业务情况;合作社的发展历史;对合作社未来发展的预测;本合作社与众不同的竞争优势或独特性。当然,经营合作社可能仅仅是一个美妙的产品创意。此时,把经营合作社的简单情况作一番介绍是有益的,包括经营团队的组成和经历,创意的产生和经营情景等。

(三)产品或服务

在进行投资项目评估时,投资人最关心的问题之一就是合作社的产品、技术或服务能否以及在多大程度上解决现实生产中的问题,或者合作社的产品(服务)能否帮助社员节约开支,增加收入。因此,产品介绍是经营计划书中必不可少的一项内容。通常,产品介绍应包括以下内容:产品的概念、性能及特性;主要产品介绍;产品的市场竞争力;产品的研究和开发过程;发展新产品的计划和成本分析;产品的市场前景预测;产品的品牌和专利。

(四)人员及组织结构

有了产品之后,经营者第二步要做的就是组建一支有战斗力的管理和技术人员队伍。合作社管理的好坏,直接决定了合作社经营风险的大小。而高素质的管理人员和良好的组织结构则是管理好合作社的重要保证。合作社的管理人员应该是互补型的,而且要具有团队精神。技术人员是一个合作社产品的质量保证,是一个合作社可持续发展的核心和关键。一个合作社必须要具备负责产品设计与开发、市场营销、生产作业管理、合作社理财等各个方面的专门人才。

(五)市场预测

产品或服务内容的市场情况将决定未来合作社的生产经营状况。没有市场需求的产品或服务是不可能有生命力的。在经营计划中,要说明经营产品或服务内容的市场需求情况、价格定位、成长性、利润率情况;销售或服务的区域和方式以及产品或服务的市场竞争情况等。

在经营计划书中,市场预测应包括以下内容:市场现状综述、竞争厂商概览、目标顾客和目标市场、本合作社产品的市场地位、市场区域和特征等等。合作社对市场的预测应建立在严密、科学的市场调查基础上。经营者应牢记的是,市场预测不是凭空想象出来的,事先要进行详细的市场调查,对市场错误的认识是合作社经营失败的最主要原因之一。

(六)营销计划

营销是合作社经营中最富挑战性的环节,影响营销的主要因素有:

1. 消费者的特点;

2. 产品的特性；

3. 合作社自身的状况；

4. 市场环境方面的因素。

最终影响营销的则是营销成本和营销效益因素。在经营计划书中，营销计划应包括以下内容：

1. 市场机构和营销渠道的选择；

2. 营销队伍和管理；

3. 促销计划和广告策略；

4. 价格决策。

对经营合作社来说，由于产品和合作社的知名度低，很难进入其他合作社已经稳定的销售渠道中去。因此，合作社不得不暂时采取高成本低效益的营销战略，如上门推销，大打商品广告，向批发商和零售商让利，或交给任何愿意经销的合作社销售。对发展合作社来说，它一方面可以利用原来的销售渠道，另一方面也可以开发新的销售渠道以适应合作社的发展。

（七）生产的规划

生产的规划是对已确定的产品在生产过程中对厂房、设备、人员、技术、资金以及生产活动所需要的支持等方面的要求进行设计。要根据生产的规划，制订详细的生产计划。生产计划主要描述生产的设备要求、厂房要求、人力资源要求、技术要求、进度要求、原材料要求、质量要求等方面的问题。也就是说，生产计划主要是解决如何进行生产，如何保证产品质量的问题。生产计划可以分阶段制订，从起步阶段开始，随着合作社进入正常经营状态后，产品需求的增长速度要与经营生产能力保持同步。

（八）工作进度安排

经营计划要注明创建工作的时间进度安排，详细说明工作内容、工作要求、执行时间、执行负责人等内容，最好是拟订一份创建工作进度安排表。创建工作进度安排表包括做好市场调查，确定经营的产品或服务的内容，进行产品、服务及包装的设计，选择厂址，购置生产设备，招聘员工，制作广告并创意促销方案，领取营业执照，银行开户，税务登记，开业典礼等内容。执行时间可以交叉安排。

（九）风险预测

经营是一个高风险的自我挑战，面对风险，经营者要积极面对，而不是消极对待。要详细说明项目实施过程中可能遇到的风险和发生的几率，提出有效的风险控制和防范手段。风险通常包括技术风险、市场风险、管理风险、财务风险、政策风险、自然风险以及其他不可预见的风险。

（十）财务预算

经营计划要说明经营工作需要的财务总预算，要分项列出建设厂房的总造价、生产设备的总投资、为创办合作社应缴的各种费用、经营产品的原材料价格、生产工人和管理人员的工资、生产流动资金等。

财务预算要对创办合作社所需要的全部资金进行分析、比较、量化，制订出资金需求和资金分阶段使用计划。制订财务预算计划要尽可能做到细致、准确、全面，不漏项、不低算、不高估。分阶段资金使用计划要详细，还要适当考虑一些不可预见的因素。

经营计划书犹如一部功能超强的电脑，它可以帮助经营者记录许多经营的内容、经营的构想，能帮经营者规划成功的蓝图，而整个经营计划如果详实清楚，对经营者或参与经营的伙伴而言，也许更能达成共识、集中力量，这无异是帮助了经营者向成功迈进。当然，处于不同阶段的经营计划书的重点也会有所不同，应根据实际情况对上述内容进行必要的组合或拆分。

三、制订经营计划要注意的问题

当一个经营项目在经营者脑海中酝酿时，经常非常美妙，经营者会有抑制不住的经营冲动。在这时候，经营者可以尽情地把这个思想以经营计划书的形式写出来，然后使头脑冷静下来，把反面的理由也写进去，从正、反两个角度反复进行推敲，就可以发现自己的经营理想是否真正切实可行，是否具有诱人的经营前景。所以，经营者在经营之初，通过制订经营计划书可以使经营者理清自己的经营思路，对自己的经营项目有比较清晰的认识。那么，制订经营计划要注意哪些问题呢？

我们通过江苏省海安县南莫镇赵立新的经营过程来做一个分析。

2006 年,赵立新在一次赴金坛市参观考察的过程中,一个种植蘑菇的项目引起了他的注意,联想到地处里下河地区的南莫镇稻草资源丰富,具有发展蘑菇种植的潜力,回来后,经过村委会讨论研究,决定组织村干部及种养殖大户再次赴金坛市参观学习。通过参观学习,大家一致认为蘑菇种植原材料资源丰富,经济效益好,是一个很好的项目,适合于本地种植,决定在全村发展。但在具体实施时,面对前期投入、种植技术、销售渠道等一系列实实在在的问题,有心发展的群众又有了畏难心理。针对这种情况,赵立新又采取先试验示范后推广的步骤,邀请到福建省福鼎市陈勇岸、林朝全两位师傅来该村投资,并帮助林师傅流转土地 30 亩,搭建蘑菇大棚 30 个,他本人也亲自带头示范,建起了三个大棚作为一期工程先行示范种植,从进材料到堆料、翻料、上料以及播种覆土等,都亲自动手操作实践,待产生效益后再全面推广。

村里有了第一个"吃螃蟹"的人后,村民的眼光纷纷被吸引住了,人们期待着这些蘑菇大棚能产生神奇的效益。30 多个大棚依次搭起,每个大棚长16 米宽 11 米高 7 米,搭建 7 层架,种植面积 1 万平方尺。经过一系列的种植流程后,收获的季节终于到了,村民们惊喜地看到,平均每个大棚产出蘑菇10000 斤,产值 4 万元,除去 3 万元的生产成本,每个大棚(每亩土地)得纯利1 万元,远远超过了种田所获得的收益。

从上述例子可以看出,制订经营计划时要注意以下五个方面的问题。

第一,经营计划要符合当地实际。

赵立新经营之前,首先对项目是否适合本地进行分析研究,找到了本地发展蘑菇种植具备丰富的原材料资源,同时在具体实施时,也没有一拥而上,而是采取先示范后推广的方式循序渐进、稳步推动。也就是说,赵立新在拟订经营计划的时候,做到心中有数、符合实际。所以,制订的经营计划要切实可行,能够实施。

2006 年一年的试验示范,村民们耳闻目睹的事实,掀起了他们种植蘑菇的热情。加之,南莫镇干部带头个人出资,在该村承包土地 19 亩,兴建大棚 19个,以实际行动证明蘑菇种植这一项目的可行性,更激发了农民种植蘑菇的积极性。为了形成规模生产,实现连片种植,需要解决种植大棚蘑菇用地问题。他亲自带领村干部一班人,积极搞好土地流转工作,村民代表一起从早到晚到农户家中做工作,从产业结构调整的大局到发展食用菌产业对南莫镇的经济发展所带来的影响等对村民进行讲解,力求讲透,让村民真正认识到发展食用菌产业的潜力及市场空间,从而获得全村村民代表及大多数村民的支持,为发展好蘑菇种植产业奠定了思想基础和群众基础。通过努力,2007年流转土地近90亩,新建蘑菇大棚82个,新建食用菌菌种厂一座,创办交易市场建筑占地30亩,为2007年南莫镇的蘑菇生产和销售打下了良好的基础。

第二,经营计划要量力而行。

经营是开拓性、进取性的事业,不可能一步登天。要根据自己的财力、物力、技术、特长、管理能力等因素,综合考虑经营计划。要从小做起,不要把摊子铺得过大,要脚踏实地、一步一个脚印地把自己的事业发展壮大。赵立新正是通过示范引领、逐步推进、量力而行的方法,为本地区蘑菇种植产业的发展奠定了坚实的基础。

随着蘑菇种植面积的扩大,蘑菇生产已渐渐成为南莫镇的一个新兴农业产业,带给当地农民群众的经济效益也越来越多。一是蘑菇种植所获得的收入,由于在蘑菇生产中提供了技术支持和集中销售,基本规避了生产风险,每个大棚每季纯收入均在1万元以上,预计每季可增收240万元;二是农村剩余劳动力转移所带来的收入,由于生产的需要,蘑菇大棚常年要请帮工,平均每个大棚需用工费约5000元,可为赋闲在家的农民增加收入120万元;三是搭建大棚所需原材料的销售增值,平均每个大棚的原材料需要2.5万元,全镇需投入600多万元,带动了当地的物资流通;四是稻草的额外收入增值,以往的稻草基本无人问津,但现在成了"抢手货",有人上门订购和抢收。

蘑菇产业在南莫镇的发展,拉动了当地经济,为稻草这一原先闲置的资源提供了新的使用渠道,解决了社会、政府困扰已久的稻草焚烧、环境污染的难题。同时也是生产蘑菇的下脚料,又是很好的有机肥,它含多种氨基酸和蘑菇没有完全吸收的养分,对改良土壤,发展无公害农产品、绿色产品提供了天然的有机肥。据测算一座大棚有近25吨的下脚料,全镇近252个大棚就有近6300吨的有机肥等待开发再利用,如能对其深加工,将会产生很大的经济效益和生态效益。再者,蘑菇走向市场,因食用菌是富含多种氨基酸的抗癌食品,经常食用蘑菇,对人体将会起到保健和增强体质的作用。

第三,经营计划要进行投资分析。

蘑菇生产的关键就是控制好杂菌的繁衍,保持适度的水分和适宜的温度,要掌握这一技能也不是件容易的事。赵立新在蘑菇种植面积逐步扩大的同时,开始进行市场调查,了解市场行情,了解最新信息,掌握他人心理,做好投资分析。在分析的过程中,要尽量考虑各种影响因素,保持冷静的头脑,客观地分析各种影响因素,不能用投机的心态进行投资分析。

他主要抓了三件事:一是广泛宣传开展技术培训,借助江苏省农村新五件实事之一的农民培训工程,组织蘑菇种植户及有意于从事蘑菇种植的农民参加县食用菌生产农民经营培训班,培训老师围绕蘑菇产业发展前景、菌种生产技术、双孢子蘑菇大棚种植技术(病虫害防治)等系统地进行了讲解,同时还印发了相关的培训资料,提升了广大农户的种植水平;二是组织配套供应种植大棚蘑菇所需的生产资料,从源头抓好原材料的质量,确保大棚蘑菇生产的成功;三是实行试验示范和技术指导。他以合作社为载体,聘请了6名专业技术人员,对全村蘑菇种植户实行全程技术指导承包,为种植户解难答疑,在技术支撑上让农民吃上一颗定心丸。同时,为了做好引导与示范,他亲自带头搭建了三个大棚种植蘑菇,在他的引导带动下,全村 2007 年新搭建蘑菇大棚 82 个,并带动了全镇搭建蘑菇大棚 252 个。

第四,经营内容要有行业特色。

经营要有特色、有科技含量、有创新,否则就会短命。赵立新的经营项目不仅具有鲜明的农业行业特色,而且具备系列的技术特色,经营的成功就在于赵立新将技术和特色进行了有机结合。

2007 年初,南莫镇加大投入,以成立于 2004 年 5 月的南莫食用菌生产合作社为基础,以南莫镇为蘑菇种植的核心方,辐射到周边砖桥、校林、高杨、黄陈等村,吸纳会员 102 名。以成立的南通惠农食用菌有限公司为依托,形成了"合作社+公司+农户"的经营模式。投资 500 多万元扩建蘑菇大棚,新建食用菌菌种厂、加工厂和苏中食用菌交易市场。实行蘑菇标准化生产,做到"六个统一",即统一原材料采购、统一菇棚搭建、统一菌种供应、统一技术指导、统一市场交易、统一加工销售,从而进一步整合了生产资源,降低了种植成本,维护了市场秩序,制止了恶性竞争,真正建立起了一条产业链,实现了产前、产中、产后的优质服务,保障了农户的切身利益,推动蘑菇种植这一产业的健康、可持续发展。

第五,农业经营要选择恰当的形式。

经营不可避免地存在着各种无法预期的风险,尽管经营者在经营计划书中分析了经营风险的存在方面,却难免挂一漏万。经营者可以选择恰当的经营形式来化解潜在的各种风险,譬如,可以选择加入农民合作社、农业协会或注册创办有限责任农业合作社等。这些经营形式不仅能解决农民不懂生产技术、没有生产本钱、市场开拓能力缺乏等难题,而且能保障农民作为经营主体与大市场对接,是实现农业产业化、真正带动农民致富的有效途径之一,同时还可以通过成员间共担风险、共享利润的经济合作形式,使农民的经济活动取得尽可能高的效益,又能保留农民在其经营项目运行中的自主性质。

(资料来源:吉文林:《现代农业创业指导》,中国农业出版社 2008 年版)

附:经营计划书样本

××生态农业有限公司经营计划书

第一章 摘 要

公司名称:××生态农业有限公司。

联系地址:××市××区××镇××村。

联系电话:×××××　　联系人:×××

本公司集养殖和种植及销售为一体,占地面积 90 亩。其中,小龙虾养殖占地 40 亩,速生菜种植占地 50 亩,其所有产品均销往武汉市及周边地区,员工 15 人。

本公司建立在美丽的××河畔,远离工业、生活污染,坚持绿色环保理念生产,对农药、化肥及饲料严格把关,所生产的小龙虾个大,颜色红亮,味美可口。蔬菜品质优良,安全放心。

随着国际国内市场对绿色无公害食品的需求量大增,公司将实行滚动发展,扩大生产规模,实行产业链延伸,发展相关产业带动地域经济发展。

截至 2010 年公司将发展占地面积 180 亩,年销售总额 150 万元,员工40 人。

第二章 公司概况

1. 公司简介

a. 河边生态农业公司地处××市××区××镇××村。2007 年 8 月 18 日经××市××区工商行政管理部门登记注册成立,注册资金 5 万元,实际到位资金 3 万元,其中现金 2 万元。

b. 公司主要以养殖和种植及销售为主。其中,养殖主要项目是小龙虾,规模 40 亩,其所有产品销往××市及周边地区。公司员工有 15 人。

c. 本公司的成立将带动本地群众种、养观念的更新。经济效益提高也给地区城区菜篮子提供了一份保障。

2. 公司成立背景

公司原是散户经营,种植和养殖不成规模,效益不明显。自公司成立后,集约土地资源,统一引进优良品种,扩大种养规模,改变种养模式,得到政府农业部门的大力支持。

3. 公司的经营方针、发展战略

依托科研机构,集中专家智慧,开发绿色种养模式,造福人类社会;公司的口号是:以最小的土地面积资源,创最大的经济利益。公司以绿色环保生产为宗旨,以市场需要为主导,以商业诚信为基调,以行业创新为理念,以做强做大绿色城郊农业为目标。为取得社会效益与经济效益的双赢,公司加强了以下几个方面的工作:

a. 整合已有资金和土地资源,充分利用好、管理好;

b. 抓好品种的创新,提升产品质量;

c. 在品质不断提高后,争创优质品牌;

d. 提高员工素质,加强技能培训。

4. 公司人员

a. 公司经理:×××,男,××岁。19××年起从事养殖和种植业并取得较好的经济效益。多次被农业部门选送农校培训,为人精明强干,性格谦逊;管理能力强,对所从事行业非常熟悉,有一定的人格魅力。

b. 公司副经理:×××,男,××岁,年轻力壮,富有朝气,头脑精明,具有开拓精神,特别在营销方面很有能力。

c. 公司其他人员情况:公司现有员工15人,平均年龄××岁,其中管理人员2人。男性员工13人,女性员工2人,他们都是种养行业的能手。

第三章 产品与行业介绍

1. 公司产品介绍

a. 随着人民群众生活水平的不断提高,食品种类不断丰富,小龙虾是被广大市民及国际人士认可的一种食品,不仅味美,而且是营养丰富。因此小龙虾市场需求越来越大,养殖经济回报率高,一直以来都被养殖户看好。

b. 汗菜、竹叶菜等速生叶菜,种植周期短、茬口多,能及时轮作和及时补充市场需求,效益可观。

2. 本公司产品特点

a. 本公司建立在美丽的××河畔,远离工业和生活污染。坚持以绿色环保为理念生产。

b. 对农药、肥料及饲料进行严格把关,生产出的小龙虾个大、颜色红亮、味美可口。蔬菜品质优良,安全放心。

3. 行业和市场

a. 行业介绍：××省是我国中部的农业大省，是中部崛起战略的中心省份，而××市是中部崛起的支点城市，因而××市的快速发展成为中部地区，尤其是××省发展的重要标志。××市作为××省最大的城市，占据××省重要的经济地位，它的发展速度和程度可以直接为周边城市提供参照和机遇，发展农业产业化是××市解决"三农"问题的重要支点，同时××市相关产业的发展不仅可以为当地人民带来福利，还可以拉动周边城市相关产业的发展。因此，都市农业的发展，特别是种养行业成为政府大力支持和大力扶持及推广的行业。

b. 公司市场介绍：××市作为一个特大的城市，不仅常住人口多，而且流动人口也多，食品需求量非常大。本公司距市区不到 10 千米，市场行情信息畅通，绝大部分产品直接销往市区。

第四章　基本经营模式

1. 公司是独立经营性质的单位，实行"贴近终端、服务营销、综合经营"策略，快速做大做强。充分整合合作社与市场资源，让利于民，实现市场的持续发展。创建服务营销为主题的营销模式，实现较高的市场增长。

2. 以改善品质、发展品牌来提高知名度。

3. 坚持绿色环保生产，实行质量跟踪和责任追究制度。

第五章　项目发展计划

近 30 年的水产养殖业，在全球动物性食品生产中增长最快，而中国的水产养殖产品的生产贡献最大，特别是最近几年，中国水产品养殖产量约占世界水产养殖产量的 2/3。可以说，中国对世界其他国家，特别是发展中国家，就发展水产养殖业树立了良好典范。本公司将扩大规模生产，实行产业链延伸，发展相关产业，带动地域经济发展。

1. 近期发展目标

a. 公司将在 2008、2009 两年内组建养殖分场和种植分场以及销售等三个单位。

b. 2008、2009 两年内养殖销售额达到 25 万元。

2. 中长期目标

a. 公司到 2012 年，养殖水面达 80 亩，销售额达到 60 万元。

b. 种植速生菜面积扩大到 100 亩，销售额达到 50 万元。

3. 阶段资金用途及金额

a. 第一段虾池建设 4 万元，支付地租 9000 元。

b. 种植购置微耕机、灌溉设备 10000 元，支付地租 12000 元。

4. 公司未来五年目标(略)

第六章　风险及其控制

1. 技术风险

a. 小龙虾养殖技术已逐渐成熟，其种苗已通过科研部门研究并养殖出比野生小龙虾更优良的品种，它的饲料广泛，生长迅速，容易饲养。

b. 速生菜叶类生产已多年，品种也是不断更新，越来越优良，本公司依托××市蔬菜技术服务总站的技术指导，对蔬菜的病虫害适时监控与防治，产品质量、产量有保障。

2. 项目实施风险

本公司项目实施得到本地各级政府的大力支持，加上市场大量需求并不断上升，所以项目实施将顺利进行。

第七章　生产与经营

1. 生产与服务

a. 小龙虾生产过程：整理虾池—放养种苗—饲养管理—捕捞—销售。

蔬菜生产过程：整理土地—选种—育苗—栽培—管理—采摘—销售。

b. 控制成本：公司采用小龙虾养殖饲料与天然草料混合饲养，蔬菜种植大量使用自然农家肥等控制成本。

c. 质量控制方案：公司将坚持绿色环保理念，坚决抵制激素饲料和违禁农药的使用，达到产品无污染、绿色无公害。

2. 生产类型

a. 小龙虾生产技术：虾池底部挖"井"字形宽 1 米，深 1.5 米，并在池内设许多浅滩，以利用龙虾产卵。虾池周边加设防逃设备。

b. 蔬菜生产技术：建设设施大棚，搞好茬口轮作，有效利用土地，同时加强病虫害的检测和防治。

c. 加强员工技术培训工作。

3. 生产营业设施设备

土地微耕机一台，小龙虾池防逃设施、灌溉设备一套，小型农用运输车一台。

4. 供应情况

小龙虾种苗从农林科研究所购进，饲料、蔬菜种子、肥料农药从××市场购进。

5. 技术保障

小龙虾养殖技术依托××区农业局水业部门专家作指导。实行全程记录生长情况,供专家参考指导。

蔬菜种植及病虫害防治,依托××市蔬菜技术服务总站,指导老师、高级农师×××。栽培指导老师、高级农艺师×××。

第八章　市场与营销

1. 市场分析

本公司的小龙虾有50%销往××市新世界水产品市场,约1万斤,金额10万元。50%直销××酒店,1万斤,金额10万元。

本公司速生蔬菜80%约700000斤销往××蔬菜大市场,营业额为56万元左右。20%本地直销,约180000斤,营业额为18万元。

2. 市场的形成背景和发展速度及推动因素

本公司地处××市城郊,发展养殖小龙虾和种植蔬菜,其市场非常大而且稳定。

国际市场:欧美市场每年需消费淡水小龙虾12万吨—16万吨。而我国小龙虾每年出口一直保持在2万吨—3万吨,因此淡水小龙虾的出口大有可为。

国内市场:淡水小龙虾在国内消费非常火爆,尤其以江苏南京最盛。"十三香龙虾""水煮龙虾""手抓龙虾"称誉大江南北。而××市的"油焖大虾""虾球"等各种吃法也遍布整个城区。每年6—10月份,仅南京每天消费小龙虾可达70—80吨,这种消费正向全国大中城市蔓延,从目前国内形势看销售量在8万—10万吨/年。

目前我国生产的小龙虾主要是克氏蟹虾,产量不高,但价格逐年上升。2000年市场零售4—6元/斤,2005年涨到12—18元/斤。预见以后还要上涨。

速生叶田菜以其生长快速能填补季节菜断档的空白。生产销售也一直非常好,价格很可观。

综上分析,本公司将发展生产至2010年,养殖、种植面积都要在公司成立初期基础上翻一番。

第九章　内部管理

1. 本公司组织结构图

经理—副经理—员工。

2. 职责职能说明

经理:负责管理公司全盘。

副经理:负责具体业务操作领导。

员工:所有员工服从组织。安排并办好分内每一件事。

3. 人力资源规划

本公司至 2012 年,副经理 3 名,员工达到 40 人。

4. 培训计划

通过有计划的系统培训,不断提高员工业务水平,比如岗前培训、业务培训、专业进修等。

5. 激励机制

按劳计酬;实行绩效与奖金挂钩机制;组织学习;报销本公司分内开销机制;评先进模范机制等。

第十章　财务

财务状况管理:(略)

(资料来源:吉文林:《现代农业创业指导》,中国农业出版社 2008 年版)

任务二　农业经营计划的论证

一、农业经营计划书中常存在的误区

从近两年农民合作社经营状况来看,要求农民完成一份较为完整的经营计划时,许多经营计划书中往往比较容易犯以下一些错误:

第一,做什么不明确,市场的差异性和目标市场在哪里描述不清楚。对自己提出的经营计划与目前市场上已有的产品或服务,不能明确指出差异在哪里。

第二,怎么做不明晰,经营模式不清楚,如何获得利润,经常没有说明最终是哪个客户付款。

第三,市场潜力和规模缺少调查和依据。有不少内容出于主管臆断,而不是出于客观的市场调查。

第四,团队创建是凑合,而不是融合的。通常为了筹建一个看似"全面"的团队,而到处找人,但每个人在团队中的作用如何,是否具有相关的工作经验却描述不清。

第五，财务分析中现金流分析不够。没有让人信服的资金周转方案，对资金何时投入、何时回笼都没有清楚描述。

经营计划书格式雷同，照着一个通常的模板生搬硬套，缺乏自己的理解和认识。所以，当经营者已经激发起经营的勇气，找准了经营的项目，拥有了经营的资金，制订了经营的计划，是否就可以动手经营呢？我们认为，具备了这些条件还不够，还有一个重要的环节需要我们去完成，即经营计划方案制订后，不能马上实施，必须进行充分论证，否则就算经营目标明确，经营过程中的一些技术要求、方式方法、人员组合等方面出现问题也会使经营多走弯路，甚至导致经营的失败。

二、经营计划论证的环节

如何进行经营计划的论证呢？一般来说有以下几个环节：

(一)专家论证

有条件的情况下，要请几位本地区的专家或行家对经营计划进行充分论证，多挑计划中的不足，多找计划的毛病，多提反对意见，从而进一步完善计划。请专家论证虽然会增加一些论证费用，但得到的回报会远远超出花费。投资额超过 50 万元以上的项目，最好要召开论证会，多请一些同行专家参加，一次论证不满意，经过修改后再论证，直到满意为止。

(二)多方咨询

寻求有丰富经验的律师、会计师、政府熟悉相关政策的官员、专业咨询家的帮助是非常必要的。比如，向行业管理部门进行咨询，他们对你所准备从事经营的行业有总体上的认识和把握，具备一般人不能具备的预测能力，能够通过行业的优劣特点、行业的市场状况、行业的竞争对手、行业的法律约束等方面的分析给你以帮助。他们的建议有时能让你的经营计划书看上去更加完美。

(三)风险评估

经营的风险不能低估，要充分了解同行的效益情况，要预测市场的变化，要充分估计到如果产品卖不出去怎么办，行业不景气怎么办，还包括季节气候的变化、竞争对手的强弱、客源是否稳定,等等,这些风险对经营者而言极为严重,有时甚至会导致经营的失败。对于这一系列问题经营者都要有完整而周密的考虑和应对措施。

▷ **项目训练**

素质题:描述一个合作社经营计划的制订。

技能题:

1. 分析合作社经营计划内容;

2. 起草合作社经营计划书。

知识题:简述合作社经营计划的内容。

项目八

我们所讲的合作社,就是小产业者自助互助的团结,专赖集小为大、积少成多的力量,结合许多社员,即从这些社员自己力量谋相互产业的发达和排除相互的不利。

——于树德

农业经营风险的识别与防范

▷素质目标

学会识别农业的经营风险,树立农业经营风险意识。

▷技能目标

1. 分析合作社经营风险的种类;
2. 掌握几种化解经营风险的方法。

▷知识目标

1. 了解合作社经营风险的类型;
2. 熟悉合作社经营风险的评估;
3. 了解合作社经营风险产生的原因,初步学会化解风险的方法。

▶重点内容网络图

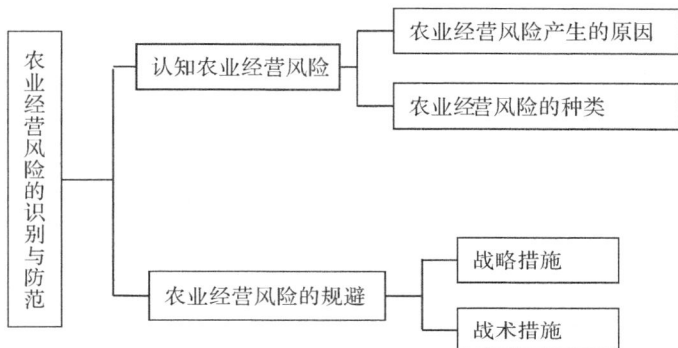

```
                      ┌── 认知农业经营风险 ──┬── 农业经营风险产生的原因
                      │                      │
 农业经营风险的        │                      └── 农业经营风险的种类
 识别与防范 ──────────┤
                      │                      ┌── 战略措施
                      └── 农业经营风险的规避 ──┤
                                             └── 战术措施
```

对于农民专业合作社的发展而言,产品特性是前提,生产集群是基础,组织成员最重要,制度环境很关键。

▶案例一

浙江省桐庐钟山蜜梨专业合作社

桐庐钟山蜜梨专业合作社成立于 2002 年 10 月,是一家集蜜梨生产、管理、技术服务、收购、加工、保鲜贮藏和销售为一体的实力型示范合作社,拥有社员 112 人,带动梨农 687 户,联结基地 7356 亩,主要品种有翠冠、清香、新世纪、黄花梨。注册商标为"钟山蜜",到现在已建有场所 6000 多平方米,建筑面积 2000 多平方米,配有保鲜冷库、分级机,2004 年被杭州市人民政府评为"十佳合作社",2005 年被省农业厅推荐报批国家农业部示范合作社项目。

钟山农业资源丰富,生态环境独特。从 20 世纪 80 年代中期开始,钟山大规模栽培蜜梨,尤其是近年来,钟山蜜梨产业以资源为依托,以市场为导向,实行科学布局、专业化生产、一体化经营、社会化服务和产供销紧密结合的经营方式,成为百姓经济的一大支柱。到 2004 年,全乡蜜梨基地达 10000亩,其中投产 7000 余亩,产量达到 10000 余吨,产值达 3000 余万元,主要品种有翠冠、新世纪、黄花梨、清香等,钟山乡先后被命名为"浙江省无公害农产品基地""国家级无公害农产品基地"和"浙江省蜜梨之乡"。"钟山蜜"牌蜜梨先后获得中国浙江国际博览会优质奖和杭州市优质农产品金奖等奖项。

一、顺应民意,联合建社闯市场

蜜梨是桐庐特色优势产业,全县规模、效益均居全省前列,并被列为浙江省特色优势产业区。合作社地处全县栽培面积最大、素有"蜜梨之乡"称号的钟山乡,该乡在 20 世纪 80 年代就开始发展以"黄花"为主的蜜梨,20 世纪 90 年代后期大力发展以"翠冠"为主的优质早熟蜜梨。经过几年发展,目前有连片种植的蜜梨近万亩,是杭州地区最大的优质蜜梨生产基地,加上周边横村、瑶琳、莪山等乡镇种植的 5000 余亩,区域性生产面积占了全县的 50%。然而,这个蜜梨主产区早在 2002 年之前,并没有一个有序的组织,每逢销售旺季,大批分散经营的梨农面对外来水果运销贩子的肆意压级压价,一筹莫展,往往是优质不优价,增产不增收,梨农的积极性受到严重挫伤,桐庐的蜜梨产业发展因此遇到了残酷的市场瓶颈问题。

对此,县、乡二级政府高度重视,在多次深入开展调查研究的基础上,提出要顺应新形势建立农民专业合作社的意见和思路。在农业部门的指导下,以钟山乡的蜜梨重点专业村——大市村为基础,以当地的蜜梨种植和营销大户为核心,牵头组建了桐庐钟山蜜梨专业合作社,在自愿的基础上,将一家一户分散生产经营的梨农组织起来,形成合力,从小市场挤入大市场,从而使梨农的蜜梨生产和销售步入了有序的轨道,桐庐的蜜梨产业也得到空前的发展。

合作社成立之初,为了真正兑现"统一收购、统一包装、统一销售",确保收购的梨能够销售出去,理事会组织 20 多人到杭州市果品市场开展免费品尝促销宣传活动,并在批发市场逐渐站稳了脚跟,合作社因势利导,从提升产品质量入手,迅速打开了市场。随着合作社经营正常化以及服务能力的提升,社员对合作社的归属感、向心力得到加强,越来越多的梨农主动向合作社靠拢,社员也由建社之初的 10 户发展到现在的 112 户,他们通过合作社实现了"信息灵、渠道畅、售价高、收入增",尝到了合作社给他们带来的实惠。2006 年合作社实现销售 5160 吨,产值 1399.1 万元,盈余 196.2 万元;因价格提高合作社增收达 128 万元;社员在购买合作社提供的农资时享受进价优惠,单价比同期市场低 10%;按照章程规定,合作社实行二次返利,2006 年返利高达 58.8 万元,据测算,2006 年社员人均增收在 1.7 万元以上,比种植农作物每亩增收 1800 元以上。今年合作社经营业绩再上台阶,通过各种渠道销售蜜梨的产值达到 1500 万元,社员销售的蜜梨平均价格达到每公斤 3.40 元,高于周边地区 1.4 元,仅此一项,合作社新增收入就近 500 余万元,获得了更加可观的效益。在合作社的带动下,钟山乡蜜梨平均单产达到 1300 千克,亩产值 4000 元,户均纯收入达 4 万余元。合作社已成为万亩优质蜜梨基地发展的助推器,已与当地蜜梨产业的发展紧紧地融合在了一起。正因为如此,合作社才有了快速的发展,并蕴含强劲的发展潜力。

五年磨砺,合作社厚积薄发,先后获得省市县各级示范性农民专业合作社以及杭州市十佳农村专业合作经济组织,2007 年还被列入浙江省"强龙兴农示范工程"百家示范性农民专业合作社重点建设名录;多年来已成功创建了浙江省农业机械化示范基地(水果生产机械化)、杭州市都市农业示范园区、杭州市农村科普示范基地、杭州市十佳农业示范园区。五年苦心经营,合作社声名远播:日本东京农工大学、日本经济新闻社、泰国农业和合作社部以及国内中西部地区、周边县(市、区)等纷纷组团前来考察取经和采访报道。

二、依法治社,规范运营促发展

(一)实行制度立社,规范运作机制

按照"合法组建、机构完整、有效监督"要求,合作社起初由 10 名骨干社员发起入股,2004 年 7 月经工商注册,取得了合作社营业执照。2005 年按照省市对合作社规范化建设的要求,对股金设置进行了调整,其余 104 名社员由原先的交社员费改为持股,使合作社与社员之间的经济联系更为紧密。合作社通过社员大会选举蜜梨种植、营销大户陈新照同志为理事长,同时严格执行省、市、县关于合作社的运作要求和合作社的章程规定,建立了完整的运行、监督机构:①社员(代表)大会。决定合作社的重大决策,审议年度社务、财务,确保每年活动不少于两次。建立社员代表议事制度,对日常生产经营事务进行集体决策。②理事会、监事会。理事会负责日常生产经营管理事务,监事会严格执行监督制度,实行社务、财务公开。仅 2006 年就召开了 8 次理事会议和 6 次监事会议。③生产经营机构。合作社有专门的办公场所,并设置了财务、生产、技术服务等部门,制定了各部门规章制度,并上墙张贴,明确职责,接受监督。

合作社还建立了完善的内部管理制度:①合作社章程。明确规定了社员、理事会、监事会的权利和义务。②利益分配机制。与社员签订购销合同,以优惠价收购,年终对社员实行二次返利,2006 年共计返还 58.8 万元。③支撑发展机制。扩大服务范围,吸引周边梨农,同时努力开拓市场,谋求更大的发展空间。④利益保护机制。协调市场售价,规范市场行为,维护社员的合法权益,有效遏止同业恶性竞争行为的发生。

合作社还坚持"民办、民管、民受益"的原则,实行自主经营、自我服务、独立核算、自负盈亏。有独立的财务核算体系和经营管理体系;以优惠价收购社员生产的蜜梨,由合作社统一包装、贮藏和销售,并为果农做好产前、产中、产后服务;年终根据经营状况向社员实行二次分配;经营管理上,在继续坚持互助、合作的同时,导入了风险、利益分配等市场经济机制。

(二)推行科技兴社,提高标准化生产水平

在省、市、县农业部门的大力支持下,合作社积极筹措资金,组织蜜梨生产核心示范基地基础设施建设,大力推广蜜梨标准化生产技术,统一生产技术规程和果品质量标准。

不断提高生产标准,主动适应市场需求。2002年起,合作社全面推广无公害标准化生产,同年通过省级无公害蜜梨基地认定,2004年通过国家级无公害农产品认证。2006年又开展了绿色食品生产技术的实施和申请认证,目前已通过了绿色食品A级认证。2007年,合作社又开展了有机蜜梨的生产试点,因此出品的高档蜜梨不仅价格高,而且供不应求,2008年计划再进一步扩大规模,并开展有机食品认证工作。目前基地内已全部采用专用果袋、农家肥和生物农药、频振式杀虫灯等先进的生产管理技术和设备,加强基地生产的全程管理,严格控制化肥、农药的使用,实行可追溯管理,提高蜜梨品质和食用安全性;同时加强蜜梨外包装更新工作,严格产品分级包装程序,提高产品的质量和品位。

在技术培训服务上,通过请进来与走出去相结合,常年聘请农技专家任合作社技术指导,经常邀请县内外有关专家来基地内授课与实地指导,选派技术人员和种植大户到县、市参加有关培训,组织社员外出参观学习,确保每个社员均受到系统的标准化生产技术培训,仅2006年合作社就举办各类培训4次,共230人次,大力推广蔬果套袋、增施有机肥、规范化修剪、无害化病虫害综合防治等标准化技术,制定标准化生产模式图,印发相关技术资料450份,指派技术人员深入农户和田间地头,及时解决生产中的各种技术问题。2005年开始合作社引进推广两次套袋技术,生产高档绿皮翠冠,使销售价格提高了1.5倍。

在农资供应和蜜梨销售上,合作社专门设立了农资供应门市部,发挥集中采购的价格优势,向社员提供质优价廉的果树专用肥、农药、农膜等生产资料,仅此一项每年可节约成本在10万元左右。筹资建立了6000余平方米的蜜梨市场和500立方米的保鲜冷库,提高了蜜梨的加工贮藏能力,增强了销售调蓄能力,一方面较好地缓解了销售压力,另一方面蜜梨经贮藏后于春节前后上市,显著提高了产品的附加值,2006年合作社贮藏黄花梨100吨,春节上市后价格翻了近一倍,取得了很好的经济效益。

（三）加强营销宣传，破解市场难题

随着9200亩蜜梨的陆续投产和进入盛产期，每年的产量都在大幅攀升，加上蜜梨上市时间集中，销售压力很大，合作社管理层始终保持清醒的头脑，通过多方努力，积极开拓市场，尽力做好蜜梨的销售文章。

一是打造声势，加大宣传力度。将蜜梨产业与旅游联姻，在县乡二级政府的大力支持下，两年一届的"蜜梨节"已连续举办了三届，通过电视台、报刊等新闻媒体的宣传报道，已有一定的知名度，特别是2006年"桐庐钟山蜜梨节"作为休博会重要活动之一，更是引人注目，"蜜梨之乡"的金名片使各地游客慕名而来，为当地以及合作社带来了商机。每年蜜梨上市季节，合作社还适时推出"采摘游"农家乐项目，以游促销。2006年合作社还有了自己的网站，通过网络吆喝钟山蜜梨，建立了电子商务平台。

二是主动出击，积极开拓市场。按照主攻批发市场和大型超市，开发集团消费，积极联姻旅游和加工的销售战略，使合作社在蜜梨市场的开拓方面赢得了主动；通过开展免费品尝等促销活动，在杭州、义乌等周边城市果品批发市场上钟山蜜梨销售火爆；2006年，钟山蜜梨摆上了好又多超市各门店的柜台，明显的品质优势使超市蜜梨柜台营业额明显增长，今年蜜梨上市前，合作社又与世纪联华等大型超市进行了广泛的接触；通过多年的营销宣传，企业集团消费成为合作社销售的主渠道，钟山蜜梨成为了馈赠佳品；"采摘游"火了当地农家乐，也带来了可观的客源；与县内蜜饯加工企业的合作取得成功，企业订购的1万千克蜜梨已按合同要求放入冷库保鲜，梨脯产品也已研发成功，产品上市以后，2008年的蜜梨销量将更大。

三是诚信立业，赢得客商信赖。合作社在诚信上下功夫，强化销售服务。在基地设立接待站，24小时专人值班，让客商有地方住，有饭吃，有水喝，确保客商人、货、资金安全。凡在蜜梨销售过程中的有关问题均由合作社出面协调解决。对销售的蜜梨全部经分级机分级处理，确保果品品质，既保证客商收到质量高的蜜梨，又切实维护社员的利益。这些举措不仅赢得了客商的信赖，也赢得了长久的市场。

四是调整策略，出台激励机制。在蜜梨成熟前，该社根据蜜梨质量的高低，制定销售等级。同时，根据客商的收购数量和等级，确定社员的销售价格，社员按合作社提供的计划交售蜜梨。培育营销队伍，出台激励政策，采取合作社统一分级包装后确定出库价，营销人员对外销售产生的差价归己，此举大大促进了营销人员积极性，蜜梨销量大幅度提高。

通过合作社全方位立体销售服务,最大限度地解决了销售难题,提高了农民进入市场的组织化程度,产生了明显效果。今年通过合作社统一包装销售的精品蜜梨每千克售价在 8 元左右,比市场平均价高出 6.5 元,社员不仅不愁销路,反而还获得了较高的收益。合作社也因此得到较好的经济和社会效益,实力增强,活力增加。

三、创新创业,聚精会神谋发展

合作社创新思路,静下心来,聚精会神搞好生产和经营管理,通过一系列工程(项目)的顺利实施,合作社的基础设施水平、生产能力、市场竞争能力得到显著提高,促进了合作社的快速发展。

一是加强园区建设。实施水、电、路配套工程,在 2000 亩核心园区内建设道路 119 千米(其中硬化 10 千米)、埋设地下输水管网 5000 米、建造水池 12 只 1.2 万立方米、改造农用输电线路 3000 米,使园区内道路成网,采摘的蜜梨可以直接用运输车运下山,大大减轻了劳动强度,提高了工作效率;建成 60 亩喷灌节水试点,实现了旱涝保收。实施机械化植保工程,园区内全面安装了杀虫灯、购置了高压植保机具,机械化的综合应用程度达到 70% 以上,植保效率大大提高。提高园区科技应用水平,全面推广和应用良种、栽培管理、植保等方面的先进适用技术,积极示范应用新品种、新技术、新机具和现代农业设施等农业高新技术,核心区良种比例达到 100%。园区早在 2004 年以前就取得了杭州市都市农业示范园区、杭州市十佳农业示范园区、杭州市农村科普示范基地的认定。

二是加强品牌建设。2006 年底开始试点的精品梨项目取得了十分满意的成果。该项目采用全程施用有机肥、使用有机农药、二次套袋技术生产的单个规格 325 克以上的绿皮翠冠,采用精心设计的精美礼品包装后推向市场,获得空前成功;5000 多箱 5 万千克产品一上市便受到追捧,产品供不应求,效益提高了 5.3 倍。引进绿色、有机标准,合作社在全面实现无公害生产的基础上,2006 年在核心区引进绿色食品生产标准,2007 年 8 月获得绿色食品 A 级认证,2008 年计划全面实施的精品梨工程将再次提高生产标准,全面推行有机食品标准,合作社产品将再上一个档次。加强品牌意识和商标管理,加强对钟山蜜梨品牌的保护力度,严格合作社包装使用管理,确保产品质量,维护产品形象。合作社下一步还将注册"大市牌"注册商标,采取双商标管理,"钟山密"商标及包装用于合作社优质蜜梨,"大市牌"商标及包装用于普通蜜梨和周边零散种植户,统一和规范钟山蜜梨商标使用,积极申报市、县级名牌产品和著名商标,打造蜜梨品牌。

三是加强配套设施建设。为提高合作社经营能力和服务能力,合作社筹资建设了占地10余亩的办公和生产经营场所,其中办公楼、仓储、室内蜜梨市场等建筑总面积超过3000平方米,室外批发销售场地6000余平方米;建设了500立方米大规模冷库,引进了蜜梨自动分级机、果袋加工流水线等先进农机具,实现了果袋自给,提高了合作社包装、贮藏、销售能力,合作社因此获得浙江省农业机械化示范基地(水果生产机械化)认定。

对于合作社未来的发展,陈新照理事长充满了激情:将建设万亩绿色标准化蜜梨示范基地,在保护青山绿水的基础上,严格按照绿色食品甚至有机食品标准组织生产,实现蜜梨的可持续发展;突破区域限制,实现跨区域发展,重点将周边乡镇纳入合作社发展,实现合作社跨越式发展;建设5000亩喷灌设施,提高蜜梨生产的抗旱保丰收能力;继续做好发展社员工作,社员对象面向全县,充分掌握和利用资源;在与大型超市初次合作的基础上,继续扩大战果,提高销量;利用蜜梨已有的知名度,以及桐庐蜜梨在省内的品质优势,积极创建省、市名牌产品和著名商标,主攻精品梨市场;与旅游联姻,努力打造十里梨花景观,建设农家乐项目,吸引外地游人前来休闲度假和观光玩乐。通过三至五年的建设,以合作社为纽带,造就环境优、生产稳、市场畅、收入涨、梨农欢的良好局面,合作社的号召力、凝聚力得到提高,从而引领蜜梨产业向优质、高产、高效的可持续发展的现代农业方向迈开大步。

(资料来源:北国农网 http://www.db-nw.com/jjzx/view.aspx)

▷ 案例点评

合作社成长的一般机理认为,合作社的成长机制是产品特性因素、生产集群因素、合作社成员因素和制度因素环境等构成的符合作用机理。

第一,就产品特性而言,农业合作社通常率先兴起于农产品商品率较高、农业剩余较多,市场风险较大,单个农户博弈势力较明显的情况下;兴起于具有较明显季节或者时间约束,易损性较强,交易频度较高的农产品领域内部;兴起于规模经济显著,专业化程度较高,资产专用性较高,资本或技术要求较高的行业中;兴起于政府管制较少的农产品品种上,而水果、蔬菜、禽蛋等无疑属于适合兴办合作社的农产品领域。

第二,任何基于市场目标的农业组织化行为,都必须以在一定的区域内具有一定的生产群体或者集群为条件,同时又必须将该区域产业集中度的提高作为结果,因此,农产品生产集群的存在本身就为农民专业合作社的创建和发展提供了可能性前提。这个合作社所在地有连片种植的蜜梨超过 1 万亩,是杭州地区最大的蜜梨生产基地,加上周边横村、瑶琳、莪山等乡镇种植的 5000 亩,区域性生产面积占了 50%,这就为合作社的发生和发展奠定了产业基础。

第三,合作社的产生和发展受限需要具有企业家精神的人,即合作社企业家。而且,组织成员(特别是那些关键成员)的资源拥有状况直接约束着合作社的产生和发展。这个合作社的陈新照董事长就是一个懂经营肯冒风险的带头人。

第四,制度环境因素对于农民专业合作社的成长是最重要的。这个合作社从成立之初就受到农业行政主管部门的关注和引导,最后获得政府的项目资助。

总之,对于农民专业合作社的发生和发展而言,产品特性是前提,生产集群是基础,组织成员最重要,制度环境是关键。

除此之外,合作社的经营战略必须正确,组织建设必须规范,等等,而这些又都与组织成员有关。

农业经营的风险无处不在,合作社经营偏重于对外界环境条件的协调,通过一系列外部环境的协调活动,来减轻不利环境带来的威胁,降低各种经营风险。合作社需要对农业经营的风险进行分类,深入分析风险产生的原因,分别采取何种对策来化解,分担农业经营风险,从而增强经营的信心。

任务一　认知农业经营风险

一、农业经营风险的含义

风险就是指人们不能确定行为所导致的结果、状况及其程度。合作社的经营和其他类型的经营一样,会遇到各种各样的风险,如何面对这些风险,又该怎样回避,降低自己的经营风险和经营成本,需要经营者对风险的种类进行识别和初步判断,及早采取预备的经营方案。

二、经营风险的产生

在经营过程中,经营环境的不确定性,经营机会与经营合作社的复杂性,经营者、经营团队与经营投资者的能力与实力的局限性,是经营风险的根本来源。研究表明,经营的过程往往是将某一构想或技术转化为具体产品或服务的过程。在这一过程中,存在着几个基本的、相互联系的缺失,它们是上述不确定性、复杂性和局限性的主要来源。也就是说,经营风险往往就直接来源于这些缺失。这些缺失主要包括:

(一)资金缺失

有钱经营不一定能够成功,而没有钱经营一定不能够成功;经营者可以证明其构想的可行性,但往往没有足够的资金将其变为经营现实,或在经营过程中现金流断而影响合作社运行,从而给经营带来一定的风险。

(二)研究(论证)缺失

研究缺失主要是指经营者仅凭个人兴趣去研究和判断市场的潜力,当一个经营者认为某项技术突破可能产生某种经营机会时,他仅仅停留在自己满意的论证程度上。然而,在将经营预想真正转化为经营行为时,由于产品成本与预期收益的落差,实际消费和市场预期容量的落差等不确定因素,这种程度的论证便不可行了,这种研究的缺失导致了经营风险的产生。

(三)信息和信任缺失

信息和信任缺失存在于技术人员和经营者之间。也就是说,创办一个合作社,需要不同类型的人一起共同合作,需要有技术人员、管理人员等。技术人员将会提供可靠的技术信息,管理人员将会采用一定的管理模式。两者在实际工作中有时会因岗位的信息差异而产生意见分歧。一个好的经营者需要具备性格、专业知识、领导能力、创新意识、协作精神等多种素质,如果经营者某些方面的素质不具备或存在较大的欠缺,不能协调这些冲突,会增加合作社的风险,增加失败的可能。如果技术人员和管理人员之间不能充分信任对方,或者不能够进行有效的交流,那么这一缺失将会变得更深,带来更大的风险。

(四)资源缺失

资源与经营者之间的关系犹如颜料和画笔与艺术家之间的关系。没有了颜料和画笔,艺术家即使有了构思也无从实现。经营也是如此。没有所需的资源,经营者将一筹莫展,经营也就无从谈起。在大多数情况下,经营者不一定也不可能拥有所需的全部资源,这就形成了资源缺失。如果经营者没有能力弥补相应的资源缺失,要么经营无法起步,要么在经营中受制于人。

(五)管理缺失

管理缺失是指经营者不一定是出色的合作社管理家,不一定具备出色的管理才能。进行经营活动主要有两种:一是经营者利用某一新技术进行经营,他可能是技术方面的专业人才,但却不一定具备管理才能,从而形成管理缺失;二是经营者往往有某种"奇思妙想",可能是新的商业点子,但在整体规划上不具备才能,或不擅长管理具体的事务,从而形成管理缺失。

三、农业经营风险种类

农业合作社的生产运营过程集自然再生产和经济再生产于一体,这导致农业合作社面临的风险具有自身的行业特征。按照风险形成的不同层次,农业合作社的风险可分为以下六个方面:

(一)自然风险

由于农产品生产的周期性、自然灾害的客观存在、农业生产力水平较低,这都会给农民带来风险。有些自然灾害是可避免的,有些是不可避免的,农民单家独户所面临的风险更大。这些自然灾害对农业产业公司的威胁会带来灭顶之灾。主要划分为两个方面:

1. 自然资源风险

自然资源风险可以理解为正常条件下的自然环境风险。农业合作社生产的自然特性与其所占用资源的量、质和地理位置都密不可分,并在很大程度上直接决定了农业合作社经营业绩的好坏。

在数量方面,相关资源的短缺(如水资源和土地资源)会严重影响农业合作社的生产营运。在质量方面,环境污染对资源质量所带来的不利影响会从根本上影响农业合作社的经营效益。与此同时,资源的地理位置也直接决定了农业合作社的营运成本,距离越远运输成本越高,交通不便也会使成本提高。

2. 自然灾害风险

自然灾害风险可以理解为异常条件下的自然环境风险。由于农业的生产特性,自然因素对农业的影响相比其他行业更为敏感和严重。我国是世界上两条巨灾多发地带(即北半球中纬度重灾带和太平洋重灾带)都涉及的国家,气候变化大,灾害种类多且发生频繁,这都给农业生产带来了巨大的损失。近年来,我国每年农田受灾面积达 7 亿亩以上,受灾农作物面积占农作物播种总面积的 20%—35%,造成粮食损失 200 亿千克,其中干旱、洪涝、冷灾、寒害是我国最主要的农业天气灾害。据民政部公布的最新统计数字,截至 2008 年 1 月 31 日,我国 2008 年 1 月 10 日以来的低温雨雪冰冻灾害,共造成 18 个省份受灾,农作物受灾面积达 727.08 万公顷,因灾直接经济损失达 537.9 亿元。自然灾害一方面会影响农业合作社的产量,另一方面还会影响农业合作社的产品质量,这都会增加农业合作社的风险,造成农业合作社效益不稳定。

(二)技术风险

技术风险是指由于农民缺乏农业技术或对某些技术在应用后产生的不确定副作用,对农业生产经营活动所造成的损失。技术风险轻者可以造成减产,效益下降,严重者造成绝收,血本无归。

1. 农民的技术风险主要来源于两个方面:一方面是设施的连年轮作、病原在土壤积累造成的;另一方面是连续使用同一种农药容易造成植物的抗药性。

2. 由于农民对疾病的不确定,仍然按照过去的经验进行防治,盲目采用农药造成了减产的损失。

农业的技术风险来自于农业技术经济绩效的不确定性、农业技术应用的复杂性和农民素质状况。过去小农式的自给自足的生产方式,靠"干中学"的经验来控制风险,这一问题尚不突出。但从 20 世纪 80 年代中期开始,高新技术农业开始出现,农业大量使用新设备、新技术,但技术服务队伍和组织机构缺位,新的农业技术推广体系还未完全形成,随着农业市场化步伐的加快,农民对科技需求量大幅度增加,农业生产越来越依靠新技术、新产品。农业经营者的技术风险日益加大,对农产品质量标准、生态环境和能源的要求越来越高,经营这类产品的风险也在相对提高。

因为对新技术理解的偏差和操作的失误都可能对农业生产造成直接经济损失和灾难性的后果。例如:对家禽行业来说,疫病控制就是养殖成败的关键问题之一,只有解决了疫病问题才能够保证产品进入市场,进入竞争。因此在生产中所运用的疫病防控策略、措施和方法不得当,是产生经营风险的重要因素。

(三)市场风险

农户面临产品销售不畅、价格偏低、价格不稳定或者受到竞争对手的挤压而带来的市场风险。形成市场交易风险的原因主要包括两个方面:

1. 由于谈判力量不对等导致价格波动的风险

谈判力量不对等是指在市场交易双方的拉锯战中,谈判力量强弱悬殊比较大,谈判力量强的一方在交易中处于主动地位,控制(决定)市场交易行为;谈判力量弱的一方在交易中处于被动地位,往往服从市场交易行为。农民与大的收购方在价格的谈判力量上就是这种极不对等的关系,而且农产品受自然条件影响大、生产周期长等特点,导致农户在经营过程中除了一直难以摆脱市场价格波动的纠缠外,还会受到强势谈判的制约。

2. 市场信息不对称产生的交易风险

市场信息不对称就是在交易过程中双方接受的市场信息不一致。造成市场信息不对称的主要原因是交易双方中的一方(或三方中的两方)主观故意,给经营者带来信息不确定性的风险。现代经济学证明,不确定性是影响人们经济行为和经济决策的重要变量,由于人们的风险偏好不同,人们对不确定性的不同判断,将会导致不同的行为预期和行为选择。因此市场交易的参与人数越多,信息就越不完备和不对称,道德风险、逆向选择、"搭便车"等机会主义行为发生的概率就越高。单个农户购买生产资料、销售自己生产加工(初加工)的农产品时,就面临着因为交易对象众多而带来的高度不确定性,而市场的不完整、市场信息不畅通、市场交易条件经常变化以及农产品市场的近乎完全竞争特征等,都在加剧这种不确定性程度。

家庭小规模生产为主体的农户在信息不完全与信息不对称的双重制约

下显得无所适从,从而降低了市场效率,弱化了农民的利益谈判地位;而且伴随着中国入世与农业市场化开放程度的不断提升,农业生产经营活动在获取了更广阔的市场空间的同时,将面临着更大市场波动的风险;而农业日趋明显的边际报酬呈递减趋势,使农业投入产出效率的获取面临着比非农业产业更大的市场风险。

(四)订单风险

农产品订单是指农户根据其本身或其所在的乡村组织同农产品的购买者之间所签订的订单,组织安排农产品生产的一种农业产销模式。但是农民往往处在弱势群体的地位,产生了订单风险。

在农业现代化过程中,农业订单经营主体之间的联系或紧密或松散,合同是受法律严格保护的。但是,缺乏浓厚的法律氛围和公民法律意识普遍淡薄的情况下就会产生。在有的情况下,当签订合同后,如果市场价格高于合同价格时,农民往往不将农产品出售给龙头合作社,而是直接到市场上去出售,从而使签约的龙头合作社遭受损失。由于这种行为通常涉及面很广,加之农民是弱势群体,在"法不责众"的惯例下,法律监督往往难以奏效。而且这一行为在龙头合作社身上也时有发生,当市场价格低于合同价格时,龙头合作社也可能违约,不按既定的合同收购经营主体的农产品,而是到市场上去交易。而当合作社不执行合约时,由于关系的作用和地方出于保护税源的目的,被惩罚的几率也相当小。这种合约中的机会主义行为严重地损害了农业经营者的运行效率,产生了很大的交易风险。

(五)农资及其价格风险

农资价格风险主要指两个方面:一方面是假冒农药、化肥、农膜、农机具等农用生产资料,充斥农村市场,给农业经营主体带来的损失;另一方面是农资价格风险上涨造成的损失。据调研,农民每年因假冒的农资造成的损失占农民年收入的10%-15%,因农资价格上涨造成的损失约占农民年收入的13%左右。

根据资料显示,2007年10月份以来,化肥市场"涨"声一片,特别是从3月20日的监测数据来看,化肥价格大幅度持续上涨,与2006年同期价格相比,含氮46%的国产尿素零售价格每吨上涨了200元,上升幅度为11%;国产45%通用型三元复合肥每吨上涨了1200元,上涨幅度为63%;种子、化肥、农药、农膜的涨幅分别为:18%、20%、18%、40%。2007年前三季度农业生产资料价格平均比上年同期上涨了4.6%。其中,饲料价格上涨4.2%,仔猪价格上涨48.7%,农药价格平均上涨2.5%,农用机油价格上涨6.5%,种子价格上涨7.7%,农用薄膜价格上涨8.9%,玉米、豆粕和进口鱼粉价格分别上涨20.7%、42.6%和8.2%,育肥猪、肉鸡和蛋鸡配合饲料价格分别上涨22.6%、19.4%和18.8%。

从各方面的市场反馈来看,全国农资市场普遍涨价,不仅生产商反映成本上升推动出厂价格上升,产销链末端的经销商也反映农资价格"涨"声一片,生产资料的价格上涨吞噬掉了农产量和农产品价格上涨所带来的利润空间,影响农民增收和农民对农业的投入,带来了农业效益的波动,遏制了农业增效的潜力。想要把涨价带来的压力转移到出售农产品的环节并不是一件容易的事情,需要警惕农资涨价影响农民增收。

(六)其他风险

1. 资产风险

目前农业市场化程度提高,规模扩大的同时投入增加,而农业投资具有锁定性,农业固定资产的专用性导致农业经营的风险,造成沉没成本加大,从而产生资产风险。如投入建设一个养鱼池,就只能用来养鱼,要马上转作其他用途是不行的。那么养鱼池的成本就是沉没成本,具有不可逆性,给农业合作社永远也无法回收产生了损失。

2. 观念风险

一般而言,管理者风险意识淡薄,忽视危机的征兆、不重视对风险的监测都是因为合作社未能对不确定性做出恰当和及时的反应。目前我国大多数农业合作社起步较晚,且以小型合作社居多,对加强风险管理没有给予足够的重视。可以说,风险观念不强是农业合作社不可忽视的一个问题。

任务二　农业经营风险的规避

农业经营风险贯穿于合作社整个经营过程,经营者在经营运作中,首先应搞清楚哪些风险对效益影响最大,在管理过程中时时控制住这些影响效益的因素,掌握最新的行业信息并及时作出调整,将风险控制在可接受的范围内。

有关资料表明,自然风险占农业经营风险的 25% 左右,市场风险约占 40%,技术约占 25%,其余的约占 10% 左右。因此对合作社经营者而言,在风险规避和防范时,可以从战略和战术两个方面积极应对经营过程中的风险。

一、防范和减轻风险的战略措施

(一)用足优惠的农业政策资源

在一定程度上农业政策具有公共产品的性质。利用好农业政策平台是农业经营者必走的捷径。2003 以来,我国按照"多予、少取、放活"的方针,出台多项农业政策,其主要包括:

1. 保险政策

保险政策在全国范围内开展政策性保险,其基本原理是分担风险、分摊损失。如:农作物保险、能繁母猪保险,等等。

2. 补贴政策

国家为了保障农产品的有效供给,特别是缓解粮食供应紧张的压力,采取直接补贴措施,包括粮食直补、农资综合直补、水稻良种推广补贴、油菜良种推广补贴、大型农机具购置补贴政策、合作社专项扶持政策,等等。

3. 合作社的专项资金扶持政策

为了推动"一村一品""一镇一业"的规模化发展,引导农业的适度规模经营,国家近几年出台了 8 项专项资金扶持政策。其主要包括:

高效设施农业专项资金,重点补助新建、扩建高效农产品规模基地设施建设;

农业产业化龙头合作社发展专项资金,重点补助农业产业化龙头合作社及产业化扶贫龙头合作社,对于扩大基地规模、实施技术改造、提高加工能力和水平给予适当奖励;

外向型农业专项资金,重点补助新建、扩建出口农产品基地建设及出口农产品品牌培育;

农业三项工程资金,重点基因库建设;

农产品质量建设资金,重点补助新认定的无公害农产品产地、全程质量控制项目及无公害农产品、绿色、有机食品获证奖励;

农民专业合作组织资金,重点补助"四有"农民专业合作经济组织扩大生产规模、提高农产品初加工能力;

海洋渔业开发资金,重点补助特色高效海洋渔业开发;

丘陵山区农业开发资金,重点补助丘陵地区农业结构调整和基础设施建设。

国家和地方粮食直补政策,激发了农民发展规模种植的热情,家庭式农场将会成为未来中国现代农业发展的主要模式。

(二)壮大农民专业合作组织

在激烈的市场竞争中,农业是一个弱势产业,农民是一个弱势群体。为了降低生产成本,提高盈利水平,就需要通过合作联合起来,借助外部交易规模的扩大,节约交易成本,提高其在市场竞争中的地位,使产品按合理价格售出。同时,还可通过扩大经营规模,提高机械设备等的利用率,寻求规模效益,规模的扩大带动地方经济的倍增效应,市场的运作者可以在更大范围内稳定农产品的价格,争取市场谈判的主动权。农业合作经济组织按照合作的领域可以分为生产合作、流通合作、信用合作和其他合作。提高千家万户的小生产者在千变万化的大市场中的竞争能力和经济效益。

比如:山东平邑的金银花产量很大,以往农民自行到药厂销售面临压价压质、运输成本高的处境,成立合作社后,由合作社统一收购,集中和药厂签订合同,解决了农民销售与药厂收购链中的难题。

目前运作比较成功的模式——"公司＋农户"的模式,是一种化解农户市场风险的组织制度创新。"公司＋农户"的模式之后,农产品的市场化运作,使由农产品自然秉性带来的价格波动得到了一定的制约。单个农户的市场风险通过一体化合作社的统一加工、集中销售,得到大幅减小。在行情不被看好的情况下,由公司承担全部的市场风险,农户只要抓好生产就可以得到稳定的收入。所以,目前"公司＋农户"的模式值得农业经营者去体验。

(三)寻求与知名合作社的市场协同

协同是指各方面相互配合,协助完成某项事情。合作社通过市场协同可以实现低成本、高效益运作,从而降低风险。协同效应就是指合作社之间在生产、营销、管理等环节，从不同方面共同利用同一资源而产生的整体效应。俗话说"一根筷子轻轻被折断，十双筷子牢牢抱成团"，就是指合作社善于通过市场协同作用(生产协同作用或管理协同作用)达到扩大规模、开拓市场、降低经营成本和经营风险的目的，延长合作社的寿命。目前合作社常见的协同大多为市场协同。市场协同的主要表现形式有：品牌租用、品牌延伸、品牌扩展等。

许多农产品在交易过程中遭受到冷遇，出现卖出难问题，其中的原因除了季节和储藏能力外，更主要的是因为当前农产品最缺乏的是销售的主营渠道，要把优质的农产品打入市场的主营销售渠道，品牌的知名度就成为农产品销售的关键因素。借助优势合作社激活弱势合作社通过市场协同与名牌产品合作经营，农业合作社利用其他合作社在消费者心目中的地位寻找最佳的销售渠道，合作社通过扩大生产规模，大力度开发市场，打造品牌的知名度，完成市场开发和拓展的业务，提升产品市场的适应能力是关键。

借助合作社的品牌优势和品牌的市场知名度，把产品销售给千家万户，从而激活当地弱势的加工合作社，扩大了农户养殖种植规模，也实现了合作社与品牌的"双赢"。其优点：

第一，农产品在市场化的过程中凭标准、品牌交易已经成为一种趋势，通过品牌树立农业合作社形象，促进合作社产品信息的迅速传播，以便赢得市场。

第二，品牌延伸意指使用一个品牌名称在同一市场上，成功地切入同一市场的另一个区块。借助优势合作社激活弱势合作社，通过合作社扩大生产规模，大力度开发市场，使得市场规模的扩张带动养殖规模的壮大。

品牌扩展是合作社实现其市场扩张和利润增长的"飞机跑道"。它强调的是合作社对已实现的某个品牌资源的充分开发和利用，使名牌生命不断得以延长，品牌价值得以增值，品牌的市场份额不断扩大。

此外，合作社还可以通过品牌扩展策略，利用其成功品牌名称的声誉来推出改良产品或新产品，包括推出新的包装规格、香味和式样等品种系列，凭借现有名牌产品形成系列名牌产品的一种名牌创立策略。随着农产品市场体系的不断完善，以及合作社应对市场风险能力的不断提升，价格波动这种一般意义的市场风险对农业合作社的影响力度正在不断减弱。

（四）走可持续的发展道路

合作社的可持续发展既要考虑当前发展，又要考虑未来发展，不能以牺牲后期的利益为代价，换取现在的发展，满足眼前的利益。农业合作社的可持续发展表现为经营活动中若干生产要素的发展。从所有人的角度表现为应当持续盈利（在一段时间内总体盈利），通过外在技术（人员）的内化过程，渐进式地实现合作社由量变到质变的过程，以更好地抵御技术风险。

在农业技术不断创新的今天，许多经营合作社为了缩短技术的经济效益时段，以雇用（租赁）的方式从其他地方借来技术，由于忽视了技术的内化过程，产生"水土不服"的应用风险。在此友情提醒农业经营者在利用外来技术时，需要树立可持续发展的战略意识，对引进的技术采取以下措施规避技术风险：一是"本土化"。结合当地农业生产的水、肥、气等自然条件，有选择性地加以利用。二是技术租用渠道正规化。在农业产业化发展的今天，全国各个地方涌现出了大批的"专家""技术能人"，这些群体在当地农业技术的应用与创新中起到了带头作用，但是由于当事人对农业技术认识的局限性，会把其技术"照办照抄"，给经营者带来风险，所以在聘用专家时通过正规渠道是一种规避风险的办法。三是不断"充电"，做好"技术的储备"。在利用技术的过程中，依赖外来技术容易受到制约，为了更好地规避过分依赖的风险，作为经营者需要对新技术新工艺加强学习，给自己的头脑"充电"，让合作社"固本强基"，把劣势转化为优势，使合作社走上可持续发展的道路。

（五）走多元化的发展道路

多元化的发展战略措施是指充分利用生产和加工相关程度较低的农业和农副产品以分散风险。通过进行投资组合，达到在相同期望收益情形下组合风险最小或相同组合风险情形下期望收益最大的目的。多元化的发展道路带来的好处是：

第一，品种上采取多元化的种植模式，可以综合地利用市场和农业设施等资源，降低单位成本。

第二，种植在规模上进行扩大，调动村民的热情，为本地区现代、高效农业的发展作出了较大的贡献，在本地蔬菜产业中发挥了较强的示范带头作用。

第三，通过辐射作用，扩大了地方的影响力，形成种植养殖规模与市场规模的联动。

此外,像我国不同地区"四位一体""三位一体"的经营模式,江苏省东海县双店镇的"猪—沼—花""猪—沼—菜"生态农业模式,"大棚草莓山羊复合种养模式和技术",都是多元化的发展模式,以土地为基础,以沼气为纽带,形成以农带牧、以牧促沼、以沼促果、果牧结合的配套发展和良性循环的生态体系,最佳地利用农业资源和环境,达到较好的资源组合。

(六)走一体化的发展道路

一体化就是延长农业产业链的经营模式,在农业的经营过程中,将整个农业生产过程分为产前、产中和产后三个环节,将不同类型风险在整个过程中进行分解,通过明确不同环节的主要风险类型及其作用机制,寻求不同的管理方式,实现降低农业合作社风险的目的。

在养殖产业的许多农业生产合作社的经营就是一体化的发展模式,经营主体由于能够集中经营,统一标准,统一组织实施,这方面的技术成本就比单个农户要小得多,甚至可以通过内部的自主研发,把技术的购买交易内部化,从而较好地克服了技术创新中的外部性,通过将外部性内部化来增加一体化组织的收益。中国大多数技术研发中心都在合作社的事实,说明了合作社经营在化解技术创新成本方面的功效。而农业一体化经营合作社又是农业领域的一流合作社,所以技术的风险主要表现为如何通过市场调研,选准具有开发潜力的技术,在成本最小化的前提下进行科学的开发。农业合作社必须提供产前、产中、产后的服务,尽可能将新技术的风险降低到最小的程度。农业合作社要有精通农业技术应用过程的专业人员,以帮助农民解决农业技术应用过程中的各种问题,从而使农业技术的风险降低到足够小的程度。

农业生产合作社组成联合体,成立以为本地群众提供生猪生产、品种改良、普及科技、屠宰加工、销售服务"一条龙"。其核心就在通过契约等连接形式,把原来的"多(生产者)多(购买者)"交易变成了"一(公司)多(农户)"交易。在产前过程,搞好饲料的加工、仔猪的生产,降低养殖成本,可以实现自助服务,不受外部供应商的控制;在生产中过程中,加强防疫、科学饲养,减轻管理过程的技术风险;产后的服务设立生猪饲养、猪种改良、生产销售三个服务部,利用多种形式、多种渠道解决农民养猪生产中的一切问题,搞好产前、产中、产后的服务。基地养殖户的联合经营、共同服务,形成利益共同体,推动了当地生猪产业向良种化、规模化、产业化方向发展。

二、防范和减轻风险的战术措施

防范农业经营风险的具体措施,在经营上称为战术措施。其主要包括:

(一)调查采购方的信誉

特别是在进行大宗交易时,调查对方信誉,确保安全。调查对方的信誉就是看对方经营的时间长短,因为这直接关系到经营的稳定性。经营者可以根据对方经营时间的长短建立自己的经营策略。

对于大多数的农产品而言,从用途上来看,采购单位主要有两种类型:一是进行原材料加工的企业,如脱水蔬菜加工企业、果汁加工企业、面粉加工厂等;二是作为终端消费的经销商,如蔬菜果品的批发企业、大型超市、学院食堂等。

如果是加工企业,一般而言,小型企业的寿命为 3~5 年,中型企业的寿命为 5~8 年,大型企业的寿命为 10~15 年。只要企业落户在本地,一般效益比较可观,也就是说信誉比较好。

如果是大型超市,由于它的布点基本上在人口密度最大的地方,再加上超市组织货物的能力比较强,因此在经营期限上相对比较长,无论货款的收回还是货物的购买都比较讲求诚信。对于讲求诚信的采购方,经营者通过建立长期的客户合作关系,达到稳定交易量、降低市场风险的目的。

如果企业出口的是农产品,还需要了解出口公司的状况。大部分出口的农产品销售到国外后,通过"二传手"转移到深加工企业、国外的超市等地方,由于对方受到价格、国际行情等因素的影响,受利益的驱动,往往"打一枪换一个地方",合作很不稳定,需要经营者具有风险意识,多争取几个合作伙伴,防止"单打一"所产生的风险。

(二)使用法律手段保护自己的合法权益

这是通过签订书面的经济合同来保护自己的权益。只要签订了购销合同,哪怕客户赖账,也可以按照经济合同中的约定进行索要,若仍遭拒绝,经济合同在法庭上就是最好的证据,做到举证有效。(友情提醒:签订购销合同需要详细、无漏洞。)

(三)避免双方见面,做到信息保密

对于从事农产品远距离运输的合作社而言,特别是当购买协议没有达成之前,更要注意保守供求双方的秘密,不要随意透露给对方信息,以免自己被他人甩掉。如果信息透露出去,生产者和消费者直接联系,经纪人很容易被"架空",所以信息的保密是关键。

(四)控制交易进程,保持非饱和的"金鱼效应"

保持循序渐进就是遵循可持续发展的原则,把市场做成"非饱和"状态。例如,在条件允许的情况下不要过量供货,因为过量供货比较容易造成被动,导致市场价格的下降,一旦价格下降后再想提高绝非一件容易的事情。保持循序渐进的目的:稳定价格,保护经营者自身的利益。有的人形容经营市场就像饲养金鱼,金鱼不会被饿死,但如果投食量过大会被"撑死",这就是"金鱼效应"。市场也一样,如果短时间过量供货,会造成价格下跌,市场陷入"疲软"状态。因此,农业经营者在经营过程中坚持长远的经营眼光,只有保持循序渐进才能更好地发展。

(五)先拣"西瓜",后拣"芝麻"

真正的企业家并不是风险的追逐者,而是希望捕获所有回报而将风险留给别人的人。在发展产品的时候既不能"单打一",也不能把合作社所有盈利空间寄托在一种产品上面。在理财界有一条"定律":不要把鸡蛋都放在同一个篮子里(进行分散投资规避投资风险,获取较好的回报)。因为当我们把所有的鸡蛋都放在一个篮子里,当篮子失手掉在地上的时候,所有的鸡蛋都遭了殃。所以,在农业合作社成长的过程中,发展系列化产品组合很有必要。

农产品的系列组合发展不能"眉毛胡子一把抓"。首先,强调先拣"西瓜",就是抓关键,把"厚利产品"作为重点,进行重点发展。其次,后拣"芝麻",就是培育"明星产品",即市场成长性好的产品,使其尽快成长为"厚利产品",同时要善于淘汰"鸡肋产品"(不盈利但占用较多资源的产品)。善于多样化搭配,分散经营风险。

总之,农业合作社经营风险具有客观性、多样性和隐含性,农业合作社经营主体应针对不同风险,采取不同措施,有效地化解和规避风险。同时更需要针对风险因素进行系统分析,采取综合预防措施控制风险,将风险转化为

合作社经营实务

机会,这对于增强农业合作社经营的运营效率和化解及规避风险至关重要。

▷项目训练

素质题:详述合作社常见的几种经营风险。

技能题:

1. 描述合作社化解经营风险的措施;
2. 评估合作社经营风险大小;
3. 识别合作社经营风险与防范措施。

知识题:

1. 简答合作社经营风险产生的原因;
2. 简述农业政策在合作社经营风险防范中的作用。

千人同心，则得千人之力；万人异心，则无一人之用。

——《淮南子》

塑造独特的合作社文化

▷ **素质目标**

理解塑造合作社文化的意义和合作社独特文化的内涵。

▷ **技能目标**

1. 合作社文化塑造的一般做法；
2. 针对一个合作社，描述其文化的构成要件。

▷ **知识目标**

1. 了解合作社文化的内涵；
2. 熟悉合作社文化塑造的原则、功能；
3. 了解合作社文化塑造的意义、合作社文化体现的现代意识。

▷重点内容网络图

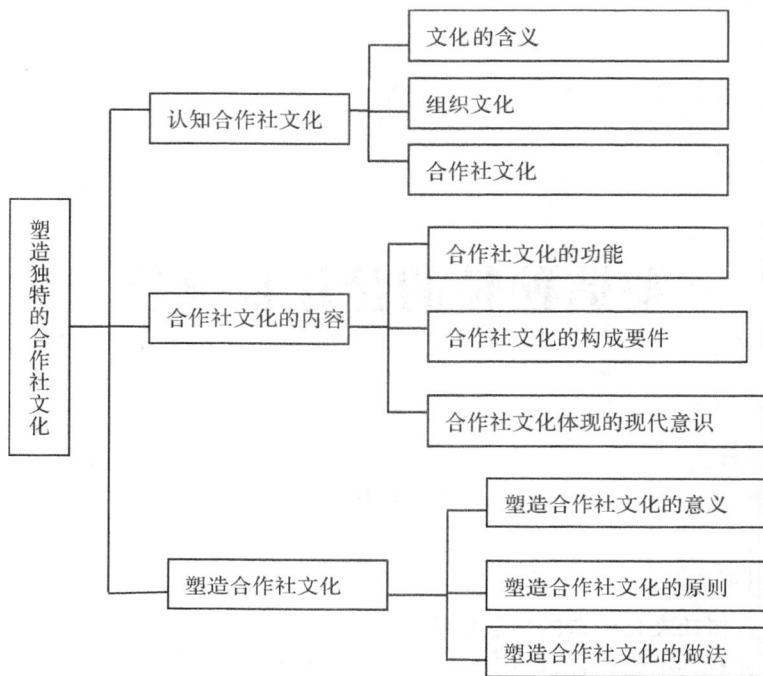

```
                              ┌─────────────────────┐
                         ┌────┤      文化的含义       │
                         │    └─────────────────────┘
              ┌──────────┤    ┌─────────────────────┐
              │认知合作社文化├────┤       组织文化        │
              │          │    └─────────────────────┘
              │          │    ┌─────────────────────┐
              │          └────┤      合作社文化       │
              │               └─────────────────────┘
              │               ┌─────────────────────┐
┌────┐        │          ┌────┤     合作社文化的功能    │
│塑造│        │          │    └─────────────────────┘
│独特│        │          │    ┌─────────────────────┐
│的合├────────┤合作社文化的内容├───┤    合作社文化的构成要件  │
│作社│        │          │    └─────────────────────┘
│文化│        │          │    ┌─────────────────────┐
└────┘        │          └────┤  合作社文化体现的现代意识  │
              │               └─────────────────────┘
              │               ┌─────────────────────┐
              │          ┌────┤    塑造合作社文化的意义   │
              │          │    └─────────────────────┘
              │          │    ┌─────────────────────┐
              └──────────┤塑造合作社文化├─┤塑造合作社文化的原则  │
                         │    └─────────────────────┘
                         │    ┌─────────────────────┐
                         └────┤    塑造合作社文化的做法   │
                              └─────────────────────┘
```

　　美国著名的管理学家泰伦斯·狄尔和爱伦·肯尼迪曾经指出："大部分公司之所以能够成功,乃在于员工能够分辨、接受和执行组织的价值观。"一个事物的长盛不衰必须有其精神支柱和坚定信念,合作社事业永远是朝阳产业,系统上下用合作社精神、合作社文化指导工作,鼓舞士气,取得胜利。

任务一　认知合作社文化

一、文化的含义

　　什么叫文化?简单地说,凡是与纯自然状态不同的东西都是文化。比如,稻米本身不是文化,但种稻的方法就涉及了文化。再比如,鱼肉蛋菜本身不是文化,但以各种方法来烹调,就形成了所谓南北几大菜系的烹调文化和饮食文化。所以,文化泛指一切非纯自然的东西,特定人群的生存观念及由此产生的行为(或风俗)习惯。

所以,文化的含义是人们对一个群体在其生存和发展的过程中形成的历史、风俗、习惯等进行抽象归纳而得的其活动的原则与价值。

二、组织文化

组织文化(Organizational Culture)是指一个组织在长期发展过程中所形成的价值观、群体意识、道德规范、行为准则、特色、管理风格以及传统习惯的总和,属于管理的软件范围。

组织文化作为一种独特的文化,其内容渗透到组织的各个方面。一个员工的价值观和服务理念不是组织文化的内容,而大部分员工共同的价值观、组织共同的"以人为本"的服务理念就是组织文化的一部分。

三、合作社文化

组织文化是在组织中无处不在、无时不在的精灵。任何组织都具有其独特个性的组织文化。合作社有着自己独特的、不同于一般企业的组织文化。所以,合作社文化是指合作社组织的核心理念以及体现和新理念的意识、伦理、精神等元素的总和,是与其他社会经济组织相区别的目标信念哲学道德和价值。

合作社文化,就是人们对合作社生存和发展过程中形成的历史、风俗、习惯等进行抽象归纳而得到的合作社活动的原则与价值。这些原则、价值是随着时空的变化而变化的。1995 年,国际合作社联盟在全世界范围内重新归纳了合作社的原则和价值,即自助、民主、平等、公平和团结的价值,以及实现这些价值的指导方针——合作社原则,包括自愿和开放的社员、社员民主管理、社员经济参与、自主和自立、教育和培训、合作社间的合作、关心社区等。

任务二 合作社文化的内容

一、合作社文化具有的功能

合作社文化至少具有四个方面的功能：

(一)评价合作社行为的功能

合作社文化的核心是合作社的理念和价值观。它不仅能帮助企业按照合作社的原则行事，而且有利于社会舆论对其行为做出具体的衡量和评价，看是否符合合作社的经营理念和核心价值观，是否符合社会的道德价值观。

(二)合作社行业树立新的社会形象

合作社对外树立自己的形象，打造出合作社的新品牌，增加人们对合作社的认知度和认同感。树立合作社形象、打造合作社品牌构成了合作社文化的重要功能。

(三)激励合作社士气，凝聚合作社人心的功能

当前部分合作社内部士气低落、信心不足是其发展的最大障碍，文化可以统一员工的思想，激发士气，凝聚人心，增强社员对合作社事业的信心，从而爆发出巨大的潜能。

(四)调节合作社关系，约束合作社行为的功能

合作社面临着许多复杂的社会关系，既有内部社员之间的关系，又有作为整体组织与外部之间的关系，一旦处理不好，就会影响合作社的正常运转。文化能够约束合作社不符合伦理价值的行为，使之趋向理性化，以达到调整内外关系的目的。

二、合作社文化的内容

合作社组织文化包括合作社的基本价值、企业目标、指导原则、组织结构和治理手段所体现的具体观念等一系列意识形态,它是合作社制度存在和发展的精神依据,规范成员行为、凝聚成员智慧、张扬组织特性的一系列规定和规则。其包括的内容有:

(一)合作社的独特使命和目标

合作社是劳动者结成的利益共同体,是劳动者进行自我服务的组织。合作社根据组织成员的愿望和要求,开展业务经营活动,并通过组织力量,促进成员经济利益的实现和政治地位的不断提高。在合作社里,所有者与惠顾者合而为一,即合作社的所有者——全体社员不仅仅投资入股,而且是使用合作社服务的顾客。所以,合作社虽然对外要实现利润最大化,对内却不以盈利为目标。

从根本上说,合作社是以每个社员利益的最大化为出发点和归宿点的;合作社社员在追求个人利益的动力推动下组织合作社,在合作社制度的基础上形成集体利益,通过实现集体利益的最大化来实现每个社员利益的最大化。合作社的分配原则正好体现了这一特点:社员与合作社的业务交往遵循市场法则,但合作社的盈余一般作为返还金,按照社员与合作社的业务交往量退还给社员。

(二)合作社成员共同的价值观

组织中人们共同的价值观是组织文化的核心和基石,它为组织全体成员提供了共同的思想意识、信仰和日常行为准则,这是组织取得成功的必要条件。合作社从其诞生之日起,就十分注意塑造和调整其价值观,使之适应不断变化的经营环境。

(三)合作社原则

合作社坚持的原则主要有:自愿和开放的原则、民主管理原则、自主和自立的原则以及合作社间合作的原则。合作社原则集中体现了合作社的行为规范和规章制度中所蕴涵的精神。

三、合作社文化体现的现代意识

合作制产生 160 多年至今长盛不衰,有其深厚的思想基础和文化底蕴。1995 年,国际合作社联盟 100 周年大会上概括了"合作社的基本价值是自助、民主、平等、公平和团结。合作社社员信奉诚实、公平、社会责任和关心他人的道德价值观"。现代任何组织或制度,最先都是建立在人们所相信的思想、概念和愿意为其尽力奋斗的基础上。从意识形态领域考察,合作社文化包含四方面现代意识。

(一)民主意识

合作社的民主性体现着合作制的基本特征,是合作社的核心原则。它是由合作社基本价值派生出来,自合作社运动一开始就贯穿其中,是合作社运动的思想源泉,是合作社运动生命的血脉。

(二)人权意识

合作社文化的基础是人文主义。人文主义主张个性的解放和自由,张扬个性的发展,是一种提倡尊重人、关怀人、以人为本位的世界观。合作社就是在这种文化和精神基础上逐步形成和发展起来的组织与制度形式。

(三)合作意识

冲突、竞争与合作是三种不同的人类行为。这三种行为的共同点是,他人的行为会刺激另一个人的活动和热情,使之达到更高的水平。在冲突中,当事者的动机或行为是对立的;在竞争中,当事者的动机或行为可能是对立的,也可能是平行的;而在合作中,则是平行和互助的。合作社就是这样一种集团形式的合作组织。

(四)集体主义精神

合作社是由某些有共同需求(包括经济需求和社会需求)的人形成的团体,以集体的方式自我帮助。这就要求合作社行为不仅仅局限于个人自我利益,每个社员都有责任保证所有社员尽可能得到公正的待遇,在社员的脑海里始终要树立共同利益的观点。合作社倡导团结互助、诚实、公开、社会责任和关心他人的集体主义的道德准则。

合作社文化的民主意识、人权意识、合作意识以及集体主义精神闪现着时代的光芒。合作社民主性原则体现了全球化的基本价值,因此合作社文化是一种先进人类文化。

合作社制度、组织及思想意识的特定价值构成合作社文化价值体系,形成合作社文化的核心价值。合作社文化价值体系的各个层面之间存在内在的逻辑关系。合作社特有的思想意识是合作社文化的内核和灵魂;合作社制度与组织互相影响、互相补充、互相关联,共同体现、渗透和强化着合作社文化所特有的思想意识,并伴随着合作社文化的变化而演进。

无论从文化价值的层面考察,还是从文化的时代性考察,合作社文化都是适合时代发展需要的先进文化、文明文化、和谐文化、优秀文化,合作社文化展现出时代的精神,闪耀着时代的光芒。

任务三 塑造合作社文化

"文化是未来的竞争"。合作社是一个促进农民全面发展的组织,但是合作社不能仅仅盯着钱来做事。如果合作社把钱看作是自己的唯一目标,那么合作社就必然会面临更多的问题,如组织涣散、疑虑不断、纠纷频生等,这样的合作社不仅不会发展,而且只能成为促发社会问题的导火索。因此,合作社还需要进行文化塑造。

一、塑造合作社文化的意义

(一)为合作社的发展创造良好的自我环境

合作社作为促进农民全面发展的农民自己的组织,需要满足社员的基本需求,需要广大社员团结一致向前看。如果合作社只注重经济发展,那么就会产生社员因为蝇头小利而斤斤计较,使合作社陷入争利的泥淖,不能自拔,最终只能成为大家心里久久不能散发的阴霾;合作社也只会成为昙花一现,而无法发展。我们应该有一个感受,那就是人的需求问题。人在生存、发展中,在生活、生产中,除了不断追求物质的增加,还有一个重要的需求——心情的快乐,也就是还要有精神的满足。一个只有金钱的家庭不是一个温馨的家庭,一个没有文化的组织,不是一个可以发展的组织。合作社,就是要通过文化建设来丰富和满足社员的精神需求,增加社员之间的交流,促进合作社凝聚力的提升,为合作社的发展创造良好的自我环境。

早在20世纪六七十年代的人民公社时期,那是一个物质极其匮乏的时期,但那时候却是人们精神状态很好的时期——农民夜校搞得有声有色,农村的文化生活丰富多彩。经历过那个时期的人至今谈起如火如荼的秧歌队活动,脸上依然绽放着甜蜜的笑容。近年来,这些活动逐渐消失,一些拜金主义的思想占据了农村的生活环境,农村的社会环境严重恶化,贫困文化和落后思想等势力悄然占据了农村的文化环境,污染了农村这块恬静的环境,人与人之间的信任产生了危机。这些现象与合作社的发展需求是格格不入的。因此,合作社必须要摒弃社会上不良的文化,重塑团结、快乐、和谐的社会环境,从而促进经济建设的发展。

(二)培育农民的合作精神和合作观念

文化传统从风俗习惯到观念系统,从心理到意识,形成对人际关系、价值取向、生活方式等的独特看法,并深深植根在人的心理结构和行为结构中,极大地影响着对于制度形成来说十分重要的思维定势和行为偏好。在市场经济条件下,农民是合作经济组织发展的主体。由于受传统价值观念和文化模式的约束,现阶段我国农民合作意识淡薄,进行合作经济组织制度创新的动力不足。要推动农民逐步摆脱计划体制下形成的依赖心理,真正树立民主平等、公平互利、独立自主、诚实信用等市场经济观念,从根本上提高农民对于合作社这一组织制度形式的认识水平,激发农民发展合作社的自觉性和主动性。为此,政府应深化对合作经济组织性质、功能和在农村市场经济发展中作用的认识,理清发展思路,在吸收中华民族传统文化的基础上,通过宣传、教育等多种手段,培育农民的合作精神、契约精神,全面激活农民自身的自主、自立、自强意识和群体意识,为农村合作经济组织的发展和健康运行奠定必要的思想文化基础。

(三)合作文化是促进社会和谐的精神力量

合作经济组织本质上是弱势群体的联合。通过发展合作社可以有效地促使弱势群体联合起来自我发展、自我服务、自我管理、自我救助,消除和缓解现代化过程中的社会摩擦、矛盾和冲突,有利于经济发展社会和谐。

在发展市场经济构建社会主义和谐社会的特定历史时期,塑造合作社文化的价值还表现在:分散农民群体的组织作用,社会利益基层的平衡作用,政府施策的杠杆作用以及和谐社会的促进作用。

同时,合作社要发展,还必须要提高社员综合能力和素质,学习、分析、掌握和应用政策的能力,利用科学技术参与种养殖生产的能力,了解、鉴别和利用信息的能力,管理能力,参与市场营销的能力,等等。

因此,从发展的角度来讲,一个不注重文化建设的合作社是没有发展可言的,更不能有效地增加农民的收入。

二、塑造合作社文化的原则

一个只要有灿烂丰厚、内涵隽永的企业文化,就可以支撑企业在大浪淘沙中成为中流砥柱。独具魅力的企业文化,能给企业的快速发展提供核心竞争力。

(一)以人文主义为基础的原则

现代意义的以劳动者为主体的合作社最早产生于市场经济制度的资本主义国家,作为商品经济和市场经济的产物,它们是以私有制为基础的。现代合作社运动的基本价值和原则,仍以 1844 年罗虚·戴尔公平先锋社提出的行为规则和组织要点为基础。因此,可以说合作社及其价值观念是在资本主义文化的基础上孕育和发展起来的,合作社组织文化的基础是资本主义文化。资本主义文化的核心是欧洲文艺复兴和宗教改革所确立的人文主义,即人道主义。人文主义主张个性解放和自由,是一种提倡尊重人、关怀人,以人为本位的世界观。人文主义的核心思想是个人主义。个人主义要求尊重和保障人权,即人的自由权力、财产权利和民主权利。正是资本主义文化中的人文主义,使资本主义社会在经济生活中形成了规范化的财产关系、交换关系、契约关系和合作关系,建立了规范化的财产制度、交换制度和市场制度。合作社就是在这种文化和精神基础上逐步形成和发展起来的经济组织和制度形式,人文主义的资本主义文化集中体现在合作社自助、民主、平等、公平的价值观念以及组织原则、制度性质和经营方式上。

(二)以集体主义为核心的原则

个人主义是西方国家市场经济体制下文化价值偏好的突出体现。个人主义在使个体得到解放、给经济和社会注入活力的同时,难免滋生出极端利己主义的毒瘤。实践证明,个人主义在使资本主义市场经济发展的同时又在不知不觉中瓦解着资本主义制度,影响着整个社会的稳定和发展。合作社文化在吸收了人文主义中以人为本的价值精华的基础上,倡导团结互助、诚实、公开、社会责任和关心他人的集体主义的道德准则,合作社在集体主义和个人主义之间找到了结合点。虽然合作社的自助观念是建立在所有的人可以、也应该掌握自己命运的信念基础上,但同时合作社还认为,完全的个人发展离不开其他人的协作,通过联合的行动和相互担责,能取得更大的成绩,特别是能不断提高其市场竞争力和在政府中的地位。因此团结也是合作社一个重要的价值观。这一价值观要求合作社行为不仅仅局限于个人自我利益,而且是社员的联合,它还是一个集体,每个社员都有责任保证所有社员尽可能得到公正的待遇,在社员的脑海里要始终树立共同利益的观点。可以说,合作社文化及其制度体现了集体主义和人文主义价值观的统一。

(三)与乡土文化相融合的原则

在"出入相扶,守望相助"的乡村社区中,千百年来,农户形成了生产活动中相互协助的传统。组织是嵌入于一定的社会结构背景之中的,组织制度只有与社会结构性要素相融合才能更好地成长与发展。作为新型农民合作组织的重要形式,农民专业合作社的制度设置具有外部导入的特征。尽管有国家的大力倡导与推行,农民专业合作社的发展仍然离不开特定的本土文化背景。关系型信任、非正式规范、人际网络等乡土文化要素,是乡村社会实际运作的重要基础。农民专业合作社是互助性经济组织,互惠与理性化是其基本特征。在乡土社会文化中,劳动生产中的互惠规范源远流长。塑造合作社文化离不开乡土文化的土壤。

三、塑造合作社文化应注意的问题

对合作社独特文化的塑造,离不开对合作社组织与制度的把握。

(一)让合作社组织能够体现出人本组织

所谓人本,是人权力的体现。合作社是一种与资本相对立而产生的组织制度。在合作社里,不排斥资本的作用,但是它通过人本的设计抑制了资本的决定性作用,一人一票的原则就是合作社组织人本精神的最高体现。

(二)让合作社制度能够凝聚弱势

合作社的人本性质不是在任何领域、任何场合都适用的,而是在差别化领域特别是相对比较弱势的领域特别具有价值,这就是它凝聚弱势的制度价值。把弱小的需求通过制度化的组合使其产生合作的力量,从而在竞争中或者在服务中产生利益。资本也有合作的机制,但资本的合作机制与合作社是完全不同的。所谓的差别化领域或相对比较弱势的领域是相对的概念。例如,在住宅领域,相对于强大的房地产商来讲,白领阶层也可能是弱势群体。

(三)寓"民主控制"于合作社管理过程

合作社的管理是一种弱势群体中实施的人本式的民主管理。它作为资本主义民主的补充而产生,是对民主制度的完善,也是对人类民主思想发展的完善。因为是对立于资本式的民主,所以合作社的民主管理与资本主义企业不一样,它是在保护所有长远利益的基础上追求效率。不依托资本而实行的民主事实上对成员的民主意识要求相对更高。

(四)把创造和谐作为合作社的功能

由于合作社制度和组织的特性,使得它从产生的那一天起就在为社会创造和谐。空想社会主义也正是在资本主义最摧残人本的时候出现的。合作社创造和谐不仅是在竞争性领域,也在各种服务性领域。

合作社文化可以概括为"以互助实现民主,以民主促进互助",这就是它的核心价值。围绕这样的核心价值,在不同的社会制度下、不同的国情中,会产生不同的合作社精神。培育农民的合作精神和合作观念,是农村合作经济组织发展的重要条件。

文化传统从风俗习惯到观念系统,从心理到意识,形成对人际关系、价值取向、生活方式等的独特看法,并深深植根在人的心理结构和行为结构中,极大地影响着对于制度形成来说十分重要的思维定势和行为偏好。在市场经济条件下,农民是合作经济组织发展的主体。由于受传统价值观念和文化模式的约束,现阶段我国农民合作意识淡薄,进行合作经济组织制度创新的动力不足,需要推动农民逐步摆脱计划体制下形成的依赖心理,真正树立民主平等、公平互利、独立自主、诚实信用等市场经济观念,从根本上提高农民对于合作社这一组织制度形式的认识水平,激发农民发展合作社的自觉性和主动性。为此,政府应深化对合作经济组织性质、功能和在农村市场经济发展中作用的认识,理清发展思路,在吸收中华民族传统文化的基础上,通过宣传、教育等多种手段,培育农民的合作精神、契约精神,全面激活农民自身的自主、自立、自强意识和群体意识,为农村合作经济组织的发展和健康运行奠定必要的思想文化基础。

四、塑造合作社文化的做法

农民专业合作社的文化塑造是合作社发展的基本要素之一,通过文化塑造,确定合作社发展的主题,建立必要的合作社规章制度,从而能够科学有效地制订合作社的发展规划,促进合作社走入健康有序的发展轨道。

合作社是一种非营利性的经营组织,对外经营产生利润,对内分配实现共赢。因此,我们将来所要建设的合作社文化,应该包括以下几个方面:

(一)确定一个主题

主题是一个合作社发展的灵魂。一个好的主题就像入党宣誓一样,每个会员都会围绕这样的主题去开展工作。主题应该说明合作方式、发展目标、发展结果,主题语言应该简单明了、振奋人心,这是合作社主题的根本要素。

例如:生产型(资源利用型)合作社的主题:让我们紧紧地团结在合作社周围,精诚团结,努力拼搏。通过多种多样的经营模式,打造绿色、生态、文明的生产基地和旅游基地,势必要带领群众走向致富的道路!

(二)重点抓好两个环节

在合作社文化中,围绕两个关键环节进行:一是生产环节,为合作社成员提供必要的技术和信息服务,把生产成本降到最低,促进生产达到先进的水平,这是合作社文化凝聚的基础;二是销售环节,成立销售队伍,加大对生产基地的宣传力度,例如加大对合作社品牌的宣传、生产环节的展示,实现销售利益最大化。

(三)抓好"三个带头"

合作社领导班子是合作社发展的领航人,要率先带头示范、身体力行,带领群众冲向胜利的商业战场。对于合作社的董事长、主要负责人要求统一做到三个带头:带头组织生产、带头联系销售、带头遵守团队内部的各项规章制度。

(四)利用"四个载体",促进合作社发展

合作社文化打造就是要扩大影响力,让每个成员感到荣耀和自豪,"酒香也怕巷子深",利用四大载体是扩大影响力的好办法。

第一,利用宣传载体,成立宣传队伍,为合作社造势,打造合作社的品牌效应;

第二,利用政策载体,充分利用国家相关的扶持政策,为合作社发展服务;

第三,利用制度载体,通过制定合理的、科学的规章制度实现合作社内部的规范化管理;

第四,利用组织载体,通过和各种组织合作(包括政府部门、各种和业务相关的组织队伍),实现合作社的利益最大化。

(五)合作社发展要做到"五个到位"

文化塑造对合作社来讲,也应该循序渐进,从多方面多角度着眼,从农民最需要的环节入手,从最薄弱的环节抓起,这样的效果更好。为此,应保证五个到位:一是合作人群思想认识到位,二是合作社生产资金到位,三是合作社制度体系建设到位,四是合作社内部人员管理到位,五是合作社基础设施建设到位。

总之,合作社的文化建设,是合作社的精神支柱,是合作社的形象,合作社只有通过这些文化活动,才能提高社员的素质,增强社员的发展能力,让社员在轻松快乐的环境中得到精神的愉悦和发展的信心,提高凝聚力;通过文化活动,真正体现合作社与其他组织的不同;通过文化建设来宣传合作社,扩大合作社的知名度和影响力,从而推进合作社健康发展,促进合作社与外界的联系,为加快经济建设提供更多的机会。

▷ 项目训练

素质题:简述塑造合作社文化的意义、合作社文化体现的现代意识。

技能题:

1. 口述合作社文化塑造的一般做法;
2. 针对一个合作社,描述其文化的构成要件。

知识题:

1. 简述合作社文化的内涵;
2. 简述合作社文化塑造的原则、功能。

大道之行也，天下为公。选贤与能，讲信修睦。

———孔子

合作社经营机制的创新实践

▷素质目标

理解合作社经营机制创新的意义。

▷技能目标

1. 合作社经营机制创新的实践模式；
2. 针对一个合作社，分析其经营机制创新的成功经验与做法。

▷知识目标

1. 了解合作社经营机制的内涵；
2. 熟悉合作社经营机制的内容。

▷ **重点内容网络图**

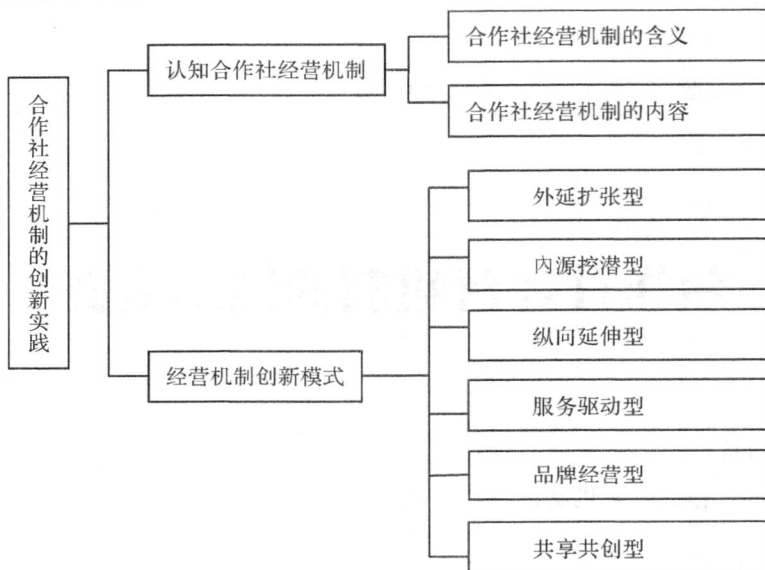

```
                              ┌──────────────────────┐
                    ┌─────────┤    合作社经营机制的含义    │
        ┌───────────┤         └──────────────────────┘
        │  认知合作社经营机制 │   ┌──────────────────────┐
        │           └─────────┤    合作社经营机制的内容    │
        │                     └──────────────────────┘
 合作                         ┌──────────────────────┐
 社经              ┌──────────┤       外延扩张型        │
 营机              │          └──────────────────────┘
 制的              │          ┌──────────────────────┐
 创新    ┌─────────┤──────────┤       内源挖潜型        │
 实践    │         │          └──────────────────────┘
         │         │          ┌──────────────────────┐
         │         │──────────┤       纵向延伸型        │
         │经营机制创新模式│      └──────────────────────┘
         └─────────┤          ┌──────────────────────┐
                   │──────────┤       服务驱动型        │
                   │          └──────────────────────┘
                   │          ┌──────────────────────┐
                   │──────────┤       品牌经营型        │
                   │          └──────────────────────┘
                   │          ┌──────────────────────┐
                   └──────────┤       共享共创型        │
                              └──────────────────────┘
```

合作社实现经营战略目标的选择途径,即在运营模式上选择什么,哪些环节增值,以什么方式赚钱,盈利模式,流程如何创新,采取什么方式运营,在合作模式上与谁合作,采取什么方式合作,等等。

▷ **案例一**

创新机制　强化服务

——温岭市温岭草鸡专业合作社

温岭草鸡专业合作社成立于 2001 年 8 月 16 日,注册资金 100 万元,固定资产 1591 万元,注册"花坞"牌商标,现有社员 223 人,是一家集苗鸡孵化、草鸡饲养、技术服务、品牌营销于一体的合作社。2010 年,合作社销售温岭草鸡 720 多万羽,占全市温岭草鸡销售量的 70% 多,经营收入 13320 万元,盈余 936 万元,社员户均净收入 6.2 万元,带动坞根镇及周边养鸡农户户均增收 6400 多元。其主要做法:

一、创新合作机制,实现要素集聚

针对温岭草鸡经营分散、技术落后、品牌不响的状况,温岭草鸡专业合作社积极创新运行机制,构建"农业龙头企业＋合作社＋基地(农户)＋带动农户"的合作机制和经营模式,实现了资金、技术、土地、劳动力、市场信息等生产要素的有序集聚,促进了温岭草鸡经营主体的联合和产业规模的壮大。合作社以省级农业龙头企业温岭市花坞农业开发有限公司为依托,以温岭草鸡养殖农户为基础,开展温岭草鸡生产经营。公司提供生产资金支持和养殖技术支撑;合作社构筑服务平台,制定统一标准,开展管理服务;社员与农户利用承包土地和劳动力饲养温岭草鸡,形成了标准化生产、规模化经营、科技化提升和品牌化拓展的产业发展格局,促进了温岭西南部以坞根镇为中心的温岭草鸡产业带形成。

二、加强统一服务,保证优质安全

为规范温岭草鸡生产,保证产品优质安全,合作社强化"六统一"服务,实现饲养与产品质量的全程管理和控制。一是统一生产标准,制订了《温岭草鸡饲养规程》,社员按规程饲养温岭草鸡。二是统一技术指导,借助公司技术力量,在喂料、用药等生产主要环节上进行技术指导,保证合理的料肉比和药物消耗量,夯实品质基础。三是统一提供苗鸡,保证品种纯正。四是统一饲料配送,专门配备人员和车辆,负责公司生产的饲料运输配送,排除抗生素残留和重金属超标。五是统一疫病防治,疫苗和药物由合作社统一购买统一保存统一发给社员,保证药物残留不超标。六是统一财务结算,社员所需的鸡苗、饲料、防疫药物等由公司统一垫付,公司回收商品鸡、市场销售后进行成本核算和利益分配。"统一服务"使合作社把标准化生产落到实处,保证了产品优质安全,更是降低了成本,实惠了养殖农户。

三、开展品牌营销,促进农户增收

合作社在夯实产品质量的基础上,积极打造产品品牌,构筑营销网络,提高市场知名度、品牌度和占有率。一是开展产品认证和评优,先后通过了无公害农产品、有机食品和A级绿色食品认证。"花坞"牌温岭草鸡被评为浙江名牌产品、浙江名牌农产品,"花坞"牌商标被认定为浙江省著名商标,连续6年获浙江省农业博览会金奖。二是开展产品推介,在上海、温州等地举办温岭草鸡新闻推介会,参加浙江省农业博览会,依托公司每年投入200多万元进行品牌宣传,切实提高产品市场知名度。三是建立营销网络,在杭州勾庄市场以及乐清、瑞安等地的家禽批发市场设立专营点,大力拓展温岭草鸡在省内外市场的销售渠道,提高市场占有率。市场品牌的提升,营销网络的构建,产品市场占有率不断提高,合作社的经营效益逐年提升。近几年,合作社社员户均净收入超过15万元的有19户,10万元以上的有70多户,5万元以上的 100 多户，并带动周边 1000 多农户从事温岭草鸡产业增收。

（资料来源：http://780638.zyw.com）

▶案例点评

温岭草鸡专业合作社是浙江省最早成立的农民专业合作社之一，十年来，该社持续健康发展，规模从小到大，品牌从无到响，逐步成为浙江省首批示范性农民专业合作社、百强农民专业合作社。该合作社最大的特点是：

一是连接紧。实行"农业龙头企业＋合作社＋社员（基地）＋带动农户"经营模式，使公司、合作社、社员三者的资源得到整合与共享，优势得到发挥与互补，形成生产、服务、营销一体化经营，实现了合作共赢。公司统一垫付鸡苗、饲料、防疫药物，提供公司培育的统一苗鸡，在喂料、用药等生产主要环节进行技术指导。对公司来说，通过与合作社连接，保证了产品供应的来源，建立自己的产品供应系统，肉鸡品质得到了保证，又节省了很多管理社员生产的成本。另一方面，借助公司的力量，合作社和众多社员急需的资金和技术难题都得到很好的解决。在销售网络宽阔的背景下，社员都想多养鸡、养好鸡，努力增加自己的收入，希望能长久地留在合作社中，根本不会想使用违规药物。

二是规模大。合作社常年存栏温岭草鸡 800 万羽，出栏 700 万羽，产值达到 1.3 亿元，销售量占温岭全市的 70％ 以上，是温岭市草鸡产业区龙头经营主体，为合作社取得规模效益、品牌效益，拓展消费市场打下了良好的基础。

三是服务实。合作社在温岭草鸡生产管理、质量安全，市场营销、利益分配等多方面开展实实在在的统一服务，既落实了标准化生产，提高了产品质量，又促进了农户之间的合作，降低了经营成本。

四是效益好。合作社产品质量安全过硬，市场占有率不断提高，经营效益也连年提升。近些年来，合作社盈余都在 850 万元以上，社员和养鸡农户的收入稳定增长。

启示：合作社最根本的也是最大的优势就在于农户与农户之间的联合与合作，把农民组织起来开展统一服务、扩规模、树品牌、拓市场、增收益，切实提高农民进入市场的话语权，取得规模效益、品牌效益和流通效益，最终促使产业发展、农民增收，真正实现合作共赢，这是当今及以后我国农民专业合作社持续健康发展的必由之路。

任务一　认知合作社经营机制

一、经营机制的含义

经营机制是指决定合作社经营行为的各种内在因素及其相互关系的总称。主要指合作社进行农产品生产、农产品交换活动赖以存在的各种社会经济关系。

二、经营机制的内容

合作社经营机制是一种规范和推动合作社经营行为,使其趋向合作社目标的内在机理。由于合作社具有自主决策、自负盈亏、内外约束的特点,因此合作社经营机制的核心问题包括三大部分内容:运行机制、动力机制和调控机制。

(一)运行机制

运行机制是合作社经营机制的主体部分,也是合作社系统在输入—转换—输出过程中各种生产要素之间直接的组合联系方式。如各种农业科研的开发与推广方式、农业生产组织方式、农产品生产与销售等,作为运行机制载体的是合作社的管理组织机构。

(二)动力机制(激励机制)

动力机制是合作社系统正常运行提供能量的机制,也是合作社经营机制中最复杂、最关键的部分,包括合作社的人事制度与安排、合作社的劳动制度、合作社人力资源的培训制度、合作社的内部民主管理、合作社精神以及工资奖励和福利制度等发挥的作用。

(三)调控机制

调控机制是保证合作社实现经营目标满足环境发展要求的自我约束机制,包括决策方式、分配方式、责任制方式、管理方式、信息处理方式等,完善的调控机制来自于明确的财产责任、严格的管理责任和健全的财务责任。

合作社经营机制的创新主要指的是转换合作社的经营机制的目标,就是要让合作社成为自主经营、自负盈亏、自我发展、自我约束的富有活力的市场主体。转换合作社经营机制的任务包括:经营主体的转换、经营动力的增强、经营调控体系的完善。

(四)约束机制

约束合作社经营行为的各种条件或者其对合作社行为的约束作用,构成合作社行为的约束机制。约束机制可分为合作社外部约束和合作社内部约束。合作社外部约束也就是市场约束,可分为供给约束、需求约束、法律约束和行政约束,其中需求约束是最主要的。供给约束是指市场对企业投入的约束。合作社生产的正常进行必须能在市场上购买到足够的生产资料,聘用有各种专长的工人和技术人员、管理人员等。这些生产要素中任何一种供应的短缺或垄断,都会影响合作社的经营决策,约束合作社的经营行为。

市场约束主要是需求约束。对于一个合作社来说,能不能把产品销售出去,是关系到合作社再生产能否顺利进行的"惊险的跳跃"。合作社为追求商品价值的实现必须根据市场行情的变化调整自己的各种经营活动。因此,市场需求是约束合作社行为的重要外部条件。

除此以外,合作社的外部约束还有法律约束和行政约束。法律约束是为保证正常的市场经济秩序,通过各种经济法规的制定和实施而对合作社行为进行法律规范。合作社内部约束主要是预算约束,其基本要求是合作社必须用自己的收入补偿自己的支出,也就是自负盈亏的约束。

任务二　合作社经营机制的创新实践模式

遵循现代经营组织成长的科学路径,借鉴国外发达国家农民专业合作社发展的有益经验,是创新农民专业合作社经营机制的有效途径。

其采取的途径主要包括从生产要素入手(例如:劳动、土地、资本要素等),创新规模化经营机制;从生产环节服务提升入手(例如:产前、产中、产后),创新一条龙服务机制;从农业多功能拓展入手(生产、生活、生态功能),创新产业化发展机制;从组织规范、生产规范、管理规范提升入手,创新规范化运行机制;从兼并重组、联盟合作、集群协同提升入手,创新合作化竞争机制。以浙江省为例,结合全国其他地方示范社发展的步伐与趋势,一些示范社已率先开始了这方面的探索,并涌现了以下八种主要模式。

一、规范化战略导向下的外延扩张型

为突破传统"生产在家、服务在社"经营模式下生产经营规模受制于社员及其生产规模的约束,创新生产基地拓展机制,即以合作社或社员为主体流入土地扩大经营规模两种方式。前者如"追着太阳种西瓜"的温岭市箬横西瓜合作社,带着技术和资金积极"走出去",在全国各地建立了22个、合计面积2万多亩的生产基地,年销售收入达到2.9亿元。后者如永康市杨溪稻米生产专业合作社,积极鼓励社员流入土地,99个种粮社员共流转承包耕地8563亩,成为当地稳定粮食生产的生力军。

▷ **案例二**

实施走出去战略做大"玉麟"瓜产业
——温岭市箬横西瓜专业合作社

温岭市箬横西瓜专业合作社始建于2001年7月,现有社员352人,注册"玉麟"商标。合作社积极实施"走出去"战略,以品牌为抓手,做大了"玉麟"西瓜产业。2010年合作社销售"玉麟"品牌西瓜8万多吨,销售总收入2.9亿元,利润7390万元,社员户均净收入20万元以上,仅西瓜一项就为箬横镇农民平均增收650元。其主要做法:

"走出去"建立大基地。随着温岭市农业产业结构调整的进一步深化和合作社规模的不断壮大,合作社乃至全市西瓜产业逐步暴露出了土地资源匮乏、生产成本高、生产季节短、常遭遇台风和不能连作等一系列阻碍西瓜产业发展的制约因素。合作社大胆创新,积极实施"走出去"的发展战略,进行异地开发和错位发展,努力拓展发展空间。目前合作社在广西、云南、广东、海南等省份建有 22 个"玉麟"西瓜生产基地,种植大棚西瓜面积 20000 亩。每个基地都在千亩以上,多数成片在 2000 亩左右。

新机制保障大生产。为使处于全国各地的生产基地运行积极有序,合作社一方面建立了生产责任制,每个基地都成立生产管理小组,并对 352 户社员建立生产经营包干责任制;另一方面实施生产标准化,制定"玉麟"西瓜地方性生产技术质量标准,规范了"玉麟"西瓜标准化质量技术生产规程、绿色食品施用肥、用药标准规程,采收摘包装标准化技术质量规程等,使各基地社员通过学习、培训、教育,有章可循,有标准可操作。

育名牌,拓展大市场。大生产需要大市场,大市场需要品牌经营。没有品牌基础,既不能很好地控制大生产,更不能占有运作大生产所需的大市场。合作社通过培育名牌来占有大市场。一是抓质量,打好品牌基础。合作社首先从规范西瓜生产技术质量标准入手,重点在栽培技术、果品质量和市场准入三方面,制定了生产技术操作规程、玉麟牌西瓜商品果质量标准、合作社质量管理手册,并切实落实,为打造品牌打好基础。二是抓宣传,提高知名度。合作社先后在上海和杭州举行"玉麟"西瓜的新闻发布会,并且在全国 23 个省市电视台播放"玉麟"西瓜的新闻采访,积极搞好了新闻宣传推介。三是抓认证,提高知信度。积极开展"玉麟"西瓜的认证、评优,提升市场信誉。目前,合作社的"玉麟"西瓜被认定为浙江省著名商标、浙江名牌产品,2008 年喜获"中国名牌农产品"称号。在名牌培育基础上,合作社建立了一支以 50 位社员为骨干、100 多位市场营销员为主力的营销队伍,走南闯北,开拓市场,先后在北京、上海等全国 12 个省市 50 多个大中城市的主要农产品批发市场建立营销网点,在广州、无锡、宁波等地开设"玉麟"西瓜专卖店,构筑合作社市场营销网络,为社员和农户进入市场、占领市场铺平了道路。

(资料来源:玉麟西瓜网 http://www.yulinxigua.com)

▷ 案例点评

(1)该合作社推行生产经营组织机制的创新,没有品牌的培育,走出去就会失去维系于一体的保障。该合作社在生产上实施的承包经营制度,既减少了监督成本,又激发了社员的生产积极性与责任性;全面实施的生产标准化,既是协调大生产的必要手段,也是品牌培育的基础。

(2)这个合作社最大的特征是一个字:"大"——大基地、大生产、大市场。在资源瓶颈约束下,实施了"走出去"战略,成就了一个大规模、跨省的外延扩展型西瓜专业合作社。

(3)在品牌培育上不仅积极开展品牌认证,召开新闻发布会等积极宣传品牌;在产品销售上,组建 100 多人的营销队伍,在市场上占有全国 50 多个大中城市,这些大手笔既以大生产为基础,又引领着大生产的发展。

总之,大生产与大品牌、大市场的关系,好比古老的"鸡""蛋"逻辑,谁也说不出谁先谁后,但有一点是明了的:鸡离不开蛋,蛋离不开鸡。

这家合作社的发展给我们的启示是:"走出去"表面上是基地的扩张,而本质上是一个整体经营机制提升与创新的过程。

二、农作创新,集约化战略导向下的内源挖潜型

"早稻—西兰花"轮作、"西兰花—毛豆"轮作、"草莓—西瓜"轮作,"葡萄园里养鹅""竹园里养鸡""莲藕田里养鱼虾"……这些名词听着新鲜吧! 这就是创新农作制度重点各地涌现的各类农作制度创新模式。

所谓农作制度创新,就是创新农作制度,把传统"老三熟"变为新型"多熟制",将一亩地当两三亩地用,使有限的耕地产出更多的优质农产品。比如前面所提到的,各种各样的轮作模式,实实在在让一亩田产生几亩地的作用。

由于耕地资源一直处于紧缺状态,创新的农作制度,通过种植业和养殖业的科学结合,形成耕地的复合生态系统,是实现现代化农业、高效农业、生态农业的有力手段,更是一条农民致富的新路子。其实,地还是那些地,它们的"长大",只是源于农民用科学发展观为指导,遵循了农业生态学的原理,动了新的脑筋。

除了增收致富外,创新农作制度还为生态作出了贡献。以大家熟悉的稻田养鱼为例,稻田里养的鱼以田间昆虫、杂草为饵料,排泄物肥田,鱼的活动还起到了中耕除草的作用,从而减少了农药、化肥的施用。随着资源的循环利用,使用的农药、化肥相应减少,发展安全、生态农业就成了可能,生态环境也因此得到有效保护。从长远的目光来看,生态的保护也就为子孙铺平了一条未来的致富路。

通过几种多熟、高效、集约农作制度的有机结合,构成两种以上动植物和微生物的复合群体,充分利用光、温、水、气、肥等自然资源,实现农业优质高效、节本增收、生态安全和可持续发展。如果大家集思广益,敢于尝试,勇于创新,就能让百亩良田创造出千亩良田的效益,这在未来不是梦。

为克服农产品季节性生产带来的全年有效生产劳动时间不足、资源利用率低下问题,创新农作农艺制度,着力推进土地集约经营。如余姚市黄潭蔬菜产销专业合作社,改变土地粗放利用方式,组织社员实施"农作制度创新、亩产值超万元"工程,全面推行"榨菜—甜玉米—包心芥(雪菜)""榨菜—长豇豆—包心芥""榨菜—青瓜—包心芥"一年三熟套种高效种植模式,年销售收入达到1100余万元,其中因农作制度创新增收360万元。

> 案例三

彭州三界丰碑蔬菜产销专业合作社

三界镇是全国著名的"莴笋之乡"、彭州蔬菜生产重地。2007年全镇蔬菜种植户10000多户,销售蔬菜1.5亿千克,约占全市蔬菜销售总量的十分之一。但是,农民以家庭为单位的小规模、分散型的蔬菜种植,已远远不能适应大市场的需要,价格受市场的影响波动大、抵御市场风险能力低、市场竞争力不强。鉴于此,在彭州市委、市政府和三界镇党委、镇政府的高度重视下和大力支持下,丰碑村在2007年7月成立了蔬菜产销专业合作社,合作社依照《中华人民共和国农民专业合作社法》和《农民专业合作社登记管理条理》以及其他有关法律、法规在彭州市工商局注册。合作社有6人拥有股份,有670户农户加入合作社成为社员。合作社业务范围:蔬菜种植(白菜、豇豆、芹菜、莴笋、萝卜等)、销售、净菜上超市、盐渍初加工、蔬菜保鲜和冷冻、生猪养殖;蔬菜生产技术咨询、培训、新技术推广;为菜农提供产前、产中、产后服务。合作社成立了自己的农资、农技服务站,也有多年来建立的20多个省市蔬菜市场销售网络,现在和成都市的人人乐、家乐福等蔬菜超市对接蔬菜销售,运作正常。合作社已基本形成了社员产前、产中、产后链服务,初步形成订单农业模式,合作社有自己的新品种示范园区13亩。在2008至2009年合作社被评为彭州市"优秀农村专合组织"。合作社的具体做法:

一、强化内部管理

（一）严格按章程办事

为了适应市场经济发展需求，增强合作社成员间的凝聚力，充分体现合作社成员间的平等、自愿、互惠互利原则，在制订合作社章程时就反复讨论，严格按照章程办事。在发展中如果发现章程与现实不适应时，就召集成员召开社员大会并修改创立时章程的有关条款，最大限度地保障合作社的健康发展。

（二）建立健全各项规章制度

合作社有比较完善的《章程》、社籍册以及会议、财务、分配、生产管理、经营管理、技术质量标准（规范）各项规章制度，以适应规模化发展的需要。同时，完善了财务管理制度，明确资金按社员的经营规模（即生产经营能力）筹集，盈余按社员投入的股份分配，并强化了民主理财条款。制定了合作社管理办法，明确了合作社经营管理机构工作职责，合作社运营工作制度，合作社社员入社退社、决策、生产、营销和分配工作程序。

二、积极探索运行机制

实行"合作社＋协会＋基地＋农户"的运营模式，将组织生产、经营活动与蔬菜的产、供、销有机地结合起来，解决农户一家一户办不了或者是办不好的事情。

（一）强化蔬菜基地建设

一是合作社对内实行"五统一分"（统一作物布局、统一生产标准、统一肥料供应、统一技术、统一销售，分户管理）的方式，社员以家庭经营为基础、生产基地为依托，按照合作社生产技术质量标准开展生产经营。二是依托国内外蔬菜、植保专家和彭州市、镇农业技术人员，严格按照国家无公害农产品的标准，实施了种植技术、生产管理、病虫害防治的一系列措施，实现了在种植过程中的全程记录，确保了莴笋无公害生产的质量安全。三是加强社员的技术培训。采取请种植技术专家来园区讲课，参加省、市、镇组织的培训班等多种形式，努力提高种植技术和管理水平。目前，已开展大型技术培训15期、共计7800人次，有120人取得了国家农业部统一颁发的"农民资格证书"。

（二）实施品牌战略

一是合作社通过统一质量标准、统一分级、统一产品品牌、统一定价销售方式，实施品牌战略，增强产品市场竞争力和占有率。二是通过绿色食品认证、科技开发创新、产品宣传推介，提升合作社市场品牌形象，拓展蔬菜销售市场。三是积极开拓销售市场，在蔬菜销售中，采取"走出去，请进来"的办法,让外地客商进得来、愿意来、留得住,形成稳定的合作关系,同时大力开拓外省市场,把本地蔬菜卖到省外,并且通过实行售后质量跟踪制度,夯实产品质量品牌的基础。

(三)形成利益分配机制

合作社盈余按社员投入的股份(经营规模)比例返还。合作社进行二次利益分配,第一次利益分配是社员参加劳动经营取得的收益,列入合作社经营成本;第二次利益分配是合作社盈余分配,扣除成本和各种费用,提取一定的公共积累和风险保障基金后,按社员投入的股份(经营规模)比例分配。据统计,2009年,三界丰碑蔬菜产销专业合作社出售蔬菜1200万千克,实现销售收入1900余万元,创产值560余万元,同去年比较人均增收600余元,高于当地非成员30%。通过"五统一分"方式,还为本社社员降低肥料、种子、农药等直接生产成本每户230元。

三、下一步打算

(一)建立合作社标准化示范试验园区600亩,针对农户没有创新精神,目前合作社蔬菜品种单一,蔬菜容易出现集中上市、供大于求的状况,合作社做好示范试验园区后,首先在园区内种植附加值比较高的菜品,摸清种植技术和蔬菜效益后,引导农户种植,以这种方法来调节蔬菜品种单一、集中上市导致的供大于求等问题。

(二)建立合作社自己的深加工生产线和销售渠道。合作社现在已和人人乐、家乐福等超市形成农超对接,仅限于供应毛菜这种模式已不能适应合作社的发展,要让合作社订单农业快速发展,很有必要建立自己的净菜车间,增加蔬菜附加值。

(三)在成都、重庆等城市建立蔬菜超市,让市民吃到新鲜、放心的蔬菜。同时,也可以增加合作社收入,壮大集体资金。

通过以上运作方式把合作社蔬菜产业链打通,这样可以做到社会效益和经济效益双丰收。目前彭州市三界丰碑蔬菜产销专业合作社已辐射和带动了三界镇及周边蔬菜种植逐步向规模化、集约化方向发展,为2000人以上的富余劳动力找到了出路,对促进农民增收致富、推动蔬菜产业发展发挥了积极作用。

(资料来源:中国农业信息网 http://www.agri.gov.cn)

三、一体化战略导向下的纵向延伸型

为破解产业链占有位置短、利润空间窄的问题,积极向产业链价值洼地进军,着力拉长产业利润区。浙江大红袍果业合作社原先以鲜销枇杷为主,通过发展枇杷膏加工线,解决了低档枇杷的出路,又大大提高了产品附加值,亩均增收 600 余元。嘉兴市关祥蔬菜专业合作社原先以产销新鲜蔬菜为主,通过发展净菜型速冻系列产品加工业,青菜苔售价从加工前 3300 元/吨上升到加工后 6600 元/吨,产值翻一番,新增利润 1000 元/吨。龙泉市绿谷果蔬专业合作社,在搞好生产的同时开设农家乐、展销点,集生产、观光、吃住、购销于一体,年经营收入达到 1020 万元。

▶案例四

大力发展深加工、提升壮大枇杷产业

"我们的枇杷现在不但在路桥市场有了很好的销路,还销往南京、东北、福建、温州、嘉兴等地,一年的产值做到了 1600 多万,吸引了国内外同行的目光。"谈起浙江"大红袍"果业合作社的成就时,理事长冯普德激动地说道。

素有"中国枇杷之乡"美称的台州市路桥区桐屿高峰村"大红袍"果业合作社,2005 年 4 月就以企业法人的形式在工商部门注册,成为全国最早以法律形式注册的农民专业合作社。2012 年 6 月 26 日,台州市路桥桐屿大红袍果业合作社更名为浙江省大红袍果业合作社,获得农业部示范项目实施单位、浙江省优秀农民专业合作社、台州市十佳农民专业合作社、路桥区农村劳动力素质培训实习基地等称号。

该社的"绿阳青"商标被评为浙江省名品正牌农产品、台州市著名商标、台州市名牌产品。谈起该社的发展历程,冯普德如数家珍地介绍道,2001 年 12 月刚成立时,入股奖金只有 8 万元,成员 8 人,入股面积 200 亩。经过六年的发展,现已达到社员 173 人、农技员 45 名、农艺师 5 名,资金 156 万,入股面积 6800 亩,社员遍及福建、杭州千岛湖、台州临海、天台等省市,兼带柑橘、杨梅干等产业,带动周边果业 8 万余亩、果农 5000 多户共同发家致富。"大红袍"的成功经验经过媒体的报道,吸引了一大批的中央、省、市领导及一些

国外同行前来取经交流。

林家岙村也是一个产枇杷的大村，全村的枇杷种植面积有1000多亩，但枇杷普遍个头小价格低，农民增产不增收。2004年初，林家岙村的一些村民首次在电视里看到大红袍果业合作社的新闻，画面中一个个枇杷硕大丰满，其中有的枇杷单个重量达到50多克，果农们很是惊讶，有4家种植大户历经波折找上门求教，合作社立即派出几名得力的技术员、农艺师上门指导。他们看到该村的枇杷枝条细长、枝上挂果多吃肥重等状况，专门召集村民进行集中培训，教他们如何进行整枝、施肥、限量挂果，给果农们人手一本枇杷管理小册子。果农的受益极大。

果农种植果业很辛苦，没入合作社之前，农民们是分散无组织的，水果采摘期短保鲜难，再加上目前路桥的种植业没有农业保险，农民靠天吃饭，台风一来农民就遭殃。由于没有统一的品牌，就是遇到了大丰收，果农们把采摘来的果子往当地市场一挤，却成了小贩们竞相压价的理由，农民增产不增收，劳动力价值很难得到体现。当地工商部门得知这一情况后，积极主动地和他们联系，帮助他们进行注册。

"当时全国没有一家经过注册的合作社，法律也没有这方面的规定，查阅有关资料，全国也没有这样的先例，于是我们想了很多办法，让他们以企业法人的形式注册，解决了注册的难题，这在全国还是第一次。"路桥工商分局2005年初大胆引进合作社这种组织形式，帮助大红袍果业合作社注册成了全国第一家农民专业合作社。2005年4月，他们还就路桥农业的实际情况组织了一次现场注册便民活动，有8家合作社成功进行了注册，在当年杭州市举行的合作社执照首发仪式上，10家合作社中有8家就来自路桥，成为了浙江乃至全国农民专业合作的发祥地之一。

（资料来源：中国农业信息网 http://www.agri.gov.cn）

▷案例点评

"大红袍"合作社成功注册后，当地工商部门又进行积极的引导，转变社员的观念，帮助合作社注册了商标，并把"绿阳青"枇杷作为重点扶持的对象。现今的浙江"大红袍"果业合作社，其"绿阳青"枇杷，单价卖到了十几元一斤，产品有三分之一做成了包装精美的礼品，成了人们送礼的好选择。农户卖枇杷更是不用出门，就有一大批的客户前来定购，合作社还开辟了农业示范园区,集旅游、休闲、观光为一体,真真正正地打出了自己的品牌。

四、专业化战略导向下的服务驱动型

为破解合作社服务供给不足、与社员和农户生产经营联结不紧密问题,积极构建专业化服务机制,着力提升对产业发展的带动力。主要是发展生产性服务和资金信贷服务。前者如金华市群飞粮油机械化专业合作社,以服务为纽带创新"规模＋服务＋加工"产业化发展路子,为社员提供耕作、播种、育秧、插秧、植保、收割等全程机械化服务,为周边农户提供菜单式服务,2009年销售收入达到3700万元。后者如嘉兴市王江泾镇水产专业合作社,为破解社员生产经营缺乏周转资金问题,联合当地银行推出"合作社担保"贷款新模式,累计担保贷款金额4300万元,社员还贷率达到100%。

> **案例五**

粮食生产的群飞模式

金华市群飞粮油机械化专业合作社成立于2004年,注册资金50万元,社员107户,带动非社员农户1000多户,建有优质粮油生产基地5000多亩,在江西、吉林等省外建立生产基地10000多亩,年产粮食1万多吨,合作社资产总额773.96万元,如今合作社已发展成为集土地流转、粮油种植、机械化服务、粮食烘干、加工、农产品销售为一体的综合性大型农民专业合作社。

创新土地流转方式。成立了一支专门从事采购(租赁)土地的队伍,准确及时掌握良田信息,进入合作社的租赁程序。实施科学的轮作、套种等集约化种植方式,使土地利用率和产出率成倍提高,实现全年利用。

注重品牌经营战略。注册了"群飞"商标,依靠产品与服务质量赢得美誉度,提升产品知名度。利用获"金华市名牌产品"的契机,注重品牌形象建设与宣传,在金华、杭州等销售区域进行广告宣传,设立品牌专卖店,对各大机关、学校、超市实行配送服务。

注重技术创新。积极推广高产优质水稻良种,实施水稻品种"换代升级",实现了"群飞"牌大米的优质化。同时实施精量撒直播栽培、全程机械化生产、病虫综合防治、测土配方施肥等无害优质化生产技术。通过和有关科研单位合作,开发成功了"低糖米""免淘米""功能性胚芽米"等多个产品,实现了产品的升级。

(资料来源:中国农业信息网 http://www.agri.gov.cn)

五、科技化战略导向下的产能提升型

为改变传统生产方式效率低下问题,创新运用现代化科技和物质条件装备合作社,着力提升综合生产能力。如湖州南浔善琏建旺禽业专业合作社,引进性能优越的英国樱桃谷良种鸭,依托浙江大学和浙江省农科院研究和推广水禽旱养集约化养殖技术,节约土地30%、节水80%、节省饲料20%、产蛋率提高10%,取得了良好的经济效益,社员户均年净收入10万元以上。又如温岭市联树果蔬专业合作社,通过研究推广果蔬优质高产高效栽培技术和新品种,综合增产70%以上。

伴随着居民对饮食要求的不断提高,绿色、无公害、有机等农副产品逐渐走俏。严寿富告诉笔者,每年的6月中旬到10月下旬,他要销售70多万把莲蓬,而像他一样的收购商龙游县现在至少有10多家,光莲蓬销售一项就可为当地老百姓增收560多万元。

▷ 案例六

做大富硒莲子产业,带动当地经济发展

龙游富仙富硒莲子专业合作社位于浙江省龙游县横山镇天池村,地处龙游、兰溪、建德三县交叉处,离龙游县城约25千米、离镇约3千米。合作社成立于2010年3月份,当初有235人,发展至今已达1500多户(其中带动非成员户200户)。种植莲子面积由2009年不足50亩,发展至今累计种植面积达3500亩,创造总值达两千多万元,大大地提高了农民的收入。

龙游县横山镇志棠村富仙富硒莲子专业合作社收购莲蓬的现场,看到了一片丰收忙碌的景象。富仙富硒莲子专业合作社的负债人严寿富说:"如今的莲蓬可是俏商品,上海、杭州、宁波等地的客商一个电话接着一个电话打来,现在莲蓬8毛钱一把,每天收购2万把莲蓬,收购来的莲蓬还是供不应求啊!"近年来,龙游县利用其良好的生态环境和优质水资源,特别是富硒土壤这一得天独厚的稀有资源,积极发展莲子种植,目前全县种植莲子近12000

亩。龙游联社也为促进农业增效、农民增收和农村经济发展积极发挥桥梁和纽带作用,累计向 12000 亩种植户发放贷款 400 多万元,向经销商、收购商、莲子加工户发放贷款 800 多万元。在该联社有力的信贷支持下,各农民专业合作社致力于"产业规模化、生产标准化、服务设施化、建设规范化、经营品牌化、社员组织化",先后建设和发展品牌 6 个,有了 12 家农村专业合作社,做强做大了富硒莲子产业,全面提升市场竞争力,使天然富硒莲子产业成为龙游县农业经济新的增长点,成为农业增效、农民增收新的支柱产业。

(资料来源:中国农业信息网 http://www.agri.gov.cn)

▶ **案例点评**

改变传统生产方式效率低下的问题,创新运用现代化科技和物质条件装备合作社,着力提升综合生产能力。各农民专业合作社致力于"产业规模化、生产标准化、服务设施化、建设规范化、经营品牌化、社员组织化",带动了农民收入的稳步提升。

六、生态化战略导向下的品牌经营型

为破解产品生产不规范、品牌声誉度不高的难题,严格生产环节质量安全控制,积极发展"三品一标"产品,着力提升产品品质品牌。如文成县浙南薯业产销合作社,按照生态化生产要求,全面推行标准化生产,取得有机产品、质量安全"QS"认证和浙江名牌产品称号,成功申请注册"文成粉丝"为中国地理标志产品,年产粉丝 1200 吨,畅销国内市场和意、德、法等国家,年产值达 1500 万元。淳安县千岛湖淳牌茶果专业合作社,经绿色食品 A 级认证,以标准化推生态化、以精品化促品牌化,取得了年销橘子 1960 吨的良好业绩。

再者,桐庐阳山畈蜜桃专业合作社经过 7 年发展,已发展成为一家集生产、示范、推广、观光旅游休闲于一体的农民专业合作社,透过这个合作社,我们可以看到合作社发展背后由产品特性、生产集群、合作成员和制度环境等构成的复合成长机制。

> 案例七

浙江省临海市上盘西兰花产业合作社

一、合作社的基本情况

临海市上盘西兰花产业合作社成立于 2002 年 6 月,注册资本 1300 万元,其中合作社自身 27 万元,其余为加工企业 12 家,社员共有 1300 户,运销大户 4 家,中介组织 1 家,面积 6.8 万亩,出口创汇 1000 万美元,最近几年一直平稳发展。

二、合作社的组建背景和发展历程

上盘西兰花产业发展起步于 1989 年,成为该镇的一大产业。在 2002 年西兰花区域种植面积达到 4.5 万亩,农业龙头企业、运销大户蔬菜交易市场不断涌现。但是随着农业市场化、国际化进程的加快,西兰花产业在发展过程中面临着问题:一是西兰花在生产加工过程中缺乏完整的技术体系、规范的操作方法和产品质量标准,难以满足人们日益发展的物质生活的需求,特别是发达国家利用"绿色壁垒"限制农产品出口。2002 年日本开展中国农产品检查强化月活动,对每批进入日本的蔬菜进行检验,且检测项目从 6 种增加到 43 种,一度使得临海的西兰花严重受阻,西兰花烂在地里成了苦菜花;二是分散的千家万户小生产与千变万化的大市场之间缺乏有效的链接载体,产供销脱节、贸工农割裂的格局没有得到实质性的改变,企业与农户之间在面对市场时价格下滑,菜贱伤农,企业与企业之间相互残杀,无序竞争。因此积极寻求新的农业经营方式,加快农民专业合作社建设,成为西兰花产业发展的关键。根据共同发起人的意愿,通过资源申请,成立临海市上盘西兰花产业合作社,共参股 19 户交纳股金 27 万元。

三、合作社的组织机制与运行机制

经社员大会选举产生理事会、监事会,下设市场开发部、科技服务部、食品加工部、办公室,办公室为合作社的办事机构。为紧密产销关系,便于监督管理,由 12 个加工企业、4 个运销大户与 800 多个种植户实行双向选择,产生 16 个分社,各个分社以各自种植田地划分作业区,实行以销定产,形成种植、销售、加工为一体的产业链。2006 年,合作社根据《浙江省农民专业合作社条例》进行变更登记,制定岗位职责、财务管理制度等 8 个规章制度,保护社员利益,经理事会提议,通过各个分社从年终盈利中提留 5% 的公积金、3% 的公益金、3%—5% 的风险金(订单农业),再在可分配利润中划出 5%—10% 比例,按照当年原料投售返还本社内的种植社员,实行二次返利,剩余部分按照股资比例分红。

四、合作社的经营和服务活动

合作社履行主要职责,发布产业信息,联结社员共同开拓市场,做好技术培训、试验示范和产品监督,组织标准化生产和加工,注册商标,制定生产和安全质量标准,开展国产基地认证,统一供应种苗和农资,规范行业管理,强化行业自律,避免无序竞争,建立行业信用体系,联结科研院所,引进科研成果,用新技术加快科技成果转化,反映社员要求,保障合法权益,具体做法如下:

第一,提高农民组织化,联结产、加工、销售一体化。一方面种植农户和加工企业实行双向选择,资源组合,达到产销有序,解决菜农卖菜难的问题;另一方面各个加工厂与种植户之间订立产销协议,克服种植盲目性,稳定销售市场和价格,组织各个企业参加农产品食品博览会,主动了解国内外市场信息,加工企业根据本企业上年度的经营情况和广泛了解国内外市场信息,仔细分析对比后,制定企业年度生产计划,然后召开社员大会,通报上年度的经营业绩,征求社员意见,确定年度种植面积。社员根据自身能力和企业提供的信息,自愿上报种植面积,与企业签订购销协议。在整个生产季节中,企业根据基地进行管理,采收时节,社员把产品全部销售到备案企业,企业按照面积和用户种植时间分批全部收购社员产品,如此达到产销有序。

第二,实施生产技术标准化,赢得产品准入国际市场。合作社花大力气制定一套完整的种植、加工生产技术标准和产品质量安全规程,采用宣传车、电话教学、墙报张贴等形式深入田间地头广泛宣传西兰花质量安全管理知识,举办标准化生产技术培训和不定期质保员技术员培训班,提高广大农民对西兰花安全知识的认识,健全西兰花生产过程的田间档案,建立农药使用责任追溯制度,实行"三定、三记录、两监督、一检测"制度和"三统一"制度,并对违规操作行为进行严肃处理。农产品的标签上面不仅有详实的产地和日期,还有种植者的照片,这样的农产品您见过吗?如今在临海市上盘镇西兰花产业合作社,就有15%的种植大户的肖像上了西兰花的"护照",漂洋过海到日本。在上盘,西兰花们还拥有一整套详尽的"生长档案":合作社的每个种植户都有一本种植日记,以编号的田块为单位,记录了种植面积、地理特性、每天的天气、农事作业项目、施用肥料和农药的名称、剂量等内容。先后制定了"上盘西兰花生产技术操作规程及模式图""上盘西兰花质量管理守则""规范出境西兰花购、销秩序的实施细则"等统一标准,从田头到销售实行规范化操作和全程监控。有三名社员就由于违规使用农药,被开除出合作社。

"如果菜农的田头有种子袋、农药瓶等垃圾,他的西兰花我们坚决不收!"在谈到提高社员环保意识时,合作社理事长徐友兴的话掷地有声。合作社成立以来,利用宣传车、墙报等形式广泛宣传农产品质量安全知识,并邀请专家讲解生产技术和质量安全管理知识,受训人数达4000多人次。这一切,有效提升了合作社社员的整体素质,保障了绿色生产的顺利进行。

五、先进理念与科技的结合最终实现了农业的飞跃

近年来,合作社高薪聘请了拥有本科、硕士等高学历的科技人才15人,建立了从土质普查到成品检验的一整套科技支撑和服务体系,并利用合作社组织实现资源共享。在田间,记者看到不少菜农一片一片地翻检菜叶捉虫。技术人员解释说,合作社已经完成了从化学防治到生物防治的变革,目前正在向物理防治转化,逐步用诱虫灯、隔离网乃至手工来代替农药防治虫害。付出总有回报,上盘西兰花在不到半年的时间内就重新崛起。2002年10月份产销旺季再次来到时,上盘西兰花一扫年初的颓势,有300多批次进入日本和东南亚市场,检测合格率100%,全年实现销售额7500多万元。2011年,上盘镇西兰花种植面积又一举达到历史最高的7万多亩,占全国种植总面积的80%,而且产销两旺,真正坐稳了西兰花产业的头把交椅。

(资料来源:中国食品网　http://www.foodqs.cn)

▶ 案例点评

(1)这个合作社组织结构模式,形成了紧密的产销关系,便于监督管理机制。由12个加工企业、4个运销大户等为一体,实际上在这个合作社中,社员的收益与合作社的收益没有太多的直接联系,社员主要获得合作社提供的经营便利。

(2)对日本检测制度的成功突破,充分反映了该合作社在农产品生产质量控制方面的工作成效,案例中提及曾经开除过3名违章使用农药的社员,以保障生产质量。

(3)该地区西兰花以出口为主,而出口权控制在几家企业手中,因此农民对产品销路依赖也就是对合作社具有依赖性。

由此,我们可以获得一个重要启示:合作社要抓好农产品生产。在此意义上,合作社越能为社员解决销路问题,越能为社员增加收入,社员就越能服从合作社管理。

七、企业化战略导向下的兼并重组型

为突破资源争夺激烈、市场过度竞争的困境,创新运用兼并重组方法,着力提高合作社整合发展能力。如:金华市永丰禽业合作社和周边县市5家同类合作社、1家饲料厂进行兼并重组,成立浙江和丰禽业专业合作社,统一了饲料配送、种鸡种苗供应,屠宰销售和市场品牌,既避免了原来的恶性竞争,又大大增强了发展后劲。又如:奉化市锦屏山水蜜桃专业合作社吸纳当地5家同类合作社进行重组,整合了基地,统一了品牌、技术标准、包装和销售,避免了无序竞争,2009年合作社销售水蜜桃2万余吨,占全市水蜜桃产量的50%以上。

▶ 案例八

浙江和丰禽业专业合作社成立于2008年12月,是由金华市永丰禽业专业合作社等6家合作社和1家饲料加工厂在当时肉鸡养殖业风险大和市场竞争激烈的情况下,联合197户养殖户和贩销户,通过合作社整合重组成立。合作社注册资金285万元,由197户社员以货币资金形式入股,带动周边500多农户从事肉鸡养殖,社员分布在金东、婺城、浦江、义乌、武义等县(市、区),年出栏肉鸡720万羽,年产值达1.5亿元以上。2009年底合作社实现经营收入1612万元,是金华市三星级农民专业合作社、金华市示范性农民专业合作社、浙江省示范性农民专业合作社。

合作社现有技术人员27人,其中本科以上2人,大专10人,中专15人。有办公、培训、社员交流场所500多平方米。合作社采用现代企业管理模式,针对肉鸡养殖的各个环节进行规划,分别成立了财务部、采购供应部、生产技术部、市场营销部、质量安全部,每个部门设部门经理1名,实行岗位负责制。2010—2011年,合作社将建成一个6万套种鸡的种鸡场;建立优质的原料供应基地,稳定饲料供应,扩建饲料加工厂;建立一个屠宰场,实现肉鸡的宰杀、分割、冷藏。

(资料来源:中国农业信息网 http://www.agri.gov.cn)

▷**案例点评**

合作社主要以养殖和销售肉鸡为主,实行生产计划、技术培训、鸡苗供应、饲料生产、生产标准、防疫服务、产品销售、财务结算等"八统一"生产经营服务模式,其中统一购买率、统一销售率、标准化生产率都达到80%以上。合作社实行保护价收购,并与社员签订养殖销售协议。合作社在宁波、杭州萧山、绍兴柯桥、台州温岭等地建立了直销点,拥有一支专业的生产、营销队伍和自己的营运车队、饲料加工厂、养殖示范基地等,实现了生产、销售渠道稳定畅通。

八、合作化战略导向下的共享共创型

为破解单个合作社自身资源生产性闲置和生产经营、市场开拓成本高等问题,找准利益结合点,创新合作抱团经营机制,着力推进共创共赢发展。如龙游县献军种粮专业合作社与龙游建光蔬菜合作社利用季节差,前者用后者土地种植早稻、后者利用前者土地种植冬季蔬菜,取得了"1+1=4"的效果;三门县飞翔合作社和沈园西瓜合作发展循环经济,前者用后者的歪瓜烂菜作青饲料,后者用前者的鸡粪作有机肥,取得了废弃物处理、资源化利用、有机化生产"一石三鸟"的效果;龙游县龙珠养猪专业合作社出资40%与饲料公司合作共同在龙游新建饲料厂,既减少了投资、又保证了饲料供应。还有一些合作社共同联合团购农资、社员培训、共建展销门店,取得了规模经济和集群优势。

合作社除了对农户有着降低成本、增加收入、开拓市场、技术服务等方面的利益,还有一个重要作用——降低风险。

▷**案例九**

实现自身发展与共同致富双赢

——山东省蒙阴县文友家禽养殖合作社

蒙阴县文友家禽养殖合作社成立于2004年9月。经过三年多的实践探索,总结出了"公司＋合作社＋养殖户"的经营模式,"社员代表大会＋支部大会＋理(监)事会"的管理模式,形成了"文友"模式,实现了加快自身发展与带领社员共同致富的双赢。目前,合作社固定资产达到 440 多万元,流动资金 300 多万元。2007 年上半年,全社实现产值 4500 万元,为养殖户创造利润 600 多万元。

一、整合资源,创立合作社,联合闯市场

2000 年下半年,高中毕业的刘文友在积累了一定资金和社会经营经验后,在县城成立了临沂富达饲料蒙阴销售中心,年销售饲料 1000 吨,纯利润 10 多万元。在销售过程中,他发现许多养殖户存在着进料渠道单一、引进种苗品种繁杂、兽药质量不能保证、销售杂乱无章、市场无序等情况,极大地打击了养殖户的养殖积极性,严重影响了农民的经济收入,制约了养鸡业的健康发展。县委、县政府《关于加快农民经济合作组织建设意见》的出台,让刘文友看到了发展的希望,他与部分养鸡户共同分析形势,认为通过整合资源优势,可以共同抵御市场风险。在县、镇有关部门的大力支持下,他挑头成立了蒙阴县文友家禽养殖合作社。合作社现有社员 360 多人,主要是从事肉鸡养殖的农村富余劳力和城镇下岗职工等。

合作社充分发挥"联合闯市场、合作奔小康"的群体优势,紧紧围绕肉鸡的产供销各个环节,发挥自身职能,实行"四统一"服务,即统一供苗,由合作社统一从正规大厂引进优质种苗,供应社员;统一供料,合作社从临沂富达、六合集团等饲料厂家购进饲料;统一分发给养殖户使用;统一疫病防治,由合作社专业技术人员深入养殖大棚,为养殖户提供疫病防治服务;统一成鸡销售,不管是市场鸡,还是保价鸡,均由合作社统一外销,防止社员因个人销售而导致的经济损失。现在全社拥有技术服务人员 2 名、专业技术服务车两辆、运输车辆 5 部、专业运输销售人员 10 人,较好地满足了社员各方面的需求。

二、纵横联合,资源共享,带领群众致富奔小康

为了把文友家禽养殖合作社真正办成养殖户自己的合作社,让社员在这里得到优良的饲料、药品、良种和优质的服务,按照"民办、民管、民受益"的原则,在合作社建立之初,就建立健全了严格的管理制度,召开成员大会,选举产生了理事会、监事会,制定了社员章程。按章程规定,凡入社群众须由个人自愿书写入社申请书,并经理事会、监事会考察后,根据具体实际,决定是否接收其为成员,入社社员须交纳 100 元会费,合作社签发会员证,社员凭证享受合作社的有关优惠政策。

为加强对合作社的管理,理事会、监事会和社员代表大会职责分明,协调

并进。理事会具体负责经营管理工作,监事会对理事会的工作进行监督,社员代表大会有权选举、罢免理事会、监事会成员,理事会和监事会定期向社员代表大会汇报工作,重大事项须经社员代表大会审查通过。合作社进一步完善了财务管理制度、饲料购销制度、种苗引进制度和疫病防治制度等,并将章程和制度上墙公开,以便于社员监督。特别是在财务工作方面,合作社聘请了2位财会人员做会计和现金出纳,认真做好会计账务,并把全社的往来资金,社员养殖、销售、赢利情况,鸡苗引进与成鸡销售时间,饲料与药品的使用情况等录入微机,实行微机化管理。财务收支实行社长一支笔签字制度,杜绝了财务混乱状况。

合作社社员横向联合形成利益共同体,并与公司纵向联合,签订合同,规范和制约双方的责、权、利,充分显示了合作经营的巨大优势。在鸡苗购进上,与江苏省海门市裕达种禽有限公司签订480万只鸡苗合同,以每只低于市场价2角钱的价格供应给社员,为社员节省鸡苗钱近百万元;在饲料购进上,与临沂布恩饲料有限公司和六和集团平邑分公司签订2万吨饲料合同,争取到低于市场15%的价格,为社员每年可节省饲料钱300多万元;在药品购进上,与河北冀中药业有限公司签订合同,以优惠10%的价格供应社员,每年节省药品钱40多万元;在成品鸡的销售上,合作社与六和集团和正邦集团签订合同,按每斤高出市场价2分钱的价格收购,每年可为社员增加收入40多万元;在技术服务上,为彻底解决养殖户在疫病防治中的困难,合作社聘请了中国畜牧兽医学会禽病学分会理事长、北京市农林科学院畜牧兽医研究所研究员周蛟教授为特邀技术顾问。在平时工作中,多次邀请国内知名畜禽专家为社员授课,培训多名专业技术员常驻合作社,并配备了2辆技术服务车,深入养殖户做技术指导和养殖示范,做到小病治疗、大病预防。为确保社员获得最大的经济效益,合作社把养殖户的养殖成活率提到最高,只鸡用药量降到最低。合作社和聘用技术员签订了严格的服务协议,实行绩效工资。协议规定,养殖户的每棚鸡成活率必须达到95%以上,高于95%,每增长一个百分点,奖励技术服务人员0.02元/只;低于95%,每降低一个百分点,从技术服务人员的基本工资中扣0.04元/只。每棚鸡一只鸡的用药量最高为1元,高于1元,扣技术服务人员基本工资0.02元/只;低于1元,奖励技术服务人员0.01元/只。现在,全社社员的养鸡成活率全部在96%以上,每只鸡的用药剂量均低于0.9元,仅此一项,年可为养殖户增收100多万元,目前,全社360多个养殖大棚无一出现重大疫情。

三、优质服务，心系社员，壮大合作组织

为规范管理，在社员入社时，合作社就与社员签订协议书，明确双方的权利和义务，让养殖户养得放心、挣得舒心。为让养殖户多养鸡、多挣钱，经理事会、监事会研究，并提交社员代表大会通过，制定了对社员的优惠政策。合作社的巨大生命力，一方面靠的是优质的服务，另一方面就是如何让社员获得更大的经济实惠。刘文友深深明白这个道理。合作社除了把流通环节节省出来的费用让利于社员外，还把从各个厂家争取到的各种补贴以二次返利的形式重新分配给社员。2006 年年初，刘文友多方争取资金 60 多万元，按养殖数量每只成鸡近 0.15 元补贴返还社员。同时，还从风险基金中拿出近 4 万元先后补贴因不慎失火而造成重大损失的社员，帮助他们建起了大棚，重新树立起了养殖的信心。2007 年"8·17"特大暴风雨袭击蒙阴，合作社有 10 户社员大棚不同程度受损，造成直接经济损失 92 万多元。灾情发生后，合作社迅速和各合作企业联系，多方争取企业扶持款 10 多万元，并及时送到受灾户手中。两年来，合作社还筹资 5000 多元，走访慰问了贫困户和五保老人，筹资 2000 元资助特困生。

合作社充分发挥自身"联合闯市场，合作奔小康"的优势，先后为蒙阴镇熊家万村的熊可法等 30 多家特困户，送去了资金、技术、信息等服务，使他们摆脱了贫困走上了小康路。蒙阴镇万宝地村养鸡户李因增，从 1995 年开始养鸡，鸡养了不少，但钱挣得不多，甚至亏本。2006 年 1 月加入合作社后，在合作社的帮助指导下，一年养了 5 棚鸡，每棚鸡纯收入都在 10000 元以上，几批下来，纯收入就达 6 万多元。李因增说："有钱没钱一样养，有技术没技术一样挣钱，这是入社带来的最大实惠。"社员公绪学投资 3 万多元建了大棚，刚养了一棚鸡就被洪水冲毁，合作社及时为他送去了 6000 元现金，帮助他重建大棚，他高兴地说："入了合作社就像入了保险一样，养鸡更放心了！"

文友家禽养殖合作社想养殖户所想，急养殖户所急，真心实意为社员服务的做法，得到了广大养殖户的高度信任，多次收到社员送来的锦旗和感谢信，"合作社架金桥，养殖户奔小康""同心同赢同精彩，互帮互助互发展"，面面锦旗表达了社员的共同心声。为表彰先进，激发社员的养殖积极性，合作社在社员中开展了"十大养鸡状元""十大养鸡女状元""十大青春创业带头人"等评选活动，并颁发了证书和奖品。

合作社联合闯市场，带领农民共同致富的做法得到了上级有关部门的充分肯定，中央电视台、《经济日报》《齐鲁晚报》《临沂日报》等媒体先后报道了合作社的事迹,山东电视台、临沂电视台专门为合作社制作了专题报道。合作社多次受到了表彰,先后被评为"市级先进农民经济合作组织",省畜牧厅"全省畜牧行业优秀合作社""临沂市劳动模范集体"。社长刘文友被县委、县政府评为"蒙阴县十大新闻人物""蒙阴县十佳爱心家庭"。合作社作为全县农民经济合作组织中的唯一一家单位,被命名为"县级文明单位"。

合作社为尽量减少各流通环节的费用,真正让利于养殖户,切实架起合作社与养殖户之间的致富金桥,为进一步扩大发展规模,经合作社理事会、监事会研究,并提请社员代表大会通过,计划征地100亩,筹资1000多万元建设大型标准化种鸡孵化厂。通过发展,合作社延长了家禽养殖产业链,为社员提供了更大的实惠,"文友模式"将真正实现自身发展与社员共同致富的双赢。

(资料来源:中国农业信息网 http://www.agri.gou.cn)

▶ 案例点评

合作社除了对农户有着降低成本、增加收入、依托市场、技术服务等方面的利益,还有一个重要作用——降低风险。合作社重要意义之一就在于通过分摊风险来减少个人不确定性,分摊风险甚至是保险,合作社发展的一个重要目的。

第一,风险往往来自于投入品,他们为社员统一采购鸡苗、饲料、药品,从投入品方面保证质量、降低风险。

第二,风险来自于市场营销,农产品卖不出去,说什么也没有用,他们在成品鸡的销售上,与龙头企业签订合同,按照只高出市场价格收购的原则,减少不确定性。

第三,就产业特性而言,家禽类农产品生产,一怕市场波动,二怕疫病侵袭,所以做好防疫工作实在太重要了。为了彻底解决养殖户在疫病防治中的困难,这个合作社聘请专家做技术顾问,邀请专家为社员培训,高薪聘请2名专业技术人员常驻合作社,并配备2辆技术服务车,深入农户做技术指导和养殖示范,做到小病治疗、大病防疫。为了确保农户养殖安全,合作社与聘请的技术人员签订了严格的、详细的服务协议,实行绩效工资,结果现在全社社员的养鸡成活率在96%以上,每只鸡的防疫成本均低于0.9元,仅此一项,年可为养殖户增收100多万元。

第四,为了更好地降低风险,合作社常常通过延伸链条实现稳定收入,这个合作社筹资 1000 万元建设大型标准化中级孵化场。

合作社作为具有共同属性的户主组织,往往还会对社员的困难进行力所能及的救助,他们用风险基金、合作企业捐赠等来救助社员,显示了合作社的社会责任和互助精神,这也是国际合作社运动所积累产生的合作社的价值和道德观。

▶ 项目训练

素质题:简述合作社经营机制创新的意义。

技能题:

1. 描述合作社经营机制创新的实践模式;
2. 针对一个合作社,分析其经营机制创新的成功经验与做法。

知识题:

1. 描述合作社经营机制的内涵;
2. 简述合作社经营机制的内容。

中国果然要进行经济建设,头一着就当有计划地大规模普遍推行合作于全国乡村,要于短期内将农民纳入合作组织中,这样无形中就将农民都变成经济战士,而提纲挈领便于指挥组织起来就为的是促进生产,统制消费。

——梁漱溟

合作社示范项目申报

▷ 素质目标

学会申报合作社示范项目,加深对合作社示范项目执行目标的了解。树立项目引领合作社的经营理念。

▷ 技能目标

1. 分析合作社示范项目的类型;
2. 掌握几种合作社示范项目申报的条件与程序;
3. 学会编制合作社项目书。

▷ 知识目标

1. 了解合作社示范项目申报的内容;
2. 熟悉合作社示范项目申报的渠道和程序;
3. 了解合作社示范项目的要求和条件。

▶重点内容网络图

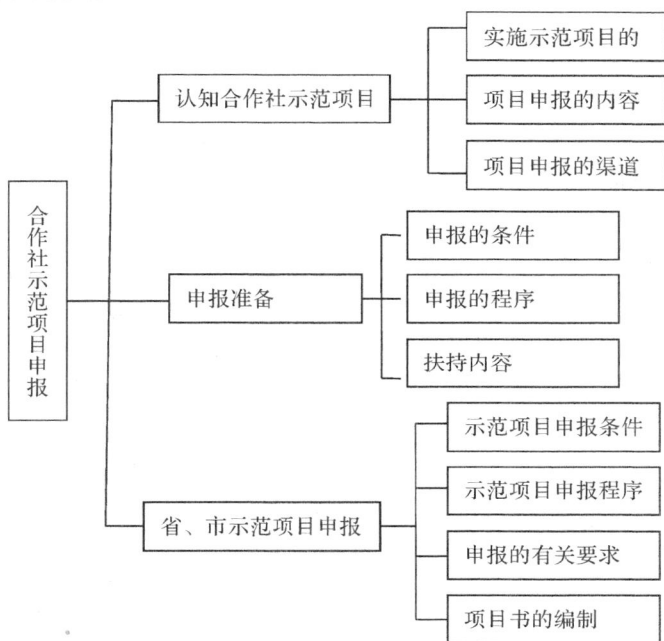

对于农民专业合作社的发展而言,产品性是前提,生产集群是基础,组织成员最重要,制度环境很关键。

自 2004 年启动农民专业合作组织示范项目建设以来,经过了几年的时间,示范项目建设取得了显著成效,积累了有益的经验。2008 年 1 月,农业部经管司(站)、农业部财务司组织中国社会科学院、中国农业科学院、浙江大学、农业部农村经济研究中心等单位有关专家,对 2007 年农业部农民专业合作社组织示范项目进行了抽查验收。结果表明,项目执行情况良好,项目单位实力明显增强,带动能力明显提高,组织运行不断规范,取得了令人满意的效果。

任务一　认知合作社示范项目

一、实施示范项目的目的

通过合作社示范项目的实施,帮助合作社解决生产经营、市场营销及技术信息服务中的突出困难,引导合作社健全民主管理制度,完善盈余分配机制,提高经营管理水平,推进标准化生产、专业化服务、产业化经营,不断增强合作社的服务功能和自我发展能力,提高农产品质量安全水平和农户成员收入水平。

2010年继续实施合作社组织示范项目,重点支持粮食、油料、生猪、奶牛、家禽和蔬果等合作社,通过改善基础设施,组织实施农业标准化生产,开展农产品质量安全建设,加大市场营销和农产品品牌建设,开展成员教育培训,使所扶持的合作社与同类的合作社相比较,在产品的商品率、优质率、产品竞争力以及成员收入水平等方面有明显提高。

通过示范项目的影响和带动,引导更多的合作社提高服务水平,增强内生发展活力和发展后劲,使之成为引领农民参与市场竞争的现代农业经营组织,成为当地经济发展的重要载体、农民增收的重要渠道,进一步发挥合作社在发展现代农业、建设社会主义新农村中的积极作用。

二、项目申报的内容

(一)农民专业合作社经济组织试点示范项目

该示范项目主要是开展新技术,新品种的引进、试验、示范。合作社发展探索试点和典型示范等项目。

(二)农业产业化建设项目

产业化建设是农业现代化的必由之路。农产品生产、农产品加工、农产品营销、物流配送都可由农民专业合作社谋划和申报。

(三)无公害农产品基地建设项目

无公害基地的产地认定、产品认证的申报可由农民专业合作社出面牵头。大量的认定、认证申报工作也只有农民专业合作社能够承接。

(四)技术创新项目

应用技术攻关和科技开发是今后农民专业合作社实施的重要项目,而且科技部门也认同这一新的载体。

(五)物流建设项目

农民专业合作社可以申报物流与市场建设项目。

(六)基础设施建设项目

农村基础设施建设是社会主义新农村建设的主要内容,农民专业合作社是社会主义新农村建设的主要载体。今后农村水利建设、环境整治、生态建设将成为合作社的主要申报项目。

(七)技术培训项目

农村有大量的富余劳动力资源,并且每年还有新的劳动力增加。参加职业技能培训,加强农村人力资源开发将成为新农村建设的重要事项。而农民专业合作社是组织技能培训的重要载体、桥梁组织,协助相关组织开展技能培训,是可以普遍实施的项目。

(八)农业综合开发项目

国家财政农业综合开发项目涉及面广,包括养殖业、农产品加工业的项目,合作社可积极申报直接实施。

三、项目申报的渠道

(一)发改委部门

主要有农业良种繁育和推广工程、病虫害监测工程、生态环境部门综合整治工程、粮食综合生产能力保护工程、优质高效示范基地、基础设施配套工程、农产品加工园区配套工程等扶持项目。

(二)财政部门

主要有支持农民专业合作经济组织项目、农业科技示范项目、农业综合开发项目、标准农田建设项目、农业产业化建设项目等。

(三)农业部门

主要有农民专业合作经济组织试点示范项目、农业产业化建设项目、优势产业带动基地建设项目、生态农业建设项目、农业标准化示范基地项目。

(四)林业部门

主要有农民林业合作经济组织试点建设示范项目等。

(五)水利部门

主要有水利设施建设项目等。

(六)科技部门

主要有科技创新、科技开发、新科技应用推广项目等。

任务二 申报准备

一、项目目标

农业部示范项目目标的重点是支持粮食、油料、生猪、奶牛、家禽和蔬果等专业合作社。

二、申报条件

申请项目的农民专业合作组织需符合以下条件：

第一，经县级以上工商部门登记注册满 1 年以上，并取得农民专业合作社法人营业执照的农民专业合作社优先考虑。

第二，成员人数在 100 人以上，其中农民成员达到 80％以上，所从事的产业应当符合农业部优势农产品区域布局规划和特色农产品区域布局规划，已经带动形成了当地主导产业，成员年纯收入比当地非成员农民年纯收入高出 20％以上。

第三，运行机制合理。有规范的章程、健全的组织机构、完善的财务管理等制度；有独立的银行账户和会计账簿，建立了成员账户；可分配盈余按交易量（额）比例返还给成员的比例达到 60％以上。工商登记为农民专业合作社的组织运行，应符合《农民专业合作社法》的有关规定。

第四，服务能力较强。与成员在市场信息、业务培训、技术指导和产品营销等方面具有稳定的服务关系，实现了统一农业投入品的采购和供应，统一产品和基地认证等"四统一"服务；获得无公害农产品、绿色食品、有机食品认证标志或地理标志认证，获得中国农业名牌等知名商标品牌称号；产品出口获得外汇收入的，予以优先考虑。

第五，申报农民专业合作社示范社"以奖代补"项目，除了具备以上基本条件外，必须达到的标准是：取得农民专业合作社法人营业执照；获得省（自治区、直辖市)级示范社称号;主产品具有注册商标和知名品牌,执行统一的生产质量安全标准,获得无公害产品或地理标志以上认证以及省级以上名牌农产品证书、著名商标证书、博览会奖项等。

三、申报程序

第一,省级农村经营管理部门(以下简称"主管部门")会同财务部门根据要求,组织指导本地区农民专业合作组织项目评审和申报工作。省级主管部门在组织项目评审和申报工作中,要充分征求和听取种植、畜牧、水产、农机等业务主管部门的意见。农民专业合作社按照章程规定,经过民主程序,在资金使用范围内,确立项目建设内容,填报项目申报书。

第二,项目申报书一式5份,经农民专业合作社法定代表人签名后,留存1份,其余4份送当地县级主管部门审核。县级主管部门审核并签署意见后,留存1份,将其余3份上报省(区、市)主管部门。

第三,省级主管部门在申报数量限额内组织审核、筛选和排序,提出项目建议,连同项目申报书,以财(计财)字文件分别报送农业部农村经济体制与经营管理司(1份)和财务司(1份)审核。

四、有关要求

申报项目的农民专业合作社在按以上程序报送项目申报书的同时,须报送以下材料的复印件:

(一)本社章程;

(二)营业执照(注册等级证书)、组织机构代码证及工商登记机关登记在册的成员名单;

(三)管理制度(包括财务管理制度);

(四)上一年度的资产负债表和收益分配表;

(五)产品注册商标证书,获得的名特优产品证书,无公害农产品、绿色食品、有机食品或相应生产基地认证证书,地理标志认证证书,中国农业品牌等知名商标品牌证书,执行的生产质量安全标准文本,获得的省级示范专业合作组织（合作社）表彰的相关文件等。

任务三　省、市示范项目的申报

一、项目申报程序

第一，合作社向所在县农经局提出申请，并提交项目实施方案及其他有关资料；

第二，县（市、区）农经局进行初审，初审合格的，出具推荐文件一式5份上报市农业局（推荐文件必须由县合作社负责人呈报）；

第三，市局对项目申报单位的实施方案及其他资料进行审查并组织人员进行检查验收；

第四，验收合格后，出具推荐文件一式5份连同合作社的实施方案一同上报省农业厅经管局；

第五，省厅根据项目实施方案确定项目实施单位。

二、项目目标

农民专业合作社示范项目，要选择对农民组织化程度高、增加农民收入带动能力强和示范作用好的农民专业合作社进行扶持。

通过项目扶持，帮助农民专业合作社解决生产经营或技术服务中的主要困难，为壮大合作社创造条件，有效推动合作社的健康快速发展，进一步提高农民组织化程度，增强农产品的市场竞争力，增加农民收入。同时要完善合作机制，健全民主管理制度，提高规范化建设水平。

三、项目申报条件

申请项目的农民专业合作社应符合以下条件：

（一）经县级以上工商行政管理部门注册登记一年以上，领取农民专业合作社法人营业执照并在农业、农经部门备案

（二）合作社法人代表必须是农民

农民占成员总数的 80％以上，法人成员不得超过成员总数的 5％。合作社中从事生产的成员须占成员总数的一半以上。

（三）运行机制合理

要求合作社产权明晰，符合《农民专业合作社法》的基本原则；有规范的章程，完善的管理制度，健全的组织和监督机构。

（四）财务管理和收益分配制度健全

合作社实行独立的会计核算，有独立的银行账户。有合作社财务制度，有社员个人账户，并对社员实行盈余返还。实行盈余返还的总额不得低于可分配盈余的 60％。

（五）股权结构比较合理

自然人成员或法人成员认购股金最多不得超过 20％，合作社中从事生产的成员认购的股金须占本社股金总额的一半以上。

（六）项目符合全省和当地优势农产品区域布局规划

具有当地产业特色，能带动全省和当地周边农民建成标准化养殖小区（场）和标准化果菜基地，在提高农民组织化程度、增加农民收入方面，具有较强的带动作用。上年合作社成员收入高于当地同类农民人均收入的 20％。

此外，当地政府重视农民专业合作社发展，财政列入预算扶持资金，组织了专题培训，制定并实施了有关扶持政策和措施。专业服务网络比较健全，合作社与社员在市场信息、业务培训、技术指导和产品营销等方面具有稳定的服务关系，对具有无公害农产品、绿色食品、有机食品认证，有生产质量标准、注册商标、产品包装和获奖品牌的合作社或省、市表彰过的合作社优先扶持。优先扶持引进新品种、推广新技术、试验新项目、发展潜力大的农民专业合作社。

四、项目建设内容

项目资金用于支持农民专业合作社向社员提供以下服务：

（1）进行专业合作理念和知识的教育及培训；

（2）开展科学技术和市场营销知识培训，引进新品种，推广新技术，试验新项目；

（3）购置农产品生产、加工、运输、储存、保鲜、检测检验设备；

（4）申报农产品质量标准认证，培育农产品品牌，制定生产技术规程，建设优势农产品基地；

（5）开展市场信息服务，建设营销网络，举办产品推荐和营销活动；

（6）改善服务手段，提高服务水平。

五、项目申报要求

项目单位须报送统一规定的项目实施方案及申报文件，还要如实填报（农民专业合作社基本情况表），同时还要报送以下材料的复印件：

（一）合作社章程；

（二）农民专业合作社法人营业执照；

（三）工商登记注册成员出资清单；

（四）农业、农经主管部门的备案证明；

（五）各项管理制度（包括财务管理制度）；

（六）上一年度的资产负债表和收益分配表；

（七）经成员（代表）大会同意并经全体成员（代表）签名申报项目的表决权；

（八）获得的名特优产品证书和品牌证书，有机食品、绿色食品、无公害农产品证书和其他证书；

（九）工商行政管理部门核准的产品注册商标证书；

（十）获得的省、市级农民专业合作社表彰的相关证书；

（十一）地方政府扶持农民专业合作社发展的有关文件；

（十二）"农民专业合作社基本情况表"。

六、项目书的编制

以 2008 年××省农业厅农民专业合作社项目示范实施方案编制格式为例：

（一）封面（一般不用塑料封皮装订）

2009×××项目实施方案

项目申报单位（盖章）

项目责任人

项目编制人

联系人及电话

编制时间

（二）正文

1. 项目摘要

以表式填列，是项目实施方案的汇总摘要表。

2. 立项依据

其内容包括：项目的立项理由；项目建设的有利条件和可行性（可以从生产条件、技术力量、产品质量、组织体系、销售网络、交易场所、交通条件等方面谈立项理由）。

3. 项目方案设计

（1）项目目标：说明实施该项目要达到的目标，可从定性和定量两方面表达；

（2）项目实施地点及规模：明确项目实施的具体地点、实施规模；

（3）技术措施：明确实施该项目所采取的主要技术措施；

（4）实施内容及资金使用计划。编制的具体内容包括：

①支持环节及资金补助标准：要明确实施措施中具体支持的关键环节和补助标准、单位工程量补助定额及补助依据，同类型的项目补助标准要一致；

②实施内容及资金使用计划：实施内容要客观、具体、详细、量化，要详细

列项估算,明确仪器、设备、材料等生产资料的名称、规格、型号、单位价格、产地等。非生产性设施建设,如办公、生活等和流动资金不能列支。

③项目总投资及资金来源:省级、地方资金安排具体数额。市、县资金分配额要明确(市、县配套资金除个别项目外原则上不作硬性要求)。

▶ 知识拓展

项目效益评价

项目效益,即项目实施后预期达到的经济、社会、生态效益。

经济效益:可以从促进合作社社员增收、带动周边农民致富以及合作社经济实力增强三方面评价,要用具体的数据论证。

社会效益:从促进当地区域产业发展、农业综合生产能力提高,促进农村经济繁荣、农业可持续发展以及增强合作意识方面分析。

生态效益:从生态环境改善等分析,比如:通过无公害项目的实施,可以杜绝农药化肥、化学激素残留对人体的伤害,保障消费者的生命安全和人身健康;可以减轻环境污染,改善生态环境,推动产业升级,促进产业可持续发展等。

▶ 项目训练

素质题:简述实施示范项目的目的和意义。

技能题:

1. 口述合作社示范项目的类型;

2. 辨析几种合作社示范项目申报的条件与程序;

3. 根据合作社经营特点,编制一份合作社项目书。

知识题:

1. 简述合作社示范项目申报的内容;

2. 简述合作社示范项目申报的渠道、程序;

3. 简述合作社示范项目的要求、条件。

参 考 文 献

[1]徐旭初.农民专业合作经济组织的制度分析[D].杭州:浙江大学,2005.

[2]夏英,牛若峰.重构农村合作经济的几种思路[J].经济学文摘,2000,(3).

[3]孙亚范.新型农民专业合作经济组织发展研究[M].北京:社会科学文献
出版社,2006.

[4]李润韬,王英.提高农民组织化程度解决小农户和大市场之间的矛盾[J].
辽宁农业职业技术学院学报,2005,(3).

[4]吴敬琏.小农户如何适应大市场[J].中国改革:农村版,2008,(2).

[5]黄祖辉,梁巧.小农户参与大市场的集体行动——以浙江省箬横西瓜合作
社为例的分析[J].农业经问题,2007,(9).

[6]郁建兴.新农村建设与土地制度改革——与浙江桐乡市委书记费建文的
对话[J].中国党政干部论坛,2007,(10).

[7]张红宇,刘玫,王晖.农村土地使用制度变迁:阶段性、多样性与政策调整
[J].农业经济问题,2009,(2).

[8]赵凯.中国农业经济合作组织发展研究[M].北京:中国农业出版
社,2004.

[9]中共中央文献研究室.建国以来重要文献选编[M].北京:中共中央文献
出版社,1992.

[10]黄祖辉,赵兴泉,赵铁桥.中国农民合作经济组织发展:理论、实践与政策
(论文集)[C].杭州:浙江大学出版社,2009.

[11]张晓山,苑鹏.合作经济理论与中国农民合作社的实践[M].北京:首都
经济贸易大学出版社,2009.

[12]韩俊.中国农民专业合作社调查[M].上海:上海远东出版社,2007.

[13]杨德寿.中国供销合作社发展史[M].北京:中国财政经济出版社,1998.

[14]王桧林,郭大钧.中国现代史(第二版)上下册[M].北京:高等教育出版
社,2003.

[15]李捷,王顺生.中国近现代史纲要[M].北京:高等教育出版社,2007.

[16]白立忱.外国农业合作社[M].北京:中国社会出版社,2006.

[17]李文斌.农业双层经营体制的理论与实践[M].兰州:兰州大学出版社,2009.

[18]奥尔森.集体行动的逻辑[M].陈郁,译.上海:上海三联书店,1995.

[19]陈柳钦.社会资本及其主要理论研究观点综述[J].东方论坛,2007,(3).

[20]郑小鸣.信任:基于人性的社会资本——福山信任观述评[J].求索,2005,(7).

[21]速水佑次郎,神门善久.发展经济学——从贫穷到富裕[M].第三版.北京:社会科学文献出版社,2005.

[22]陈柳钦.日本农协的发展历程、组织、功能及经验[J].郑州航空工业管理学院学报,2010,28(1).

[23]焦海英.日本农村合作金融及其对中国的借鉴意义[D].浙江:浙江大学,2001.

[24]杜朝运,张洁.农村合作金融的制度安排与绩效——日本经验及借鉴[J].福建金融管理干部学院学报,2006,(3).

[25]贺雪峰.退出权、合作社与集体行动的逻辑[J].甘肃社会科学,2006,(1).

[26]杜吟棠.合作社:农业中的现代企业制度[M].南昌:江西人民出版社,2002.

[27]冯开文.农村合作社知识读本[M].北京:中国农业大学出版社,2009.

[28]牛若峰.当代农业产业一体化经营[M].南昌:江西人民出版社,2002.

[29]张晓山.合作经济理论和实践[M].北京:中国城市出版社,1991.

[30]冯开文,李军.中国农业经济史纲要[M].北京:中国农业大学出版社,2008

[31]胡卓红.农民专业合作社发展实证研究[M].杭州:浙江大学出版社,2009

[32]人民出版社编.中共中央国务院关于"三农"工作的一号文件汇编[M].北京:人民出版社,2010.

[33]徐旭初,黄胜忠.走向新合作——浙江省农民专业合作社发展研究[M].北京:科学出版社,2009.

[34]吉文林,现代农业创业指导[M].北京:中国农出版社,2008.

[35]宋林飞.西方社会学理论[M].南京:南京大学出版社,1997.